U0824393

烟台大学黄海法学文库

临时禁令制度研究

毕潇潇——著

LINSHI JINLING ZHIDU YANJIU

法律出版社
LAW PRESS·CHINA
北京

图书在版编目(CIP)数据

临时禁令制度研究 / 毕潇潇著. -- 北京 : 法律出版社, 2022(2023.12 重印)
(烟台大学黄海法学文库)
ISBN 978-7-5197-7099-0

Ⅰ.①临… Ⅱ.①毕… Ⅲ.①诉讼-司法制度-研究-美国 Ⅳ.①D971.25

中国版本图书馆 CIP 数据核字(2022)第 169945 号

临时禁令制度研究
LINSHI JINLING ZHIDU YANJIU

毕潇潇 著

策划编辑 田亚飞
责任编辑 田亚飞
装帧设计 汪奇峰

出版发行 法律出版社
编辑统筹 法律出版社
责任校对 王 丰
责任印制 胡晓雅
经 销 新华书店

开本 710 毫米×1000 毫米 1/16
印张 14.75 **字数** 201 千
版本 2022 年 12 月第 1 版
印次 2023 年 12 月第 2 次印刷
印刷 北京虎彩文化传播有限公司

地址:北京市丰台区莲花池西里 7 号(100073)
网址:www.lawpress.com.cn
投稿邮箱:info@lawpress.com.cn
举报盗版邮箱:jbwq@lawpress.com.cn

销售电话:010-83938349
客服电话:010-83938350
咨询电话:010-63939796

版权所有·侵权必究

书号:ISBN 978-7-5197-7099-0
定价:56.00 元

凡购买本社图书,如有印装错误,我社负责退换。电话:010-83938349

总　　序

张卫平*

坐落于胶东半岛黄海之滨的烟台，不仅是我国的历史文化名城、中国最佳魅力城市，也是我国法学研究和法学教育的重镇。作为法学研究和教育的重要基地，烟台大学法学院从1984年创建以来，在法学研究和法学教育这两个方面都作出了突出的贡献。法学研究方面，在老中青三代法学家的共同努力之下，研究业绩亦令学界瞩目。尤其是在民法学研究领域，其一直处于前沿方阵之列，为我国民法学研究的一支重要力量，2016年烟台大学法学院成为中国法学会“民法典研究方阵”理事单位就是其明证。

进入21世纪20年代，齐鲁大地在政治、经济、文化各个方面进入了新的发展时期。烟台大学也迎来了新的机遇，进入了发展的高速通道。随之，烟台大学的法学事业也进入了一个崭新的发展阶段。由法律出版社推出的“烟台大学黄海法学文库”研究丛书系列正是烟台大学法学新一轮发展的表征，是烟台大学法学研究发展的必然。

“烟台大学黄海法学文库”作为一个学术展示“平台”，不仅展示了烟台大学法学工作者最新的一批法学研究成果，也体现了烟台大学法学持续发展研究的实力和潜力，必将激励和推动烟台大学法

---

* 烟台大学“黄海学者”特聘教授、清华大学教授、中国法学会常务理事、中国法学会学术委员会委员、中国法学会民事诉讼法学研究会会长。

学工作者，尤其是青年教师的科研工作，不断提升其研究品质和能力。

即将出版面世的“烟台大学黄海法学文库”丛书在其选题上，无一不是我国法学研究的前沿课题，反映了撰稿人对其相关研究领域中前沿问题把握的学术敏感性。在问题的提出、研究路径的选择、命题的概括及论证、研究方法和资料的运用等方面，均体现了著述人的心智和努力。如关涛教授的专著《我国典当法律制度研究》，通过回顾我国典当制度的发展史，结合现代民商法理论，对于典当实务中存在的难点问题进行了系统阐述和论证，并在此基础上，对于我国典当制度的完善提出了建设性意见；于海防教授等的专论《消费者在线权益综合保障机制研究》一书，面向网络消费领域，系统、深入地研究了消费者在线权益保障机制问题，对我国消费者在线权益保障制度的建构和实践提供了有益理论指导；毕潇潇副教授的研究作品《临时禁令制度研究》不仅为我国禁令制度的建构提供了域外制度建构、实践及理论样本，并结合我国的行为保全制度进行了阐述，是为我国相关领域研究的“解渴”之作；陈浩副教授的著作《网络即时通讯记录司法认定问题研究》关注了证据实践中的前沿问题——网络即时通讯记录证据，作者通过对这一问题的深入研究，以破解该类证据实践运用中的困境与难题。在此，笔者不能一一列举丛书中十余种专著的主题和意义，仅在此提示这套丛书的创新性、前沿性和发展性值得学界和实务界关注。

笔者注意到，这套丛书的作者主体以“80后”的青年教师为主，系清一色的法学博士，是烟台大学法学研究的生力军。他们的研究视野更加开阔，更善于吸收先进的理念和方法，思维更加活跃和灵动，研究更富有激情和热情，这无疑为“烟台大学黄海法学文库”的创新性、前沿性和发展性提供了最充分的保障。

烟台大学是我国大学中与大海“最亲密接触”的大学。在校园内，人们就能深深地呼吸到大海的气息，看到浪花的跳跃。因此，我有理由相信，烟台大学法律人也自然具有大海的胸襟和气魄，也敢于在法学研究的“大海”中搏击，在风浪中探索前行，成为我国法学研究新时代的“冲浪者”“弄潮儿”。

“烟台大学黄海法学文库”的推出，正是烟台大学法学在前行中打出的“旗语”！烟台大学法学也将在法学研究的“航程”中不断前行，高歌猛进！

笔者作为烟台大学“黄海学者”特聘教授，受法学院之托，为此书作总序，于我无疑是一件极大的幸事和荣誉，也是一种责任。

2022 年 3 月 11 日于清华园

序　　言

毕潇潇

禁令作为一项英美法的特色制度，是指为避免申请人遭受难以弥补的损害，由法官经过自由裁量而要求被申请人为或者不为一定的行为的特殊救济。临时禁令作为禁令的一种，是法院在判决之前给予申请人的临时性救济，旨在避免其于判决前遭受难以弥补的损害，效力持续至判决产生之前。临时禁令作为一项适用广泛的临时救济制度，其国际通行的适用标准和程序受到美国法的重要影响，因此本书主要以美国法中临时禁令的理论、规则和实务为研究对象，分析临时禁令的制度特征、适用规则、理论模型、程序设置等具体问题。

美国临时禁令制度的规则与原理，既体现在法官判决的说理之中，也体现在律师实战的经验总结之中，还体现在法学学者的学术研究之中，呈现三维立体的丰富图景，展现法律职业共同体对于立法和司法的合力推动。

在司法实践中，适用最为广泛的衡量要素为“传统四要素”，即“难以弥补的损害”、“权衡双方困境”、“胜诉可能性”和“公共利益”；在适用方法上，法院主要采用“平衡法”、“要件法”和“浮动法”三种方法。美国各联邦法院对于各要素的认知和适用方法的选择存在差异，而最高法院也尚未对分歧予以统一。本书通过研究认为，在“传统四要素”中，应将“难以弥补的损害”作为衡量的核心要素，除了涉及宪法性权利保护的案件外，不应当推定“难以弥补的损害”；在权衡双方的困境时应当以临时禁令的功能和价值为出发点，区分所要保护权利的属性，再结合公共利益予以综合考量；不应放弃“胜诉可能性”的考量，但可以区别不同的情况分别适用“胜诉的确定可能性”“胜诉的合理可能性”“严肃的法律争端”三种程度的证明标准。

在衡量要素的适用方法上，美国各巡回区法院并不统一。第一、第二、第三、第四、第六、第八、第九、第十巡回区和哥伦比亚特区采用“平衡法”，即综合考虑四个要素，从彼此之间相互支持或者对抗的程度，来判断天平倾向于哪一方。第五、第十一巡回区和联邦巡回区适用“要件法”，即申请人必须证明四个要素都对其有利，才可以获得临时禁令救济，若任何一个要件不具有说服力，申请人都无法获得临时禁令。而第七巡回区独树一帜，采用“浮动法”，即某一方胜诉可能性较高时，可以降低其证明遭受难以弥补损害的要求，而某一方胜诉可能性较低时，则要提高其证明遭受难以弥补损害的要求。对于适用方法不统一的困扰，律师们感受最为深刻，因为同样一个案件，在不同的州起诉，可能获得完全不同的结果。本书研究认为，在四要素的适用方法上应当摒弃“要件法”，将“浮动法”并入“平衡法”作为其一项权衡规则，兼具灵活性和原则性，发挥临时禁令避免“难以弥补的损害”发生和扩大的预防性救济功能。

在适用标准的理论构建中，广受关注和争论的有三个理论模型：

一是“损害最小化”模型，即临时禁令的签发应以实现损害的最小化为目的的理论模型。该模型由约翰·勒布斯多夫（John Leubsdorf）教授首次提出①，以“勒布斯多夫－波斯纳”（Leubsdorf-Posner）公式为主要内容，即将原告胜诉可能性乘以其可能遭受的损害，与被告胜诉可能性乘以其可能遭受的损害相比较，

---

① See John Leubsdorf, *The Standard for Preliminary Injunction*, 91 Harvard Law Review 525 (1978).

如果前者大于后者，则可以签发临时禁令；如果后者大于前者，则应拒绝签发禁令。“损害最小化”模型认为，临时禁令在未经庭审的情况下便要仓促作出且有可能对合法权利造成侵害，对其进行风险评估是衡量是否应给予此种特殊救济的关键所在。

二是“诉讼保全”模型，即临时禁令的签发应以保全诉讼裁决的效力价值为目的的理论模型。该模型由亚瑟·D. 沃尔夫（Arthur D. Wolf）教授首先提出，将临时禁令视为诉讼过程中从属于实体判决的阶段性裁判，因而在适用临时禁令的各适用标准时，不仅要考虑诉讼当事人的权益，更要保护法院的司法权威，以保护诉讼标的为目的，在临时禁令阶段有效地保护原告在实体法上的请求权。[①] 该理论模型从充分救济的角度权衡双方损害，减少对胜诉可能性的预估，仅在特定情形下考虑第三方的利益。

三是“分配效率”模型，即临时禁令的签发应以实现社会财富的最佳分配效率为目的的理论模型。“分配效率”模型由理查德·布鲁克斯（Richard Brooks）和沃伦·施瓦茨（Warren Schwartz）首次提出，该模型通过分析临时禁令中包含的“责任承担”规则[②]和“临时效率”规则[③]，以临时禁令阶段当事人权利归属不确定的状态为前提，认为只要原告提供充分的保证金使得被告能够在胜诉时获得因错误临时禁令而遭受的损害赔偿，则可以实现最佳的分配效率，法院不需要在临时听证阶段考虑胜诉的可能性和权衡双方难以弥补的

---

① See Arthur D. Wolf, *Preliminary Injunctions*: *The Varying Standards*, 7 Washington and Lee Law Review 173（1984）.

② “责任承担”规则，是指申请人承担临时禁令签发错误时的责任，通常是指承担被告胜诉时的保证金损失。该规则会自动促使申请人权衡保证金的损失与禁令救济之间的得与失，所以如果原告愿意提供保证金，法院便可以签发临时禁令，即便最终被告胜诉，因为在衡量临时禁令的阶段，最终正确结果是不确定的。

③ “临时效率”规则，是指临时禁令自身的临时性救济的效率价值。基于比较原告通过临时禁令的获益和错误禁令给被告的损失，当法院认为前者大于后者时，签发临时禁令便实现了临时性的效率价值。

损害。①

理论模型的建构着力于分析各衡量要素间互动所形成的合力是否能够真正发挥临时禁令的功能，将衡量要素和适用方法整合于统一框架而形成某种适用标准，相较于司法经验总结出的适用标准，具有更清晰的解释路径，对法官的自由裁量具有重要的参考价值。然而上述三种理论模型各有利弊，面对临时禁令权衡的各种模糊概念和复杂关系，应各取其长，结合不同的案情综合考量。

美国法上临时禁令的适用程序从签发到送达再到执行，有完整的程序规定。这些程序的目的在于保障临时禁令适用的公正与高效。其中以签发程序最具特色，对适用标准亦产生重要影响。一方面，通过通知、听证、听证与庭审的合并、担保等各个程序环节的配合，确保临时救济的确定性，也同时实现其预防损害的及时性和定分止争的便捷性。另一方面，美国法根据不同的紧急情况，将其区分为临时限制令和临时禁令并适用不同的程序。临时限制令可以更好地满足权利保护的紧迫性要求，而临时禁令更注重通过正当程序来保护合法权益，当事人在获得临时限制令之后必须要再申请临时禁令，两者之间相互配合，兼顾效率与公平。

虽然美国法律职业共同体都对临时禁令进行了比较深入的研究，也形成了丰富的研究成果，但由于其判例法传统，各巡回区法院、律师及学者囿于本辖区的判例而进行裁量和研究，客观上阻碍了对临时禁令适用标准的共识性研究。系统研究美国临时禁令制度，有两个步骤必不可少：一是要在并不统一甚至稍显杂乱的司法适用中，探寻统一的适用标准；二是要在缺乏学理阐释和逻辑分析的学术成果中，归纳分析出相对清晰的适用模型。

任何国家的一项法律制度，无论是实体还是程序，都有其相应

---

① See Richard R. W. Brooks & Warren F. Schwartz, *Legal Uncertainty, Economic Efficiency, and the Preliminary Injunction Doctrine*, 58 Stanford Law Review 381 (2005).

的法律背景，是特定法律体系、法律环境的产物，临时禁令也不例外。本书对临时禁令的研究，注重结合禁令救济的制度背景和衡平救济的司法语境，立足于美国临时禁令的司法实践，通过探究其历史发展，将其衡平法传统中经典理论的现代价值予以明晰，通过对临时禁令的适用标准予以细致的分析和解读，总结适用标准的基本方法和三种重要的衡量模型，剖析多元价值权衡在临时禁令适用中产生的差异效果。期待本书的研究成果，能够使对临时禁令感兴趣的读者有所增益。

2022 年 4 月 25 日于迁想阁

目　　录

第一章　临时禁令及其现代特征

禁令是通过要求一方当事人为或者不为一定行为来避免另一方当事人遭受人身或者财产上难以弥补的损害的救济方式。在历史上，禁令被视为一种“不寻常的法律救济”，属于衡平救济。禁令救济的目的主要是阻止违法行为的发生以及避免当事人遭受损害。[①] 从司法介入的基本维度上看，禁令是在侵害行为发生之前或之后，由私主体诉请而启动的、可用于预防危险性行为的救济方式。[②] 美国联邦法院[③]签发的禁令分为三种类型：临时限制令（temporary restraining order，TRO）、临时禁令（preliminary injunction）、永久禁令（permanent injunction）。[④] 这

---

① See United States v. W. T. Grant Co., 345 U. S. 629, 633 (1953). 在本案中，法院认为，申请人寻求禁令救济时并不需要证明损害已经发生，只要能够证明其有遭受损害的极大可能性即可。See also E. E. O. C. v. KarenKim, Inc., 698 F. 3d 92 (2d Cir. 2012). See also Porter v. Clarke, 290 F. Supp. 3d 518 (E. D. Va. 2018), aff'd but criticized, 923 F. 3d 348 (4th Cir. 2019), as amended (May 6, 2019).

② 参见［美］斯蒂文·沙维尔：《法律经济分析的基础理论》，赵海怡等译，中国人民大学出版社2013年版，第504页。

③ 美国的联邦法院是一个统一的系统。它由联邦最高法院（Supreme Court）、13个联邦上诉法院（Courts of Appeals）和94个联邦地方法院（District Court）组成。此外还有索赔法院（Court of Claims）、关税法院（Customs Court）、关税及专利上诉法院（Court of Customs and Patent Appeals）等联邦特别法院（Special Courts）。

④ 关于“临时限制令”，See State of Washington & State of Minnesota v. Trump. No. 17 - 35105 D. C. No. 2: 17 - cv - 00141. 2017。在本案中，地方法院签发临时限制令，暂停执行美国政府的第13769号行政令。美国政府在上诉过程中，向上诉法院提出紧急暂缓执行临时限制令的申请。上诉法院对该申请不予支持，认为：“美国政府未能证明其上诉成功的可能性，也未能证明若不暂缓执行临时限制令则可能出现的难以弥补的损害，因此不支持其申请。”关于“临时禁令”，See Winter v. Natural Resources Defense Council, Inc. 129 S. Ct. 365 (2008)。在本案中，最高法院推翻了上诉法院签发临时禁令的裁定，认为：“原告寻求临时禁令救济需要证明其遭受难以弥补损害的可能性；原告声称的海军利用中频声呐进行训练的行为将导致海洋动物遭受的难以弥补的损害，并没有比海军通过有效的、现实的军事训练所维护的公共利益更为重要。”关于“永久禁令”，See eBay Inc. v. MercExchange, L. L. C. 126 S. Ct. 1837 (2008)。在本案中，最高法院认为，上诉法院拒绝签发永久禁令属于滥用自由裁量权，并裁决认为：

三种禁令在救济功能上相似，都是通过禁止或强制一方当事人为一定行为而救济另一方当事人，且违反禁令的当事人将面临藐视法庭罪（contempt）的处罚。①不同的是，临时限制令和临时禁令是在法院作出判决前的临时救济，其效力仅存续至法院作出判决之前，而永久禁令是法院在经过实体审理后作出的判决。

临时禁令和永久禁令的区别主要体现在：

第一，目的不同。临时禁令的目的是在诉讼过程中维持双方的权利状态保持不变，使当事人避免在法院判决前遭受难以弥补的损害，并保留法院作出有价值的判决的权力；而永久禁令的目的是在原告胜诉时给予其无法通过经济损害赔偿而实现的特殊救济。

第二，效力不同。临时禁令的效力仅持续至实体判决之前，实体审理期间或者临时禁令的上诉期间，不影响临时禁令的执行；而永久禁令是实体判决，上诉期间也不影响永久禁令的执行。

第三，程序不同。临时禁令出于紧急救济的需要，程序较为简单，当事人也不需要充分证明至胜诉的程度；而永久禁令需要经过实体审理

"专利纠纷中通常可以根据传统四要素衡量是否给予永久禁令救济；在专利侵权诉讼胜诉后，专利所有人的专利许可权及限制对专利的商业适用并不影响其获得永久禁令救济。" See also Ferring Pharms.，Inc. v. Watson Pharms.，Inc.，765 F. 3d 205（3d Cir. 2014）. 在本案中，制药公司对竞争对手提起诉讼，指控其虚假和误导性陈述违反了《兰哈姆法案》（Lanham Act）、《新泽西州消费者欺诈法》和《新泽西州普通法》。制药公司申请了一项临时禁令，禁止竞争对手进一步作出虚假陈述，并进行纠正性广告。地方法院驳回申请，制药公司提起上诉。上诉法院认为，"申请人未能证明，在没有临时禁令救济的情况下，它可能会遭受难以弥补的损害。如果没有证明难以弥补的损害，申请人无权获得禁令救济，即使发现了其他三个要素"。地方法院在驳回临时禁令申请时并未滥用其自由裁量权。因此，维持地方法院的命令。See also Novus Franchising，Inc. v. Dawson，725 F. 3d 885（8th Cir. 2013）. 在本案中，特许人对特许经营商提起多元化诉讼，声称违反特许经营协议，转换特许人的设备，商标侵权，地方法院签发了临时禁令，禁止特许经营商在其汽车玻璃维修业务中使用特许人的商标和产品，但拒绝执行竞业禁止条款。特许人提出上诉。上诉法院认为地方法院在确定特许人未能在本案涉及的特定事实下表现出难以弥补的损害时，没有滥用其自由裁量权。选择不对特许经营人执行竞业禁止条款，作为未显示难以弥补的损害的临时禁令的一部分，这并不超出法院允许的选择范围。所以维持地方法院的临时禁令。"法院有一定的选择范围，只要它保持在该范围内并且不受任何法律错误的影响，其决定就不会受到干扰。"

① 参见李响：《美国"藐视法庭"制度研究》，载《河北青年管理干部学院学报》2010年第5期。

才可以作出，要符合民事诉讼的一般规定，履行正当程序。

需要明确的是，法院在临时禁令阶段对于事实的认定和法律的适用，并不对之后的实体审理阶段产生约束力，即临时禁令的裁决不对是否签发永久禁令产生约束力。正如最高法院在相关案件中所明确的："因为临时禁令的目的仅是在法院作出最终判决前的临时救济，而且当事人在申请临时禁令阶段并未做出充分的证明，那么法院在这一阶段对于事实的认定和法律的适用都不应当对之后的实体审理产生约束力。"①

区分临时禁令和永久禁令的意义主要有两点：一是由于临时禁令不是实体判决，因而必须要考虑胜诉的可能性问题；二是由于临时禁令在未经实体审理的情形下就对双方当事人的权利义务关系作出判定，强制被申请人为或者不为一定行为，更要考虑错误签发临时禁令给被申请人带来损害的风险。

关于临时禁令的称谓，通常而言，美国法上表示临时性救济的最为普遍的词汇是"preliminary injunction"，译为"临时禁令"，广义上等同于中间禁令（interlocutory injunction）或者预防性禁令（provisional injunction）；狭义上是指《美国联邦民事诉讼规则》（Federal Rules of Civil Procedure，Fed. R. Civ. P.）第 65 条（a）规定的情形，国内也将其称为临时禁止令、临时禁令等，特指与第 65 条（b）临时限制令不同的程序要求。在确定临时性救济的称谓时，可以从以下几个角度考虑：

第一，作为比较法研究的对象，应遵循其在本国法中的使用频率和使用范畴来命名。在美国法上，指代临时性救济的三个词的使用频率从高到低依次是：临时禁令、预防性禁令、中间禁令。从这个意义上讲，应该选择使用频率最高的临时禁令。

第二，临时禁令的称谓最能够反映救济特征，即为申请人提供临时

① See University of Texas v. Camenisch, 451 U. S. 395 (1981). See also AM Gen. Corp. v. EEChrysler Corp., 246 F. Supp. 2d 1030 (N. D. Ind. 2003).

性、阶段性的救济。相比较而言，中间禁令的“中间”（interlocutory）二字，显得晦涩不清。所谓中间，应该要明确起点和终点才可以对称。终点如果是指永久禁令，则与“永久”（permanent）相对称的应该是“临时”（preliminary），而不是“中间”。而起点之处并不存在另外一种单独的救济形式，更无从对称。另外，预防性禁令中“provisional”一词既可以翻译成“预防”，也可以翻译成“临时”。所以，三者相比较，临时禁令的含义最为准确。

第三，学界有时将禁令也称为禁止令，但“禁止”一词无法涵盖禁令的全部内容，以偏概全。禁令既包含禁止某种行为的含义，也包含强制去做某种行为的含义，前者是要求消极不作为，后者是要求积极作为。其实，相比较而言，同时包含禁止与强制的称谓应该是“禁制令”，我国香港特别行政区便采用这一称谓。但由于“禁令”一词已经在国内法上形成一定的称谓习惯，如“诉前禁令”“商标禁令”“专利禁令”等，而且其字面意思也并不排斥禁止和强制的双重含义，沿用“禁令”的称谓习惯也是可以的。

所以，遵循“临时禁令”这一舶来词在其本国法中的使用频率和准确含义是最佳选择。“临时禁令”既可以作为临时性救济的广义概念，也可以作为与临时限制令有所不同的狭义概念。由于临时限制令与临时禁令在适用标准上并无不同，主要区别仅存在于程序要求，本书的主要研究对象是临时禁令，相关问题如果与临时限制令有所不同，将予以特别指出。研究美国法上临时禁令的内涵，需要从其发展历史中寻得脉络，辨明其与衡平救济及衡平理论的关系，从而明确其在现代司法救济中的性质与功能。

第一节　从政治博弈的工具拓展为临时救济的一般方式

临时禁令的发展历史无法脱离禁令的发展历史而单独存在。现代法上的禁令源自英国的衡平法院[1]（Court of Equity），由国王任命的大臣担当衡平法院的法官，针对特殊的案件，通过签发禁令代表国王实施裁判权以实现公平正义。法官在适用衡平救济时拥有极大的自由裁量权，只要能够获得良心上的肯定即可以决定是否签发禁令。而此种自由裁量权最初受到的限制只有一点，即仅在当事人没有实现公平救济的权利路径时才可以适用。对司法裁量权扩张的隐忧，使建国者们在起草和修订美国宪法时，十分谨慎地考虑是否要赋予联邦法院签发禁令这一衡平法上的司法管辖权。反联邦党人反对联邦法官拥有像衡平法官[2]那样武断裁决的权力，认为“其裁决会被良心、观念、臆想或者个人政治观点左右”，而且会“颠覆各州的立法权、行政权和司法权”。[3] 而联邦党人亚历山大·汉密尔顿[4]（Alexander Hamilton）坚持

---

① 在英国中世纪早期，受基督教的影响，衡平法成为教会减轻发展中的英美法带来的问题的手段，慢慢形成了一系列法律原则。13～14 世纪时，英国衡平法院开始出现。在当时的英美法体系下，原告方（plaintiff）需要向王座掌印院（King's Chancery）购买传票（writs），然后才可以到普通法院（Court of Common Pleas）或者王座法庭（King's Bench）发起诉讼，如果有新的起诉事项，王座掌印院就会制作新的传票，1258 年英国发布了《牛津法》，停止了新的传票种类的增加，这样就更加限制了英美法的能力和弹性。普通法对原告的救济措施较为有限，仅限于赔偿以及恢复财产权。此外，普通法注重文件和公开的财产权，不承认非正式的合约以及信托。因此，人们开始逐渐直接向英国国王申诉，而国王则将案件转交给掌印大臣或大法官（Lord Chancellor）。由此，逐渐形成了衡平法院。1473 年，衡平法院的大法官开始以自己的名义发出判决。衡平法院的出现主要为了填补英美法的不足和补救普通法造成的司法不公。

② 什么是衡平法官、衡平法院？衡平法院，又称大法官法院（Court of Chancery）。大法官首次以自己的名义发布命令，标志着完全独立的衡平法院正式诞生。衡平法院，也叫良心法院（Court of Conscience）。衡平法官凭良心判案。衡平法院不实行陪审制，由大法官独自进行审理，自由裁量的余地很大，每个法官的判决也有很大的差别。因此有人说衡平法院的判决是由大法官脚的长短来决定的。衡平法官处理案件主要依据衡平与良心原则（the rules of equity and good conscience），即衡平法官有机会在大多数事务中运用其自由裁量权。

③ See Bradford E. Dempsey, Kirstin Stoll-Debell & Nancy L. Dempsey, *Injunctive Relief: Temporary Restraining Orders and Preliminary Injunctions*, ABA Book Publishing, 2009, p. 4.

④ 汉密尔顿对美国宪法有重大影响。其是美国军人、开国元勋、经济学家、政治哲学家、美国宪法起草人之一、第一任美国财政部长。他是美国宪法重要的解释者和推动者，也是国家金融体系、联邦党、美国海岸警卫队和《纽约邮报》的创始人。汉密尔顿对美国宪法贡献巨大：首先，在独立战争结束后，为了不使北美十三州分崩离析，他率先倡议重组一个统一的新国家，并通过具有历史意义的“安纳波利斯会议”开启了通往联邦制宪之路；其次，在费城制宪大会上，他与其他国父们一同参与制定宪法，缔造了人类历史上第一个现代联邦制共和国；最后，又以《联邦党人文集》这个划时代的历史文献诠释了这个美国立国的根本大法，为立国打下框架。

认为，禁令救济会承袭英国法的限制范围，即衡平法院首要的、最大的任务是给予极为特殊案例以衡平救济。[①]

事实上，反联邦党人并非杞人忧天。司法实践中，禁令显示出强大的效力，可以废除学校中的种族隔离制度，可以阻止选举暗箱操作，或者停止一项颇受欢迎的、被广泛使用的商业服务等。而这样强大的效力主要源自法院衡平法上扩张性的司法权以及实践这一司法权的自由裁量权。法院可以签发禁止性禁令（prohibitory injunction），禁止一方做出某种行为，或者签发强制性禁令（mandatory injunction）命令一方做出某种行为。这使法院的权力扩张到不仅是禁止或者强制某种行为，还可以增加有助于实现禁令救济目的的相关法律术语的概念。而且，法院签发的禁令通常不会被上诉推翻，除非存在十分明显的滥用自由裁量权的行为，因此，禁令的效力一旦签发也更为确定。司法权通过禁令而得以扩张，如不加以限制，则会威胁到联邦制的国家结构和政权组织形式。因此，无论是立法机构还是司法机构自身，都对签发禁令的衡平裁量权予以限制。

一、立法机构通过制定法案对联邦法院的禁令权予以限制

建国者们和国会既不完全信任联邦法院能够仅在特殊案件中限制性地适用禁令救济，也不信任法官的衡平裁量权，因而通过制定法案的方式，对法院适用禁令救济的潜在权力作出明确的限制，以防止其妨害联邦制和三权分立制。

一方面，从保护各州司法权以维护联邦制的角度，限制联邦法院签发禁令。在宪法修订后不久，国会便将《反禁令法案》写入 1793 年的《联邦司法法》，禁止联邦法院以禁令的方式干预州法院的诉讼进程。后来又在 1948 年修订《美国法典诠注》第 28 章第 2283 节时明确三种例外情形，即“除非被国会法案明确授权，或者

---

① See J. and A. McLean, *The Federalist No.* 83, Liberty Fund, Inc., 1961, p. 569.

对助益联邦法院的司法管辖权十分必要，或者用于保护或执行联邦法院的判决”[①]。这项法案的目的在于保护联邦制，避免出现因联邦法院针对州法院的裁判实施禁令而产生不可避免的摩擦。

另一方面，从保护政府行政职能的角度，限制联邦法院签发禁令。国会制定了一系列限制禁令的法律，以防止联邦法院通过实施禁令干涉政府的行政职能。例如，1867 年，国会制定了《反税收禁令法案》（Tax Anti-Injunction Act），该法案禁止联邦法院通过禁令限制政府对于税收的评估和征收。这一法案有双重目标：一是在税收征收政策生效前，尽量减少司法干涉，以获得高效的实施；二是保护征税部门少受请求退税之诉的影响。

此后，在 1937 年，国会制定了《税收禁令法案》（Tax Injunction Act），该法案规定如果州法院可以给予明确的、快速的和有效的救济，联邦法院不得禁止、暂停或者限制税收的评估、征收。这一法案对于联邦法院禁令权的限制，确认了州政府征税权的独立性，避免州政府因征税而被联邦法院问责。此外，为保护政府职能的独立性，在工人罢工以及公共事业费率等问题上，国会也对联邦法院的禁令权予以限制。例如，在 1932 年，国会制定了《诺里斯—拉瓜迪亚法案》（Norris-LaGuardia Act），该法案严格限制联邦法院签发有关于劳工争议的临时禁令或者永久禁令。在 1934 年，国会通过了《约翰逊法案》[②]（Johnson Act），该法案规定除非制定法明确规定，联邦法院不得禁止、暂停或者限制行政机构对于利率制定的管控权和执行权。

总之，国会通过制定法案，对联邦法院的签发禁令权予以限制，防止联邦法院通过禁令的方式，对州法院司法管辖权和政府的行政权进行

---

① 28 U. S. C. A. § 2283, § § 4221 – 4226. A court of the United States may not grant an injunction to stay proceedings in a state court except as expressly authorized by act of congress, or where necessary in aid of its jurisdiction, or to protect or effectuate its judgments.

② 《约翰逊法案》是美国国会于 1934 年通过的法案，该法案的主要内容是，禁止拖欠美国债务的外国政府在美国发行公债，旨在保持美国在欧洲战争中的中立地位，反映了国会中共和党人的孤立主义立场。

不当干涉，以保护联邦制下的“三权分立”。[①] 也正是由于此种限制，禁令救济的适用范围在政治较量领域逐步收缩，在司法实践中更多的是对公民宪法性权利的保护和对民商事领域的救济。

二、司法机构通过设立适用标准对法官签发禁令的自由裁量权予以限制

正如汉密尔顿所言，衡平救济本身就包含对自由裁量权的限制，联邦法院也致力于依照衡平法的基本原则避免武断的自由裁量，避免法官自设标准来评估是否签发禁令。尽管每个巡回区法院和州法院在设立判断标准和适用这些标准时有所不同，但基本可以达成共识的是如下“传统四要素”标准：（1）申请人胜诉的可能性；（2）如不给予禁令救济，当事人受到难以弥补损害的可能性；（3）申请人和被申请人所受损害间的权衡；（4）公共利益。[②] 虽然四要素标准也仅是部分地避免了签发禁令的武断性，但也在一定程度上限制了法官签发禁令的自由裁量权。这些要素渐渐成为各级法院签发临时禁令时所认可的适用标准，尽管在各要素具体的认定以及相互关系上有不同处理意见，但已经为宽泛的自由裁量提供了相对明确的参照指标。

总之，当美国社会“三权分立”的政权组织形式遇上传统英国法的衡平救济，就导致临时禁令的发展路径变得十分独特。一方面，由于受到立法权和行政权的限制，原本宽泛的衡平救济渐渐淡出政治力量博弈的领域，更多地适用于宪法性权利和民事权利的保护；另一方面，由于司法权的自我限制，通过总结出较为明确的衡量因素，为自由裁量提供参考依据。这两种表面上的限制和收缩为临时禁令制度突破美国本土局限性走向国际提供了可能。具体而言，适用范围的收缩使临时禁令在

---

① 美国政治制度中存在双重分权制衡，指美国实行联邦制度和“三权分立”制度。1787 年《宪法》规定，联邦政府的权力构建体现“三权分立”的原则，最高行政权属于总统，最高立法权属于国会，最高司法权属于最高法院；联邦政府是各州的中央政府，但各州在行政上保持一定的独立性。以此实现“双重分权”的“复合民主制”。

② See Morton Denlow, *The Motion for a Preliminary Injunction: Time for a Uniform Federal Standard*, 22 Review Litigation 495 (2003).

民事权利救济领域的作用日益凸显，同时其日益明确的衡量规则也经由美国在国际贸易领域的领导力和话语权而成为国际普遍适用的规则，如《与贸易有关的知识产权协定》中有关知识产权临时禁令的规定等。与此同时，世界各国通过国际规则的国内法化，也将临时禁令的相关规则在本国知识产权和竞争保护、人格权保护以及环境保护等领域的临时救济制度中适用。

第二节　从衡平救济转化为法律救济

1938 年以前，美国的法律体制仍是普通法院与衡平法院分立，各自遵循不同的规则和程序。在 1938 年，伴随《美国联邦民事诉讼规则》[①] 的适用，两者合二为一。禁令作为传统的衡平救济，从此开始了成文法化[②]和判例法化的过程，渐渐突破了衡平法上“极为特殊救济”的樊篱，适用范围越来越广泛，逐渐成为法律救济的一种方式。

一、临时禁令的程序事项成文法化

《美国联邦民事诉讼规则》第 65 条规定了临时禁令的通知、期间、形式和担保等问题。第 65 条（a）主要规定了临时禁令申请程序，包括

---

① 美国法中，在州的法律作为案件中的实体法时，联邦法院必须以各州的法律为实质法律，但联邦法院一般使用《美国联邦民事诉讼规则》作为其程序规则。尽管各州可以针对州法院制定自己的民事诉讼规则，但大多数州都采用了《美国联邦民事诉讼规则》。《美国联邦民事诉讼规则》由美国最高法院根据《规则授权法》（Rules Enabling Act）颁布，国会有 7 个月的时间否决颁布的规则。如果国会没有否决，最高法院颁布的规则就会成为《美国联邦民事诉讼规则》的一部分。最高法院对规则的修改通常基于美国司法会议（Judicial Conference of the United States，联邦司法机构的内部决策机构）的建议。《美国联邦民事诉讼规则》制定于 1938 年，其取代了《联邦衡平规则》（Federal Equity Rules）和《礼让法案》（Conformity Act），合并了普通法及衡平法案件中适用的程序。

② 美国是一个以习惯法、判例法为主要法律形式的国家，但随着资本主义政治、经济的发展，为了弥补判例之不足，美国成文立法的数量逐渐增多，成文法的地位和作用逐步提高，同时许多判例也被编撰成了成文法典，满足了美国政治和经济发展的需要。

未经通知被申请人，临时禁令不得签发。[①] 在临时禁令的听证开始之前或之后，法院可以将案件的庭审提前与临时禁令的听证[②]合并。即便不合并，临时禁令中所提供的证据，如果被案件实体审理时采纳，则可以不必重复提供。第 65 条（b）主要规定了临时限制令的申请程序，包括可以不经通知和听证而单方作出，效力不得超过 14 天，特殊情况下可以再延长 14 天，这期间当事人必须再申请临时禁令等。[③] 第 65 条（c）规定了保证金，确保错误签发禁令给被申请人造成的损害能够弥补。[④] 第 65 条（d）明确，通知应该在听证前 5 天送达。[⑤] 另外，因为宣誓书（affidavits）要披露给对方，通常至少在听证前一天送达对方，让其有充分时间知晓内容。概括地说，《美国联邦民事诉讼规则》对于临时禁令发展的贡献主要在于：

第一，通过有关通知、听证等事项的规定，保护当事人的知情权和申辩权，以尽可能地减少作出错误裁判的可能性。允许了实体审理与禁令听证的合并，使临时禁令中的质证部分在正常情况下被庭审采纳，可

---

① See Fed. R. Civ. P. 65（a）.（a）Preliminary Injunction.（1）Notice. The court may issue a preliminary injunction only on notice to the adverse party.（2）Consolidating the Hearing with the Trial on the Merits. Before or after beginning the hearing on a motion for a preliminary injunction, the court may advance the trial on the merits and consolidate it with the hearing.

② 美国听证会制度是一种让社会公共利益和公民私权得到有效保护、让妥协成为社会"润滑剂"的制度。它一方面通过吸纳各方利益和意志参与社会公共事务，使公共决策与社会治理更加规范；另一方面可以缓和社会矛盾，减少社会冲突，保持社会稳定，协调各方力量，促进社会公共活动多元化、民主化。听证程序包括：一是发出通知；二是给利害关系人参与听证的机会，使他们得以在听证会上发表自己的意见；三是证人。

③ See Fed. R. Civ. P. 65（b）.（b）Temporary Restraining Order.（1）Issuing Without Notice. The court may issue a temporary restraining order without written or oral notice to the adverse party or its attorney only if:...（2）Contents; Expiration... The order expires at the time after entry—not to exceed 14 days—that the court sets, unless before that time the court, for good cause, extends it for a like period or the adverse party consents to a longer extension. The reasons for an extension must be entered in the record.

④ See Fed. R. Civ. P. 65（c）.（c）Security. The court may issue a preliminary injunction or a temporary restraining order only if the movant gives security in an amount that the court considers proper to pay the costs and damages sustained by any party found to have been wrongfully enjoined or restrained. The United States, its officers, and its agencies are not required to give security.

⑤ See Fed. R. Civ. P. 65（d）. Notice of hearing of motion be served not later than five days before time for hearing.

以记录在案，不必重复质证，提高了诉讼效率。

第二，通过担保等事项的规定，减少错误签发临时禁令给被申请人造成的损害，并使申请人保持一定的审慎，不得随意提起并无法律根据的救济申请。同时，免除担保的规定，也有利于救济没有担保能力但仍然十分需要救济的特定群体。有关这一点，本书将在第四章中详细介绍。

第三，通过设置程序相对简单的临时限制令，避免当事人在获得临时禁令前有可能遭受难以弥补的损害，又通过限制其效力期间，并要求当事人必须申请程序相对完善的临时禁令，以降低这一程序有可能导致的不正当性。

当然，《美国联邦民事诉讼规则》第 65 条也存在一定的缺陷，主要体现在：一方面，该条款并没有明确签发的规则，而是默认了法院在禁令问题上适用的衡平法的指导原则。临时禁令在本质上具有模糊性，从而不容易总结出清晰的规则，所以起草者们决定由法院按照传统实践下去。另一方面，对于程序问题的规定并不详细。例如，尽管该条款要求通知和听证是必要的，但没有明确需要什么样的听证，也没有明确有关禁令到底是标的物的属物管辖权还是属人管辖权。

总之，《美国联邦民事诉讼规则》的颁布，使临时禁令的程序事项以成文法的形式得以明确，为法官签发临时禁令提供了程序法依据，也是临时禁令由衡平救济转变为法律救济的开端。

二、临时禁令的适用标准

《美国联邦民事诉讼规则》并未规定“是否签发临时禁令”这一最核心的问题，而是将这一问题留给法院由法院根据衡平规则以及案件事实自由裁量是否签发临时禁令。经过 200 余年的发展，临时禁令的适用标准也逐步明确，既体现在判例法中，也体现在成文法里。

其一，法院在长期的司法实践中，逐步总结出了具体的适用标准，尽管不同联邦巡回区在具体标准的选择、解释和适用上存在差异，但基本限定在对四个要素予以衡量的范畴内，即“传统四要素”标准（本书将在第二章予以详细介绍）。除了根据判例总结出的司法裁判标准之外，在过去的50年里，随着立法机构通过大量法案指导法院在特定情形下签发禁令，在特定类型的案件中，法官也可以依照成文法的标准来签发禁令。例如，1978年议会制定的《石油市场实践法案》（Petroleum Marketing Practices Act）规定，法院如果判定临时禁令对石油公司的损害比对加油站的损害小时，原告并不需要证明“胜诉的可能性”（probability of success），而只需要阐明“胜诉的合理可能”（reasonable chance of success）就能获得禁令救济。① 法院在遇到此类案件时，只需按照成文法的要求决定是否签发禁令，无须再考虑“法律无法充分救济”等衡平原则。当成文法授权或者要求法院签发禁令时，法院传统的衡平裁量就被遵守法律和立法政策的义务取代。

其二，立法机构大量授权和要求法院签发禁令。在特定类型的案件中，法院只需适用成文法的标准即可，这在实践中极大增加了申请人获得禁令救济的可能性。例如，根据北达科他州的法律，受害人可以获得对其造成伤害的某项刑事犯罪所得的收益，而当该收益被不法浪费时，法院应该给予受害人临时禁令救济以禁止浪费行为。② 又如，根据俄亥俄州法律规定，如果消费者证明电话推销行为违反了州法的规定，法院应该给予消费者临时禁令救济以禁止电话推销员对消费者的侵害。③

其三，“损害难以弥补”标准在特定类型案件中被法院以“推定损害难以弥补”标准代替。“损害难以弥补”原本是极严格的标准，即除非原告能够证明其不能获得普通法上适当的、充分的赔偿，否则将不能获得衡平法救济。这一标准体现了衡平法上的重要原则，也使禁令成为

① 该法案是有关石油公司终止其与加油站的特许经营关系的程序法和实体法的规则。

② See N. D. Cent. Code § 32 - 07. 1 - 01 (2008). In any action brought pursuant to subsection 4 or 5, upon motion of a party the court shall grant a preliminary injunction to prevent any waste of the profits from the crime, if it appears that the profits from the crime are subject to the provisions of this section and that they may be subject to waste.

③ See Ohio Rev. Code Ann. § 4719. 15 (2008). Upon the purchaser's showing that the telephone solicitor or salesperson has committed a violation of one of those sections or rules, the court shall grant an injunction, temporary restraining order, or other appropriate relief.

"极为特殊"的救济。而在特定类型的案件中，如知识产权纠纷、商业秘密、竞业限制纠纷以及某些宪法性权利侵权案件，如果申请人可以证明其胜诉的可能性以及损害难以弥补的基本事实，则可以"推定损害难以弥补"，从而成功获得禁令，这也增加了申请人获得禁令救济的可能性。

立法机关和法院的这些做法，使临时禁令从曾经"极为特殊"的衡平救济变成依照成文法或者判例法的法律救济。随着这一转变，当事人对禁令救济的态度也从"很难奢望"变成"合理期望"。同时，这样的发展，也使法院由以前宽泛的衡平性的自由裁量转变为在特定类型案件中执行立法政策以及依照判例法上的适用标准来判断是否给予当事人禁令救济。

第三节 从维持现状回归到避免难以弥补的损害

临时禁令历史上又被称为"待决禁令"（injunctions pendente lite），这一称谓便是基于"维持现状"（maintain the status quo）理论而产生的。"status quo"是拉丁语，《元照英美法词典》将其翻译为"事物的现时状态"。[①]"维持现状"，指当事人双方权利义务的最后无争议状态。历史上，维持现状作为临时禁令的基本功能，指导法院是否给予当事人此种衡平救济。即在法院通过实体审理和判决解决争端之前，通过禁令的方式将双方的权利义务状态暂时"冻住"，直到作出判决。[②]

既然是维持现状，也就意味着禁止做出某种行为改变双方权利义务的最后无争议状态，所以最初的临时禁令都是"禁止性临时禁令"。后来随着临时救济的需要，有时需要强制一方当事人为一定行为，才可以避免另一方当事人遭受难以弥补的损害，而此种临时禁令被称为"强制

① 参见薛波主编：《元照英美法词典》，北京大学出版社 2014 年版，第 1288 页。

② See Kevin J. Lynch, *The Lock-in Effect of Preliminary Injunctions*, 66 Florida Law Review 779 (2014).

性临时禁令”。据此，“维持现状”成为两种不同类型的临时禁令的分界线：“禁止性临时禁令”是禁止被申请人为一定行为，以维持双方原有的权利义务状态；“强制性临时禁令”则是强制被申请人必须为一定行为，从而改变了双方的权利义务状态。

正是由于强制性临时禁令打破了传统中以“维持现状”为指导原则的临时禁令救济，对于此种类型是否应当提高证明标准，联邦上诉法院的意见分为两派。一派是第二、七、九、十巡回区的法院，认为如果当事人申请的临时禁令改变了双方权利义务状态，则需要提高其证明标准，即所谓的“加重标准”（heightened standard），要求申请人必须有极高的胜诉可能性。[①] 其他各巡回区法院则属于另外一派，以第三、五、六巡回区法院为代表，其认为在临时禁令适用领域没有必要强调“维持现状”理论，无论是强制性临时禁令还是禁止性临时禁令，都应采用同样的标准。[②]

在这一问题上，美国最高法院并没有给出明确的观点，认为应由各州自己决定。近年来，基于“维持现状”理论而对临时禁令要求“加重标准”的做法备受指责。[③] 正是在此种非议中，理论界和实务界逐步认识到“维持现状”理论的局限性。该理论既不应当成为强制性临时禁令中采用“加重标准”的理由，也无法代替难以弥补的损害标准。

一、“维持现状”理论不能成为“加重标准”的理由

历史上的禁令救济属于衡平救济的一种，而“维持现状”作为衡

---

① See Oxford House, Inc. v. City of Albany, 819 F. Supp. 1168 (N. D. N. Y. 1993). 法官在本案裁决中认为：如果原告申请的临时禁令是恢复原来的权利义务状态（符合“维持原状”），那么只需要证明有超过 59% 胜诉可能性；相反，则要证明有极大的胜诉可能性（substantial likelihood of success on the merits）。

② See Thomas R. Lee, *Preliminary Injunctions and the Status Quo*, 58 Washington and Lee Law Review 109 (2001).

③ See Chi. United Indus., Ltd. v. City of Chi., 445 F. 3d 940, 944 (7th Cir. 2006). 法官在本案中批判第七巡回区法院的判决：临时禁令是为了恰当地扭转申请人遭受难以弥补损害的状态，询问这种救济是否以及在何种程度上改变或维持了双方之前的权利状态并没有意义，反而会扰乱判断的法律标准，既然如此，又何必执拗于这样的理论呢？

平救济的一项原则，被自然而然地适用到了禁令救济之中。最高法院在相关案件中提到，由于临时禁令属于衡平救济，而联邦法院衡平法上的管辖权是来自1789年《司法法案》的授权，因而衡平救济的原则应当作为司法救济的一部分而存在，符合在两个国家分开时英国的衡平法院所执行的原则。[①] 然而，除了这一历史性的回顾，最高法院并没有对临时禁令与“维持现状”理论之间的关系做出进一步的分析。

追溯至19世纪的衡平法时代，关于“维持现状”理论的讨论，并没有将其上升为临时禁令救济的指导原则；在探讨强制性临时禁令和禁止性临时禁令的区别时，也没有将“维持现状”作为此种区分的指导性原则。美国早期适用临时禁令时谈到“维持现状”理论，并不是将其作为临时禁令的适用标准，而是将其作为禁令救济的效果或目的来描述。[②]

19世纪以来，尽管有少数判例对申请强制性临时禁令要求更高的证明条件，但与现在所适用的“加重标准”有很大不同。前者是针对个案的具体情况，从避免难以弥补损害的发生的角度提高证明要求；后者是针对强制性临时禁令而类型化地统一适用更为严格的标准。以第九巡回区法院的一个经典案例为例进行具体分析。在该案中，原告作为南加州大学女子篮球队的教练，认为应当获得与男子篮球队教练同样的工

① See Grupo Mexicano de Desarrollo, S. A. v. Alliance Bond Fund, Inc. 527. U. S. 308 (1961). 在本案中，原告声称运营商没有履行票据义务，寻求损害赔偿和临时禁令，禁止运营商转让墨西哥政府发行的收费公路票据。地方法院签发了临时禁令。第二巡回法院维持原判。最高法院斯卡利亚法官认为：(1) 地方法院在上诉后将临时禁令转换为永久禁令，再加上其在合同索赔上作出有利于资金的最终判决，并没有使有关临时禁令适当性的上诉失去意义。(2) 经营者和担保人没有对永久禁令提出上诉，也没有因为他们在案情上败诉而导致他们放弃对临时禁令的错误主张。(3) 在作出金钱判决之前，地方法院无权签发临时禁令，阻止经营者转让没有留置权或衡平法权益的资产。(4) 任何扩大地方法院在这方面的衡平法权力都应留给国会处理。最高法院推翻了第二巡回法院的判决，并将案件发回重审。See also AKF, Inc. v. AvantGarde Senior Living, No. 121CV188BKSDJS, 2021 WL 2662070 (N. D. N. Y. Apr. 29, 2021). 如果一项罪名“寻求衡平法上的救济，法院必须确定拟议的临时禁令是否是维持现状的合理措施，以帮助最终的衡平法救济”。法院将裁定驳回原告提出的临时禁令申请。See also Gucci Am., Inc. v. Weixing Li, 768 F. 3d 122 (2d Cir. 2014).

② See Thomas R. Lee, *Preliminary Injunctions and the Status Quo*, 58 Washington and Lee Law Review 109 (2001).

资，向法院提出临时禁令申请，要求大学在其任期届满之后继续与其签订雇佣合同，并支付与男子篮球队教练同样的报酬。对此，第九巡回区法院认可地方法院拒绝临时禁令的裁决，理由是：（1）申请人要求学校在合同期满后与其续约并支付28,000美元的年薪，属于强制性临时禁令，因而应当做更为仔细的考量（higher degree of scrutiny）。（2）鉴于男子篮球队教练与其在职责、资格和经验方面的差异，申请人未能充分证明其应当获得与男子篮球队教练同样的薪水。（3）在判定工作职责和工作条件是否完全相同时，应当将男女两队各自的营收考虑在内。（4）学校在拒绝与申请人续签合同方面并无明显的错误。（5）比较双方的困难程度时，申请人也并没有处于优势地位。[①]

通过分析该裁决理由，可以发现：一方面，法院只是认为由于强制性临时禁令要求被申请人必须签约并且支付较高年薪，对其雇主的自由意志有强大的司法干预，因而需要更为审慎的审查，但并没有明确指出要提高证明标准；另一方面，基于同工同酬的原则，申请人没有充分证明男女队教练有相同的工作量和业绩，所以要求同样报酬并不合理。由此可见，即便是强调"维持现状"理论的巡回区，也并没有论证"维持现状"与提高证明标准之间的关系，仍然以传统的适用标准来判断是否应该签发临时禁令。

另外，通过消耗诉讼资源去探究临时禁令的本质属性及其对"维持现状"理论的影响，不仅对解决问题无益，还会浪费诉讼资源。[②] 一方面，即便提高证明标准也不足以让法官更明确地判断是否满足"维持现状"理论。另一方面，提高证明标准反而会至少增加两个诉讼花费：一是申请人需要投入更多的时间和资源来试图让法官相信其有关禁令本质的观点，法院也要在这样空洞的探究上花费时间和资源；二是提高证明标准会增加申请人获得救济的难度，也会增加禁令错误的成本。

总之，"维持现状"理论冻结双方当事人的权利状态，既有可能剥

---

① See Stanley v. Univ. of S. California, 433 F. 3d 1129 (9th Cir. 2006).

② See James Powers, *A Status Quo Bias: Behavioral Economics and the Federal Preliminary Injunction Standard*, 92 Texas Law Review 1027 (2013 – 2014).

夺原告的权利使其遭受难以弥补的损害，也有可能使被告丧失积极改善的机会，而法院对于双方权利义务的状态，无论维持抑或改变，都是同等程度的干预。[①] 区分“强制做出行为”和“禁止做出行为”来判断对被告合法行为自由的限制程度是没有意义的，这与被告是否会遭受难以弥补的损害的可能性无关。因此，仅是固守“维持现状”的衡平法原则，而在审查临时禁令时要求提高申请人的证明标准并不合理，这种做法既缺乏足够的历史依据，也耗费诉讼资源。事实上，无论是英国的衡平法院还是美国的衡平法院，都未曾认为禁令的类型（强制性禁令还是禁止性禁令）与“维持现状”理论之间有必然的关系。强制性禁令的案例也仅是因权衡双方的损害程度而提出较高证明标准，并不是因禁令属性及其对权利现状的影响而提高证明标准。[②]

二、“维持现状”理论不能替代“难以弥补的损害”标准

坚持适用“维持现状”理论的联邦法院大多认为，其可以替代“难以弥补的损害”标准来衡量是否签发临时禁令，并且认为与“难以弥补的损害”标准相比，签发临时禁令是否能够维持当事人双方权利义务关系的状态是更容易判断的。反对观点则认为，“维持现状”理论无法替代“难以弥补的损害”标准，理由是：一方面，“维持现状”理论只是解释了法院行使临时性衡平救济权力的合理性，并非法院判断是否签发临时禁令的适用标准；另一方面，“维持现状”与避免损害之间不存在必然的关系，即“维持现状”的临时禁令未必可以将难以弥补的损害最小化，而不维持现状的禁令也不见得会扩大难以弥补的损害。[③]

判断“维持现状”理论是否可以在衡量临时禁令时作为“难以弥补的损害”标准的替代标准，应该通过具体分析该理论在实际案例中的

---

① See Kevin J. Lynch, *The Lock-in Effect of Preliminary Injunctions*, 66 Florida Law Review 779 (2014).

② See Thomas R. Lee, *Preliminary Injunctions and the Status Quo*, 58 Washington and Lee Law Review 109 (2001).

③ See Thomas R. Lee, *Preliminary Injunctions and the Status Quo*, 58 Washington and Lee Law Review 109 (2001).

运用动态和实际效果来判断。

第一种情形：维持现状便可以避免申请人遭受难以弥补的损害，但不会给被申请人带来难以弥补的损害，即便被告胜诉，其损失可以经由原告提供的保证金而获得赔偿。对于法院而言，如果签发临时禁令，则可以及时救济申请人，并且如果被申请人胜诉，其损害也会因保证金而得以弥补；但拒绝临时禁令，一旦原告胜诉，而其损害又难以弥补，则法院无法实现司法正义。所以经此权衡，法院自然会签发临时禁令。例如，根据竞业禁止的条款，禁止被申请人招揽原雇主的客户的临时禁令①；或者基于保护申请人的商标权，禁止被申请人使用申请人的商标的临时禁令等②。这些临时禁令均是通过暂时维持现状而避免当事人在诉讼结果之前遭受难以弥补的损害。

第二种情形：改变双方最后无争议的权利状态（upset status quo）将给被申请人带来难以弥补的损害，法院此时必须要权衡申请人胜诉的可能性。如果申请人胜诉的可能性很高，则意味着被申请人遭受难以弥补损害的可能性很低，法院可以签发临时禁令；如果被申请人胜诉的可能性很高，则意味着日后其遭受难以弥补损害的可能性也很高，法院则应当拒绝签发临时禁令。如上文中提到的案件，由于申请人要求南加州

---

① See Am. Fid. Assurance Corp. v. Leonard, 81 F. Supp. 2d 1115 (D. Kan. 2000). 在本案中，被申请人违反竞业禁止协议条款将导致申请人丧失客户和商誉，从而使其遭受难以弥补的损害，而该协议对于被申请人行为的限制并不会造成其无法在该行业谋生。换言之，被申请人的行为给前雇主造成的损害要大于其自己所遭受的损害，因而法院同意签发临时禁令禁止被申请人招揽原雇主的客户资源。

② See Juicy Couture, Inc. v. Bella Intern. Ltd., 930 F. Supp. 2d 489 (S. D. New York. 2013). 在本案中，时尚品牌 Juicy Couture 公司向法院申请临时禁令，要求法院禁止被申请人某公司在诉讼期间继续使用类似“Juicy”“Juicy Girl”“Juicy Couture”的商标。法院同意签发禁令，认为被申请人继续使用商标会给申请人造成难以弥补的损害，并且权衡双方当事人的境况后认为，签发临时禁令给被申请人造成的损害要小于不签发临时禁令给申请人造成的损害。See also Fair Hous. Just. Ctr., Inc. v. Cuomo, No. 18 - CV - 3196 (VSB), 2018 WL 4565152 (S. D. N. Y. Sept. 24, 2018). 在本案中，原告向法院申请临时禁令，要求法院禁止被告乡村住房发展基金公司阻止原告返回她的公寓，除非纽约市法院发出驱逐令并由纽约市法警执行。法院认为，在没有禁令救济的情况下，原告不能返回自己的公寓，失去了自己的个人生活，原告将遭受“身心健康进一步恶化”的难以弥补的损害，所以原告的临时禁令申请部分被批准。

大学与其续签合同并支付高工资，属于改变双方权利义务关系的临时禁令，但法院并不是因为其属于强制性临时禁令而要求申请人证明其胜诉的极大可能性，而是因为签发此种禁令要求被申请人被迫雇佣不符合条件的雇员并有可能给其学校篮球队的声誉和质量带来难以弥补的损害，需要申请人有极为正当的理由（极大的胜诉可能性）才可以签发。[①]

第三种情形：只有改变双方最后无争议的权利状态，才能使申请人避免在将来遭受难以弥补的损害。此种情况下，法院如果仅以维持双方关系的最后无争议状态作为临时禁令的签发标准，很显然将无法对申请人予以救济。仍要衡量申请人若没有禁令救济将遭受难以弥补损害的可能性，以及禁令给被申请人带来的行为负担及相应损害的风险。

在上述三种情形下，“维持现状”理论并没有作为一项适用标准发挥实际的作用，法院仍然是根据申请人遭受难以弥补损害的可能以及双方当事人的困难程度而作出裁决。

总之，“维持现状”理论仅在历史上发挥了解释临时救济正当性的作用，在现代司法实践中，无法替代难以弥补的损害而作为一项单独的适用标准，也更没有必要在强制性临时禁令中适用“加重标准”。[②] 当“维持现状”的理论失去现实意义时，临时禁令回归到其避免当事人在判决前遭受难以弥补损害的功能上。换言之，在现代司法救济的语境中，临时禁令的主要功能是在判决前预防难以弥补的损害的发生和扩大。[③] 临时禁令的功能从历史上的“维持现状”到现代的避免损害，与其说是转变，不如说是回归。因为最初的衡平救济认为只有“维持现状”才能够避免损害，而随着对难以弥补损害认定的细化，以及权衡双方损害、胜诉可能性、公共利益等考量因素的出现，仅仅“维持现状”不足以避免损害，必须要综合权衡考量各种因素才能实现救济的目的。

---

① See Stanley v. Univ. of S. California, 433 F. 3d 1129 (9th Cir. 2006).

② The Harvard Law Review Association, *Developments in the Law—Injunctions*, 78 Harvard Law Review 1058 (1965). “维持现状本身并不是一个重要的并且具有稳定性的衡量标准，法院还是应当立足于是否可作出判决前给予当事人充分的临时救济。”

③ See Tracy A. Thomas, *The Prophylactic Remedy: Normative Principles and Definitional Parameters of Broad Injunctive Relief*, 52 Buffalo Law Review 302 (2004).

所以，从这个意义上讲，“维持现状”理论退出历史舞台，其实是为避免损害的功能脱去外衣，使临时禁令的功能回归到避免当事人在判决前遭受难以弥补的损害。

本章小结

美国法上的临时禁令救济虽然源自英国的衡平法，但在美国社会独特的三权制衡中，逐步发展出了有别于传统衡平救济的现代特征，具体而言：

第一，临时禁令作为权力制衡的工具色彩减弱，更多的是在针对公民的宪法性权利和民事权利予以临时救济，避免当事人在判决前遭受难以弥补的损害。临时禁令在民商事领域的应用更为广泛，以美国 2021 年联邦法院审理的涉及临时禁令的案件为例，在全部 5844 件案件中，有 5596 件是民商事领域的临时救济，其中数量最多的是雇用纠纷，共 1865 件，然后是知识产权纠纷，共 841 件。①

第二，临时禁令已由传统的衡平救济转化为法律救济。临时禁令的实体审查标准通过判例法和成文法的方式予以明确，其程序事项在《美国联邦民事诉讼规则》中得以完善，使临时禁令从曾经“极为特殊”的衡平救济变成依照成文法或者判例法的法律救济。此种救济性质的转变，也为临时禁令的救济方式走向国际提供了可能，经由具体的裁判规则和程序规范打破两大法系的壁垒，有利于统一国际贸易竞争及知识产权保护、环境保护乃至人格权保护领域的临时救济规则。

第三，临时禁令的功能由历史上的“维持现状”回归到避免难以弥补的损害。尽管有些巡回区法院仍然在援引“维持现状”理论作为签发或拒绝临时禁令的理由，但此种援引更多的是保留该理论在衡平法

---

① 数据源自 westlaw，搜索词为“2021 preliminary injunction”，搜索范围为“federal cases”。

上的象征意义，具体的裁判依据仍是对传统四要素的分析，而最为核心的仍是对难以弥补损害的认定。在强制性临时禁令的问题上，也是权衡双方的困境程度而做出是否提高证明标准的要求，并非简单依据“维持现状”理论而适用“加重标准”。最初的“维持现状”理论与避免难以弥补的损害是同样的含义，但当更完善的适用标准被逐步总结出来并得到广泛适用时，“维持现状”理论渐渐退出了历史舞台，临时禁令的功能也随之脱去了这一层外衣，回归到避免难以弥补的损害。

总之，美国法的临时禁令所展现的现代特征，突破了美国的政治体制中作为权力制衡的专属工具，广泛适用于民事救济领域，也突破了其衡平法的历史樊篱，以禁令判例的形式初步发展出特定的法律规则（legal rules），为其他国家的法律制度提供了参考和借鉴。

第二章　美国临时禁令适用标准的司法裁量

基于判例法的传统，美国临时禁令的适用标准亦来自法官遵循先例又打破先例的司法裁量实践，由衡量要素及其适用方法两部分组成。[①]由于最高法院尚未在联邦层面统一临时禁令的适用标准，各联邦法院对各个衡量要素的理解以及适用方法存在一定的差异。本章通过梳理分析各要素及其适用方法，探寻美国法上各衡量要素的实质内涵和各适用方法的利弊。

第一节　适用标准的产生和发展

一、最初的适用标准：法律无法充分救济

历史上，衡平救济作为法律救济的补充，是在法律无法提供充分救济时由衡平法官依照良心原则（principles of conscience）给予当事人的

---

① 根据判例法制度，判决要遵从"遵循先例"原则，即包含在以前判决中的法律原则对以后同类案件有约束力，具体说就是高级法院的判决对下级法院处理同类案件有约束力，同一法院的判决对其以后的同类案件的判决具有约束力。但是，判例也可以被推翻，不再具有约束力。通常是由更高级的法院宣布错判而推翻。包含两种情况，分别是明示推翻（explicit overruling）和默示推翻（implicit overruling）。明示推翻是指后案的法官明确宣布该判例是错误的使判例被推翻；默示推翻是指后案的法官作出了与判例不同的判决使判例被推翻。

特殊救济。[①] 以法律是否可以提供充分救济为标尺，明确划定衡平法院与普通法院之间司法权的界限。随着衡平法院与普通法院的融合，临时禁令已成为联邦法律中唯一留存的衡平救济。法院在衡量临时禁令时仍以法律救济的不充分性为前提，除了历史传统的原因之外，也是因为法院在临时禁令的考量、签发、执行方面的难度都要大于损害赔偿救济等法律救济，因而更倾向于仅在法律无法充分救济的情形下考虑临时禁令救济。“法律无法充分救济”可以被视为临时禁令最初的适用标准，既包括当事人无法适用恰当的法律获得司法救济，也包括无法获得可能的行政救济，即已穷尽除临时禁令之外的所有可能的救济手段也无法实现有效救济。[②] 司法实践中，也可以通过法律充分救济的标准划定无法充分救济范围。例如，法院在相关案件中认为：充分的法律救济应当是指

---

① 起初普通法对原告的救济措施较为受限，仅限于赔偿以及恢复财产权。此外，普通法注重文件和公开的财产权，不承认非正式的合约以及信托。因此，人们开始逐渐直接向英国国王申诉，而国王则将案件转交其掌印大臣或者大法官。由此，逐渐形成了衡平法院。从1473 年开始，衡平法院的大法官开始以自己的名义发出判决。衡平法院的出现主要是为了填补英美法的不足和补救普通法造成的司法不公，另外，衡平法起初与英美法不同，更加偏向于特殊情况下的救济措施。因此，衡平法起初也不遵守遵循先例原则，而是更加偏向于依照个案的需要酌情处理，并且衡平法院也没有陪审团。1616 年，詹姆斯一世国王确立了衡平法优先的原则。通过一系列改革，独立的衡平法院和其他普通法院由 1873 年最高司法院法令合并为一个新的高级法院，普通法及衡平法融合一体。与英国类似，在 19 世纪晚期及 20 世纪，美国的大多数州也废除了独立的衡平法院，并且合并了普通法和衡平法的程序制度。传统上衡平法仅适用于财产权争议。而在现代法律，源于衡平法的强制履行合同和禁制令也适用于劳动法、行政法等其他领域。

② 特殊情形下，法院不以此为判断标准。See Bannercraft Clothing Co. , Inc. v. Renegotiation Bd. , 415 U. S. 1, 94 S. Ct. 1028, 39 L. Ed. 2d 123（1974）. 在本案中，Skelly Wright 法官在判决中讨论了穷尽行政救济、难以弥补的损害和法律救济不充分性等原则之间的关系，认为本案中申请人可以根据《信息自由法案》获得临时禁令救济。See Tilton v. Sec. & Exch. Comm'n, 824 F. 3d 276（2d Cir. 2016）. 美国证券交易委员会（SEC）对个人及其投资公司提起行政诉讼，指控其违反《投资顾问法》后，个人和公司提起诉讼，声称任命行政法法官（ALJ）进行诉讼违反了任命条款，并寻求对 ALJ 的裁决的禁令，理由是该裁决据称违宪。上诉法院认为在行政程序结束后，联邦法院将能够有意义地审查石油公司的索赔，尽管在行政程序结束之前，该公司将承受大量费用的损失，但这种困难是在政府统治下生活的社会负担的一部分，而不是一种“难以弥补的损害”（irreparable injury）。See Crocker v. California, Dep't of Rehab. , No. 2: 14 – CV – 01944 – MCE, 2015 WL 106361（E. D. Cal. Jan. 7, 2015）. 在本案中，Morrison 法官在判决中分析了原告若不能获得禁令救济也不会遭受难以弥补的损害，且原告有充分的行政补救措施且该措施是可行的，由此驳回了原告的禁令请求。

明确的、及时的、完整的救济，并且执行法院判决的效果与禁令救济的效果是同样可行且高效的。① 从法院的角度来看，在法律救济与禁令救济效果相当的时候，法律救济优先适用，法院也无须再考量衡平救济的方式。② 换言之，当法律救济无法实现与禁令救济同样的效果时，则应适用禁令救济。从当事人的角度来看，如果当事人能够通过提起诉讼或者抗辩主张而获得充分的损害赔偿，则应认为可以获得充分的法律救济。

司法实践中，证明“难以弥补的损害”③ 是阐明“法律救济不充分”最常用的方式。即如果原告能够证明若没有法院的干预和阻止正在发生或者即将发生的侵害，其将遭受难以弥补的损害，法院便可以认定属于法律救济不充分而可以提供禁令救济的情形。两者在一定程度上有所重合、相互证明，但并不是完全相同的概念。法律救济不充分是禁令救济的基本前提，即无论是临时禁令还是永久禁令，都要符合这一前提。但“难以弥补的损害”及其对原告的威胁程度，只是法院衡量临

---

① See Local Union 499 of Intern. Broth. of Elec. Workers, AFL-CIO v. Iowa Power & Light Co., 224 F. Supp. 731, 738 (S. D. Iowa 1964). See also Porter Cty. Cable Co. v. Moyer, 624 F. Supp. 1 (N. D. Ind. 1983). 在本案中，有线电视公司根据分销商向有线电视用户销售和以其他方式提供电子解码器的行为寻求永久禁令和损害赔偿。地方法院首席法官艾伦·夏普（Allen Sharp）认为：（1）向有线电视用户出售或以其他方式提供电子解码器的行为违反了《通信法》；（2）符合未决管辖权要求；（3）经销商违反印第安纳州的欺骗、转换和协助法规；（4）有线电视服务有权获得永久禁令救济。See also Maturo v. Digiola, No. NNHCV195045221S, 2019 WL 6880593 (Conn. Super. Ct. Nov. 21, 2019). 在本案中，Thomas Corradino 法官论证了签发禁令的四个条件，着重强调禁令为当事人提供的是及时的救济，“临时禁令的动机是维持双方之间的现状，直到对法律主张进行司法评估”，从而同意了原告的禁令主张。

② See Harris Stanley Coal & Land Co. v. Chesapeake & O. Ry. Co., 154 F. 2d 450, 453 (C. C. A. 6th Cir. 1946). 在本案中，法院认为：“效果相当”（as effective）是指，“充分的法律救济不仅仅是确定的、及时的、完整的救济，还应当与通过衡平救济的方式一样，可以充分地实现司法公正”。See also Fuqua v. Pridgen, No. 1: 12 - CV - 93 (WLS), 2013 WL 12212365 (M. D. Ga. Feb. 20, 2013). 在本案中，法院认为，法院禁止在法律有充分的补救措施的情况下获得衡平法救济，一般而言，适当的补救办法不仅必须简单、迅速和充分，而且必须与衡平法的约束力能够给予的补救办法一样充分，足以达到正义的目的。

③ 详细内容参见本书第二章关于“难以弥补的损害”的讨论。

时禁令时的必要内容，并不是签发永久禁令的必要条件。[①] 换言之，如果原告无法证明其即将遭受难以弥补的损害，则无法获得临时禁令，但仍有可能在法院经过实体审理后，因法律无法提供充分的救济而获得永久禁令的救济。例如，在一个案件中，原告港务局作为机场的管理方，向法院申请禁令要求航空公司按照机场管理规范使用飞机跑道，法院同意签发禁令，认为航空公司使用特定跑道的行为违反了合同的约定及机场管理规范的相关条款，法院应对其威胁继续使用该跑道的行为予以制止，机场管理方不需要证明此种行为将带来难以弥补的损害。[②] 可见，在签发永久禁令时，法院并不完全以“难以弥补的损害”来判断“法律救济不充分”。而在签发临时禁令时，对于法律救济不充分的考量，已基本被“难以弥补的损害”所取代。

总之，历史上临时禁令作为衡平救济的一种，以法律无法提供充分救济为其适用的前提，主要体现为原告将遭受的损害难以被弥补，也包含所有其他无法与临时禁令有同样救济效果的情形。随着临时禁令逐渐转化为普通法救济，法律无法提供充分救济也渐渐转变为对“难以弥补的损害”标准的考量。

---

① See Lewis v. S. S. Baune, 534 F. 2d 1115, 1124 (5th Cir. 1976). 本案中，法院认为，如果说对“难以弥补的损害”的认定是签发临时限制令或者临时禁令的关键，那么签发永久禁令的关键前提是“法律无法提供充分救济”。“难以弥补的损害”仅是证明“法律无法提供充分救济”的一种基本的、重要的方式。See also 800 Adept, Inc. v. Murex Sec., Ltd., 505 F. Supp. 2d 1327 (M. D. Fla. 2007), aff'd in part, vacated in part, rev'd in part, 539 F. 3d 1354 (Fed. Cir. 2008). 本案中，原告（被上诉人）为专利所有者，以专利侵权和侵权干扰业务关系为由对竞争对手提起诉讼，竞争对手提起侵权反诉。美国佛罗里达州地方法院签发了永久禁令，上诉法院认为仅凭难以弥补的损害不足以签发永久禁令，撤销了初审法院作出的永久禁令。See also Brown v. Sec'y, U. S. Dep't of Health & Hum. Servs., 4 F. 4th 1220 (11th Cir.), vacated, 20 F. 4th 1385 (11th Cir. 2021). 本案法院认为仅基于难以弥补的损害申请临时禁令是不足够的。See also Magwood v. Crews, No. 4: 14CV613 – RH/CAS, 2015 WL 333150 (N. D. Fla. Jan. 26, 2015). 本案法院认为临时禁令是一种特殊而极端的补救措施，除非满足全部适用条件，否则不应签发禁令。另外，法院在论证中还指出“难以弥补的损害”是认定法律上没有适当的补救办法的先决条件。

② See Port of New York Authority v. Eastern Air Lines, Inc., 259 F. Supp. 745 (E. D. N. Y. 1966).

二、现代的适用标准：对“传统四要素”的多样化适用

联邦法院有权签发和拒绝临时禁令的申请，正如第三巡回区法院所称：是否应当获得临时禁令救济并不是当事人的权利，而是法官为了能够解决难以预料的法律问题而进行自由裁量的结果。目前在司法实践中适用最为广泛的标准即上文中提到的“传统四要素”：如果没有临时禁令原告将有遭受难以弥补的损害的重大危险，此种危险与签发临时禁令给被告遭受的损害之间的权衡，原告胜诉的可能性，以及临时禁令对于公共利益的影响。虽然总结出所谓的四要素，但各联邦法院对于这四个要素的内涵及其适用方法的理解是存在差异的，最高法院也处在逐渐完善适用标准的摸索过程中而未能统一各巡回区的适用标准。

在衡平法院与普通法院合并后相当长的一段时间内，联邦法院仍然按照传统的“法律无法充分救济”标准来判断是否签发临时禁令，尽管也会在不同的案件探讨胜诉可能性、给被申请人造成的损害以及公共利益的衡量，但未将这些因素视为适用标准，更多的是以这些因素论证是否满足“法律无法充分救济”。

进入 20 世纪 70 年代，对于适用标准的认知越来越明晰。在 1973 年的一个案件中，最高法院明确提出了签发临时禁令的权衡标准（balancing test）：一是原告胜诉的可能性，二是没有临时禁令救济原告将会遭受难以弥补的损害的可能性。[①] 1974 年，最高法院在相关案件中，将权衡标准改称为“二要素标准”（two-factor test），不仅标准

---

① See Brown v. Chote，411 U. S. 452（1973）. 本案中，被上诉人试图竞选国会议员，但声称他无法支付加利福尼亚州的法定申请费，他在地方法院提起集团诉讼，质疑申请费法规的合宪性。面对即将到来的申请截止日期，地方法院批准了被上诉人的临时禁令申请。在决定是否签发临时禁令允许贫困的政治职位候选人不支付州法规要求的申请费时，地方法院适当地考虑了候选人根据案情胜诉的可能性，以及如果没有这种救济，将造成难以弥补的损害的可能性。See also Gilman v. Davis，690 F. Supp. 2d 1105（E. D. Cal. 2010），rev'd sub nom. Gilman v. Schwarzenegger，638 F. 3d 1101（9th Cir. 2011）. 本案中，加利福尼亚州提起集团诉讼，指控 2008 年《加利福尼亚州受害者权利法案》的规定，减少了囚犯假释听证会的可能性和频率，违反了囚犯的实质性正当程序权利。囚犯们要求签发临时禁令，以禁止执行该法案。法院认为寻求临时禁令的原告必须证明：（1）他胜诉的可能性；（2）在没有临时禁令的情况下，他可能会遭受难以弥补的损害。

的称谓发生变化，对胜诉可能性的描述也由“possibility”变成“likelihood”。[①] 1975 年，法院在一个案件中，特意增加了对联邦法院签发临时禁令的要求，即“要谨慎权衡双方的利益”并且适用“严格的”标准决定是否给予禁令救济。[②] 而这一要求中蕴含今后将出现的一个新的标准，即“权衡双方当事人的利益”，但显然此时还没有对这一标准做出具体说明。

直到 1987 年，在另一个案件[③]中，最高法院重新审视了传统的标准，指出“临时禁令救济的基础是难以弥补的损害和法律救济的不充分”，联邦法院“必须权衡损害赔偿请求权并且必须考虑禁令对双方造成的影响”。由此将“权衡临时禁令签发与否给双方当事人造成的损害程度”明确为新增的衡量要素，“二要素标准”转变为“三要素标准”。

后来，联邦法院在涉及政府行政令违法或违宪的案件的临时禁令申请中，不得不考虑禁止政府行政令给公共利益带来的影响。由此，临时禁令的权衡标准中又增加了“公共利益”的内容。之后，对于公

---

① See Granny Goose Foods, Inc. v. Brotherhood of Teamsters & Auto Truck Drivers, 15 U. S. 423 (1974). 原告雇主向加利福尼亚州法院提起诉讼，指控被告工会违反集体谈判协议进行罢工。法院于 1970 年 5 月 18 日签发了临时禁令。两天后，该案被移交给联邦法院，6 月 4 日，地方法院驳回了联邦解除临时禁令的申请。罢工活动随后停止，劳资纠纷一直处于休眠状态，直到工会在请愿者拒绝讨价还价后，于 1970 年 11 月 30 日恢复罢工。两天后，地方法院根据原告的申请，以违反禁令为由判处工会藐视法庭罪。上诉法院推翻了原判，理由是该禁令早在 1970 年 11 月 30 日之前就已经过期了。根据州法律和《美国联邦民事诉讼规则》第 65 条（b），该禁令不迟于 1970 年 6 月 7 日到期，即签发后 20 天。

② See Doran v. Salem Inn, Inc. 422 U. S. 922 (1975). 三家公司（M& L、Salem 和 Tim-Rob）向地方法院提起诉讼，要求对执法官员多兰（Doran）签发临时禁令，声称纽约州北亨普斯特德“禁止裸体跳舞”的法令侵犯了他们的宪法第一和第十四修正案权利。地方法院于 1975 年 8 月 22 日举行了关于临时禁令的听证会。8 月 10 日，三家公司中的 M&L 恢复了裸露上身的舞蹈表演节目，因违反法令而收到刑事传票。其后，地方法院签发了临时禁令，禁止执法官员在诉讼作出判决前对 M& L 公司执行该法令。上诉法院维持原判，认为法令不区分经营场所是否提供酒精饮品而禁止裸体舞蹈节目的规定过于宽泛，并可能侵害经营者的宪法性权利。

③ See Amoco Production Co. v. Village of Gambell, Alaska. 480 U. S. 531 (1987). 本案法院认为，除了明确了“权衡临时禁令签发与否给双方当事人造成的损害程度”这一新增要素外，临时禁令和永久禁令的判断标准本质上相同，只是临时禁令需要申请人证明胜诉的可能性。

共利益的考量不局限于禁止行政令的案件中，而是运用在任何有可能因临时禁令而影响除当事人之外的第三人或者公共利益的案件中。[①]增加“公共利益”标准的主要依据在于，临时禁令给被申请人造成的损害是可以通过保证金予以赔偿的，但是给第三人或者公共利益造成的影响可能是无法弥补的，所以应当暂缓临时救济并通过实体审理审慎裁决。

最高法院虽然通过判例逐步完善了以“传统四要素”为核心的临时禁令适用标准，但各联邦法院对于每个标准的理解并不相同，以致在具体案件中适用哪些标准的观点不一。有的联邦法院适用其中的两个要素，有的适用其中三个要素，有的还会增加至五个要素。[②] 而且在适用方法上也不同，即对各个要素之间的关系以及在裁量中所占的分量有不同的解读。也正是由于这些不同，导致同样的案件，在不同的巡回区，可能会出现完全不同的结果。面对这些问题，最高法院也并未在联邦层面统一临时禁令的适用标准，仍然认为禁令救济是属于各巡回区法院自由裁量的范畴。

总之，在衡量是否签发临时禁令的问题上，各联邦法院能够达成共识的主要是：（1）临时禁令的目的是在法院通过实体审理给予当事人充分的法律救济之前，通过维持当事人最后无争议的权利状态而给予当事人以临时性救济；（2）联邦地方法院对于签发还是拒绝临时禁令有广泛的自由裁量权；（3）临时禁令属于极为特殊的救济，法院应当谨

---

① See Weinberger v. Romero-Barcelo，456 U. S. 305，312（1982）. 在本案中，法院认为，在涉及政府或者其他有关公共利益的案件中，应当考虑临时禁令对公众的影响。See also WildEarth Guardians v. Haaland，No. CV 20 – 1035（CKK），2021 WL 4502054（D. D. C. Sept. 30，2021）. See also Fish v. Kobach，840 F. 3d 710（10th Cir. 2016）. 在本案中，法院认为签发临时禁令应当证明禁令不会损害公共利益。See also Pom Wonderful LLC v. Pur Beverages LLC，No. CV1306917MMMCWX，2015 WL 10433693（C. D. Cal. Aug. 6，2015）. 本案法院认为临时禁令必须符合公共利益。

② See Roland Mach. Co. v. Dresser Indus. Inc.，749 F. 2d 380，382 – 83（7th Cir. 1984）. 在本案中，第七巡回区上诉法院除了适用传统四要素标准外，将最初的“法律无法充分救济”也作为一个衡量要素。

慎签发。① 除此之外，对于各个标准的理解和适用方法存在较大差异，也有不少学者和法官呼吁在联邦层面上统一这些标准。下文将对适用标准的基本要素以及适用标准的基本方法予以梳理和分析，探寻在司法实践中统一适用标准的可能性。

第二节　适用标准的基本要素

如前文介绍，虽然是否签发临时禁令属于法院的自由裁量权，但长期的司法实践逐渐总结出适用最为广泛的四个标准，即“传统四要素”。在四个要素中，各联邦法院普遍认可的申请人需要证明其遭受“难以弥补的损害”的可能性以及“胜诉的可能性”这两个要素，而对“权衡双方当事人的利益”及“公共利益”这两个标准的重视程度有所不同。

一、难以弥补的损害

临时禁令救济的主要目的就在于避免当事人在法院判决前遭受难以弥补的损害，所以，“难以弥补的损害”要素一直被视为临时禁令适用标准中的核心内容。临时禁令救济中的“难以弥补的损害”，是指已经发生或者即将发生的损害是无法被修复的（repaired）②，或者指经济赔偿不足

---

① See Morton Denlow, *The Motion for a Preliminary Injunction: Time for a Uniform Federal Standard*, 22 Review Litigation 516 (2003).

② See Studebaker Corp. v. Gittlin, 360 F. 2d 692, 698 (2d Cir. 1966). 法院在本案判决中指出：难以弥补的损害是指，除非禁令救济，原告遭受的损失将难以被修复。See also Levin v. Frank, No. 318CV1292MADDEP, 2018 WL 10952765 (N. D. N. Y. Dec. 26, 2018). 本案中，法院认为原告并未证明，如不获得禁令，将对物业造成难以弥补的损害，因此法院拒绝了原告的禁令请求。See also Bennett Marine, Inc. v. Lenco Marine, Inc., No. 04 – 60326 – CIV, 2011 WL 13391889 (S. D. Fla. Sept. 29, 2011), modified in part, No. 04 – 60326 – CIV, 2012 WL 12948542 (S. D. Fla. Mar. 2, 2012), vacated, 549 F. App'x 947 (Fed. Cir. 2013), and aff'd in part, vacated in part, rev'd in part, 549 F. App'x 947 (Fed. Cir. 2013). See also In re W. Asbestos Co., No. 02 – 46284 T, 2008 WL 1734577 (Bankr. N. D. Cal. Apr. 11, 2008).

以充分救济的损害[①]。

1. 难以弥补的损害的特征

“难以弥补的损害”本质上即是法律无法充分救济的损害，在时间上体现为实体判决前无法充分救济的损害，在内容上体现为经济赔偿无法弥补的损害。同时，由于其兼具难以修复的危害性及实体审理前就要予以判断的紧迫性，此种难以弥补的损害，既可以是已经发生的损害，也可以是即将发生的损害。临时救济只有既可以阻止损害的发生，也可以阻止损害的进一步扩大，才能够充分救济当事人。具体而言，难以弥补的损害具有以下三个特征：

（1）难以弥补的损害具有急迫性。所谓急迫性，一方面是指如无救济当事人将面临即刻遭受难以弥补损害的危险；另一方面也指此种损害是当事人有可能在判决之前遭受的损害。如果当事人遭受难以弥补的损害并不急迫，或者损害并不会发生在判决之前，则法院可以在实体审理之后作出是否予以永久禁令救济的判决，而没有必要签发临时禁令。例如，在某案中，一名高中生申请临时禁令要求学校撤销对其作出的处分，理由是该处分违反了正当程序。法院拒绝签发临时禁令，认为虽然该处分有可能影响该学生的升学或者就业，从而对其造成难以弥补的损害，但由于该学生还有三年才毕业，这一处分记录可以等待实体审理之后再撤销，即便学校作出的处分是错误的，也不会

---

① See Jackson Dairy, Inc. v. H. P. Hood & Sons, Inc., 596 F. 2d 70 (2d Cir. 1979). 本案中，分销商对制造商提起诉讼，指控其违反独家分销协议。美国佛蒙特州地方法院 Albert W. Coffrin, J. 签发临时禁令，禁止制造商向某些客户提供有问题的产品，制造商提出上诉。上诉法院认为，分销商未能证明金钱赔偿不足以赔偿违约行为，因此没有理由发出临时禁令。本案法院在判决中指出，难以弥补的损害是指金钱赔偿不能作为充分赔偿的损害，如果金钱赔偿是充分的赔偿，则不会签发禁令。See also GEOMC Co. v. Calmare Therapeutics, Inc., No. 3: 14 - CV - 01222 (VAB), 2021 WL 4145763 (D. Conn. Sept. 13, 2021). 在本案中，原告向法院提出禁令申请，请求禁止被告处置或以其他方式移除其医疗设备。法院认为，在禁令救济的申请中，申请方有责任证明难以弥补的损害，而难以弥补的损害通常是指“金钱赔偿不能充分救济的损害”。法院认为原告并未证明此种损害，不同意签发禁令。Del Monte Int'l, GMBH v. Ticofrut S. A., No. 16 - 23894 - CIV, 2017 WL 3610582 (S. D. Fla. Mar. 7, 2017). 本案法院认为，只有当损害无法通过金钱补救时，损害才是难以弥补的。

在判决之前即刻使该学生遭受不可弥补的损害。[①] 由此可见，临时禁令适用标准范畴内的难以弥补的损害，应当具备如无救济即刻发生的紧迫性且其有可能发生的时间点是在判决作出之前。

难以弥补的损害应当具有急迫性的原因在于，临时禁令是一种未经过实体审理正当程序的救济方式，在很大程度上存在错误裁判的风险，只有在当事人面临即刻遭受难以弥补的损害的巨大风险时，才应给予此种不寻常的救济。如果申请人意识到遭受此种损害威胁而怠于寻求救济，便无法论证此种损害是急迫的。如在一个相关案件中，申请人向法院提出临时禁令的申请，要求禁止其竞争者运营观光巴士，因为其竞争者违反了商业外观和离职金协议。[②] 申请人先是为了寻求替代性的协商解决方案，而申请将临时禁令的听证延期两星期，后来在实际拖延了 36 天后申请听证，之后又请求法院将审查考虑的时间延长 95 天。法院认为，申请人的迟误（lashes）[③] 行为本身就说明其所声称的损害并

---

① See RoDa Drilling Co. v. Siegal, 552 F. 3d 1203, 1210 (10th Cir. 2009). See also Hatten-Gonzales v. Earnest, No. CV 88 – 0385 KG/CG, 2016 WL 10588075 (D. N. M. Mar. 18, 2016). 本案法院认为，原告需要证明存在难以弥补的损害威胁，法院必须在作出裁决之前，评估这种损害发生的可能性。See also Ray Westall Operating, Inc. v. Richard, No. CV 20 – 302 KG/GJF, 2021 WL 107247 (D. N. M. Jan. 12, 2021). 本案中，原告向法院申请临时禁令，要求禁止被告土地局专员排除原告利用特定地役权等。法院认为，临时禁令的目的不是补救过去的损害，而是保护原告免受难以弥补的损害，而这些损害肯定会在没有签发禁令的情况下造成。See also Loxo Oncology, Inc. v. Array Biopharma Inc., No. 18-CV-03062-PAB-MEH, 2019 WL 10270263 (D. Colo. June 26, 2019). 法院在本案判决中指出，如果损害发生之前可以对案件进行实体审判，则无须临时禁令救济。在本案中，法院认为，Array 未能证明他在案件作出实体判决之前可能会遭受难以弥补的损害。Ruffolo 博士作证说，从最初的探索性研究到最终的 FDA 批准，药物发现过程可以跨越十多年。Array 没有证据表明 Loxo 已经开发出一种基于 Array 商业秘密的药物，这种药物已经成熟并且可以进行临床试验、提交 FDA 批准或者上市。同样，Array 也没有提供关于何时可能遭受难以弥补的损害的证据。

② See Open Top Sightseeing USA v. Mr. Sightseeing, LLC, 48 F. Supp. 3d 87 (D. D. C. 2014).

③ 迟误指当事人在主张或实现其权利方面的疏忽、懈怠或有不合理的拖延。迟误是衡平法上的一项制度，即如果原告疏于主张其权利或者有不合理的拖延，而其疏忽和拖延已经损害了对方当事人的利益，则衡平法院可以拒绝原告提出的救济请求。迟误制度的根据是“衡平法佐助警醒者，而不佐助怠惰者”（equity aids the vigilant and not the indolent）这一衡平法原则，与普通法上的时效制度类似。

不具备急迫性，也因此缺乏即刻获得临时救济的必要性，不应该被认定为存在难以弥补的损害。

（2）难以弥补的损害具有“不可赔偿性”。所谓“不可赔偿性”，是指当事人遭受的损害难以通过经济赔偿的方式获得充分救济。商业协议的终止或者雇佣合同的终止通常不认为属于难以弥补的损害，因为即便实体审理认定为违约行为，当事人也可以通过经济赔偿获得救济。① 如在一个相关案件中，债务人向法院申请禁止债权人基于调解协议向其索要款项，因为债权人存在违反协议保密条款的重大违约行为，但法院认为这不属于难以弥补的损害，因为申请人寻求的仅仅是避免支付金钱，同时该私人纠纷对第三方或者公共利益也没

① See Bennington Foods LLC v. St. Croix Renaissance, Group, LLP, 49 V. I. 1176, 528 F. 3d 176（3d Cir. 2008）本案中，法院拒绝签发临时禁令，认为承包商不会因违约行为遭受难以弥补的损害，一方面其可以获得违约赔偿，另一方面其仍然有能力签订其他合同，并且该违约行为并不会对其商誉造成损害。See Schrier v. University of Co. , 427 F. 3d 1253（10th Cir. 2005）. 本案中，原告作为前医学院的主席起诉学校终止其主席职位侵犯其言论自由，并申请临时禁令要求在审理期间恢复其主席职位。法院拒绝签发临时禁令，认为终止主席职位并不会给原告带来难以弥补的损害，其仍然有竞选新任主席的权利，并且没有证据证明其社会地位、学术声誉或者职业机会的损失无法通过经济赔偿的方式予以弥补。See Bedrossian v. Northwestern Memorial Hosp. , 409 F. 3d 840（7th Cir. 2005）. 本案中，原告外科医生声称医院与其终止合同会使其遭受难以弥补的损害，因而在非法解雇诉讼中申请临时禁令要求医院继续雇佣。法院认为工资收入的损失、暂时无法再就业及失业对于其职业声誉的损害，不属于难以弥补的损害。See also Megatel Mobile, LLC v. TracFone Wireless, Inc. , No. CV173837ESJAD, 2017 WL 4544618（D. N. J. Oct. 6, 2017）. 本案法院认为，难以弥补的损害是审判后无法通过法律或衡平法补救措施纠正的潜在损害，这种损失具有特殊性质，是金钱赔偿不能弥补的。本案中，根据原告的意见和证词，没有任何迹象表明原告无法计算其所谓的金钱损失。See also ASI Bus. Sols. , Inc. v. Otsuka Am. Pharm. , Inc. , 233 F. Supp. 3d 432（E. D. Pa. 2017）. 本案法院认为，颁布禁令的条件损害必须是难以弥补的，而不是严重的经济损害或者实质性的金钱损害。且本案法院分析，当以违反合同为由寻求禁令救济时，在两种情况下可能会发生难以弥补的损害：（1）合同标的具有特殊性质或特殊价值；（2）由于合同的某些特殊性和实际履行性，无法计算出损失的具体数额，进而无法获得金钱赔偿。See also E. I. duPont de Nemours and Company v. Agfa NV, Not Reported in Fed. Supp.（E. D. Va. 2018）. 本案法院认为，原告没有表明如果其未能向客户交货，从而遭受声誉损害，正常的违约补救办法无法提供救济，因此，原告并未能够明确表明其将遭受难以弥补的损害。

有影响。[①] 但在特殊情况下，如果经济赔偿无法满足申请人的全部救济，或者最终无法实现，也可以被视为难以弥补的损害。被申请人违约行为给申请人造成的损害中，经济赔偿不充分的那部分可以视为难以弥补的损害。如在一个相关案件中，亚拉巴马州交通部通过竞标，将建设项目承包给中标人，但美国联邦高速公路管理部门拒绝批准这一项目，并且要求重新竞标。中标人申请临时禁令禁止重新竞标，因为其通过判决而获得的经济赔偿不足以弥补其因为州政府错误的采购合同而造成的损失，法院认为此种损失属于难以弥补的损害，因而同意签发临时禁令。[②] 当事人遭受的损害难以通过经济赔偿的方式获得充分救济的情形，还包括因被申请人没有履行能力而使申请人最终无法获得赔付。例如，在申请人获得赔偿之前，被申请人存在无力偿付债务的危险，而使申请人最终有可能无法获得赔偿，那么仍然可以认为属于难以弥补的损害。

（3）难以弥补的损害具有“确定性”。无论难以弥补的损害是实际损害还是即将发生的损害，都必须具有一定的确定性。所谓确定性，主要体现为对损害范围的两种限制。一种限制是指该损害不能是推测性的损害（speculative injury）。如在一个相关案件中，原告指责委员会故意使天主教海员超过提拔的年龄限制以及故意改变每年晋升的名额，使天主教的海员无法得到晋升，以此声称宗教歧视。法院认为，原告声称的损害具有太多的推测性，不构成难以弥补的损害。[③] 另一种限制是指该

---

① See National Viatical, Inc. v. Universal Settlements Intern., Inc. 716 F. 3d 952 (6th Cir. 2013); Steves & Sons, Inc. v. JELD-WEN, Inc., 988 F. 3d 690 (4th Cir. 2021). 本案法院认为，原告的损害无法通过金钱赔偿来修复，企业的永久损失及其相应的商誉是公认的难以弥补的损害形式。See also RECO Equip., Inc. v. Jeffrey S. Wilson, No. 20-4312, 2021 WL 5013816 (6th Cir. Oct. 28, 2021). 法院在本案中指出，如果原告的损害可由金钱完全赔偿，则不是难以弥补的；如果损害难以计算，则损害是难以弥补的。法院认为，如果没有禁令，RECO 可能会遭受难以弥补的损害。地方法院指出，RECO 的商业秘密是该公司的重要竞争优势，当 Wilson 和 Russo 窃取专有信息时，他们对 RECO 造成了不公平竞争的威胁，而且这种威胁无法精确量化，由此，法院认为 RECO 的损害为难以弥补的损害。

② See Clark Const. Co., Inc. v. Pena, 895 F. Supp. 1483 (M. D. Ala. 1995).

③ See Winter v. Natural Resources Defense Council, Inc., 555 U. S. 7, 129 S. Ct. 365, 172 L. Ed. 2d 249 (2008).

损害的发生必须存在现实的威胁（existing threat），而不能仅是申请人对遭受损害的无根据的恐惧或担忧。如在一个案件中，原告有机种子公司的经营者声称，如果转基因抗除草剂甜菜获得种植许可将可能给其带来基因污染，于是在等待农业部许可决定的过程中，向法院申请临时禁令要求强制破坏这些转基因抗除草剂甜菜的秧苗。法院认为，原告所声称的损害取决于农业部是否做出许可决定，在决定做出前原告并没有面临此种损害的威胁，而且如果对农业部的许可决定不满，仍然有申诉并获得救济的机会。[①]

2. 难以弥补的损害的类型

在司法实践中，被认定为难以弥补的损害的类型有很多[②]，除了环境侵害、选举权及宗教信仰自由等宪法性权利的损害之外，在民商事领域可以分为如下四类：

（1）难以弥补的财产损失。这种损害包括经济赔偿无法救济的情形，

---

① See Center for Food Safety v. Vilsack, 636 F. 3d 1166（9th Cir. 2011）；Busbin v. Shotgun Creek Invs., LLC, No. 2：20 – CV – 1299 JCM, 2020 WL 6834235（D. Nev. Aug. 10, 2020）. 法院在本案中指出，申请者必须证明他或她遭受的是事实上的危害或威胁，也就是说，威胁必须是实际的和迫在眉睫的，而不是推测或假设的。另外，法院认为虽然确定必要的“未来伤害的合理可能性”需要一定程度的猜测，但布斯宾所谓的损害实在是太远了，不足以成为难以弥补的损害。See also Pitts v. Espinda, No. CV 15 – 00483 JMS-KJM, 2018 WL 1403881（D. Haw. Mar. 20, 2018）. 本案中，被告涉嫌对惩教人员进行人身攻击，原告向法院申请禁令，要求将其转移至位于夏威夷的另一家惩教所。法院认为原告担心被告报复性伤害他的人身纯粹是推测，并没有证明其可能会遭受难以弥补的损害。See also Goldberg v. Barreca, No. 217CV2106JCMVCF, 2017 WL 3671292（D. Nev. Aug. 24, 2017）, aff'd, 720 F. App'x 877（9th Cir. 2018）. 本案法院认为，原告的指控是推测性的和假设性的，因此不足以获得禁令救济。

② See kirstin Stoll-DeBell, Nancy L. Dempsey & Bradford E. Dempsey, *Injunctive Relief, Temporary Restraining Orders and Preliminary Injunctions*, American Bar Association, 2009, p. 82 – 114. 作者根据美国的司法实践，总结出可以被认定为以及无法被认定为难以弥补的损害的具体情形：金钱赔偿无法获得救济的损害、无法获得赔付的金钱赔偿、无法被合理计算出的经济损失、导致申请人破产的损害、导致申请人丧失出售核心产品和产品生产线权利的损害、导致申请人丧失经营控制权的损害、导致申请人丧失市场份额的损害、导致申请人丧失信用或商誉的损害、陷入竞争（presence of competition）或缺乏竞争（absence of competition）造成的损害、导致申请人丧失健康保险的损害以及某些严重的健康和医疗损害、对生命的危害、陷入饥荒或者无家可归的危险、干涉宗教信仰带来的损害、干涉选举权带来的损害、对环境造成的危害等。

也包括虽然可以通过经济赔偿获得救济但最终无法获得赔付的情形，还包括所受损失无法被合理计算的情形等。如在一个案件中，一家通信服务提供商要求法院禁止其代理商向客户泄露其商业秘密，理由是无法计算秘密泄露将给其造成的损失，从而无法获得法律上的救济。[①] 合同纠纷中的违约损害赔偿通常不会获得禁令救济，虽然违约亦可以造成难以弥补的损害，但其通常可以获得经济赔偿。被告的资产不足以支付赔偿、涉案资产严重贬值、被告享受某种豁免特权等也被视为申请人最终无法获得赔偿金的情形。

（2）难以弥补的人身损害。除了直接对人的生命和健康造成的损害外，也包括因极度贫穷和无家可归而导致的对生命健康的严重威胁、导致申请人丧失健康保险的损害以及遭受某些严重的健康和医疗损害。另外，人格利益的损害通常会被认为难以通过经济赔偿予以充分救济。例如，被告以某种行为对原告的特定财产利益构成威胁，而此种财产利益之上附有相应的人格利益，如亲人的遗物，那么被告的行为在损害原告财产利益的同时，也造成了对原告情感的伤害，而后者是难以通过金钱损害赔偿来予以救济的，那么法院应当签发禁令禁止被告的行为。

（3）导致申请人丧失竞争力的损害。这种损害包括导致申请人破产的损害、丧失出售核心产品和产品生产线权利的损害、丧失经营控制权的损害、丧失市场份额的损害、丧失信用或商誉的损害、陷入竞争或缺乏竞争造成的损害等。

（4）只有重复诉讼才能实现充分救济。当损害具有下列两种特征时，原告可能面对重复诉讼的风险。一种是损害本身具有分散性的特征。如在一个案件中，原告申请法院禁止被告将其财产转移给股东，否则在其破产清算之后，原告需要提起24 个诉讼逐一寻求损害赔偿。[②] 此

---

① See CTC Communications, Inc. v. Bell Atlantic Corp., 14 F. Supp. 2d 133 (D. Me. 1998).

② See Johnson v. Mansfield Hardwood Lumber Co., 143 F. Supp. 826, 834 (W. D. La. 1956).

种情形下，虽然有可供选择适用的法律获得损害赔偿，但需要通过重复诉讼才能实现，不仅浪费司法资源和原告的精力，而且也增加了许多不确定因素。例如，原告在衡量诉讼成本和损害赔偿后放弃诉讼，各个单独的被告的赔偿能力不同等，从而最终影响原告获得充分救济的效果。另一种是损害本身具有持续性的特征。例如，在一个案件中，原告是一家跳伞公司，所在地法律要求组织者为极限活动参加者购买保险，并且不得销售酒精饮料。原告向法院提出禁令申请，认为当地法律违宪，应禁止实施该法律。法院同意签发禁令并指出：虽然原告可以通过起诉当地政府获得当年的损害赔偿，但只要不禁止相关法律内容，其所遭受的损害将一直持续，只有在每年的跳伞季结束后提起同样的诉讼，才可以获得充分的赔偿。①

3. “推定损害难以弥补”（presumption of irreparable injury）

在特定类型的案件中，如果申请人能够证明其合法权利受到损害并具有胜诉的可能性，则可以直接推定其损害难以弥补，从而成功获取临时禁令。可以适用“推定损害难以弥补”的案件，其保护的权利类型要么位于绝对权位阶的顶端，要么具有十分显著的不可救济性，这些权利的本质意味着其一旦被侵害则难以通过经济赔偿弥补。最为典型的是侵害宪法性权利的案件通常可以适用“推定损害难以弥补”标准。② 在民商事领域中，适用该要素的案件主要有以下几种类型：

（1）知识产权案件曾经是普遍适用“推定损害难以弥补”要素的，如专利纠纷、版权纠纷、商标纠纷等。但最高法院在 eBay 案中

---

① See Blue Sky Entertainment, Inc. v. Town of Gardiner, 711 F. Supp. 678, 697 (N. D. N. Y. 1989).

② 通常为美国宪法第一修正案、第八修正案和第十四修正案所列之个人权利受到侵害的案件，可以适用该推定损害难以弥补的标准。这些修正案主要涉及宗教信仰自由、言论自由、出版自由、和平集会和向政府请愿申冤的权利和正当程序等。但并不是所有涉及上述权利的案件都自动适用该标准，仍需要申请人首先证明胜诉的可能性以及损害无法通过经济赔偿弥补。

认为不能在专利案件的永久禁令中适用“推定损害难以弥补”，而应该权衡四个要素作出裁决。[①] 该判决对各联邦法院在知识产权案件中是否可以“推定损害难以弥补”产生了不同的影响。有的法院认为，该案之后，在对知识产权的禁令进行审查时，不能仅以胜诉可能性就推定损害难以弥补。[②] 也有法院认为，该案只是适用于签发专利案件永久禁令的情形，并不代表临时禁令也要慎用“推定损害难以弥补”标准，也不代表所有知识产权案件都要慎用该要素。总之，在eBay 案之后，对于知识产权领域是否可以适用“推定损害难以弥补”标准，各联邦法院的看法仍然不统一，但态度都比以往更加审慎。

（2）商业秘密和竞业限制纠纷中可能适用“推定损害难以弥补”标准。对于商业秘密和竞业限制案件是否可以适用“推定损害难以弥补”标准，尚未达成一致意见。例如，在一个案件中，第三巡回区法院认为，即便是商业秘密纠纷，仅凭申请人胜诉的可能性也无法推定损害难以弥补。因为一旦商业秘密被泄露，则可判定其具有胜诉的可能性，进一步

---

① See eBay Inc. v. MercExchange, LLC, 126 S. Ct. 1837, 2006。原告 eBay 公司拥有一项电子商务经营模式的专利，原告试图将其专利许可给被告，但未能达成协议。被告在其网站中仍然允许私人卖家以拍卖价格或固定价格出售商品，侵害了原告的专利权。原告提起专利侵权诉讼。陪审团裁定该专利有效，并因被告侵权而判给原告损害赔偿。原告提出永久禁令申请，但被地方法院驳回。原告提出上诉，上诉法院根据没有特殊情况，法院应当签发专利侵权的永久禁令的“一般规则”（推定专利侵权为难以弥补的损害），推翻了地方法院的裁定。被告向最高法院申请调卷令（a writ of certiorari），提请最高法院审查专利侵权案件中关于签发永久禁令的一般规则的适当性，即禁令救济的传统四要素是否适用于专利法案件。最高法院大法官 Thomas 认为，禁令救济的传统四要素适用于专利法案件。最高法院认为，在本案中地方法院和上诉法院在决定永久禁令的适当性时未能适用这些原则。地方法院错误地扩大了要件范围，而上诉法院对专利侵权案件适用一般规则也是不恰当的。

② 2011 年，第九巡回区法院为与最高法院在 eBay 案中的判决保持一致，而在版权案件中不再适用“推定损害难以弥补”标准。2014 年，第三巡回区法院对 Ferring Pharmaceuticals, Inc. v. Watson Pharmaceuticals, Inc. 一案的判决意味着其在商标权的案件中也不再适用“推定损害难以弥补”标准。

地泄露无法构成难以弥补的损害。[①] 而另一些法院则在商业秘密案件中适用该标准，即一旦认定申请人具有胜诉的可能性，则可以“推定损害难以弥补”。[②] 同样，部分法院对于违反竞业限制协议的纠纷也适用“推定损害难以弥补”。[③]

---

① See Campbell Soup Co. v. ConAgra, Inc., 977 F. 2d 86, 92－93 (3d Cir. 1992). 美国新泽西州地方法院 Stanley S. Brotman 法官签发了临时禁令，禁止被告使用或利用冷冻鸡肉产品专利，理由是该专利代表盗用原告的商业秘密。被告提出上诉。上诉法院巡回法官 Hutchinson 认为，原告未能作出被告已经泄露了所指控的商业秘密的证明，没有证据表明被告销售基于该技术的产品，也没有证据表明被告准备销售产品。虽然威胁披露商业秘密可能会立即造成难以弥补的损害，符合签发临时禁令的条件，但不可直接推定损害难以弥补。See also Siemens USA Holdings Inc. v. Geisenberger, 17 F. 4th 393 (3d Cir. 2021). 在本案中，西门子公司就特拉华州对其进行审计的行为向法院申请禁令，要求禁止被告对其执行特拉华州的《无人认领财产法》。法院认为西门子公司未能证明该审计行为将限制其竞争力并将使其遭受难以弥补的损害，驳回了其临时禁令的申请。See also Avco Corp. v. Turner, No. 2: 20－CV－04073－JDW, 2020 WL 5630543 (E. D. Pa. Sept. 21, 2020). 本案中，原告公司希望能够获得临时禁令，以阻止被告法律顾问在全国各地的诉讼中向原告的竞争对手提供法律援助。法院认为，禁令“不能将牙膏放回管中”，披露的威胁可能会立即造成难以弥补的损害，但本案中，被告已经披露了信息，便没有进一步披露的可能，无法推定仍可能造成难以弥补的损害。

② See FMC Corp. v. Taiwan Tainan Giant Indus. Co., Ltd., 730 F. 2d 61, 63 (2d Cir. 1984). 在本案中，原告向法院申请临时禁令，要求禁止其前雇员向新雇主泄露其商业秘密。本案法院认为，有证据表明，被告试图盗用对原告具有重大价值的信息，并且商业秘密的丢失不能以金钱赔偿来衡量，这证明原告有可能根据案情胜诉，并有理由根据盗用商业秘密和违反保密协议申请临时禁令。See also Sys. Spray-Cooled, Inc. v. FCH Tech, LLC, No. 1: 16－CV－1085, 2017 WL 2124469 (W. D. Ark. May 16, 2017). 本案中，原告向法院申请临时禁令，试图禁止被告以及与被告一起行动的任何人进一步盗用、披露和使用原告的商业秘密和机密信息。原告辩称，被告盗用其商业秘密不能以金钱损失来衡量，因此，可以推定存在难以弥补的损害，法院认为，如果没有证据表明被告传播、披露或以其他方式难以弥补地侵害了原告的商业秘密，法院不能没有根据地推定原告受到了难以弥补的损害。

③ See Medtronic, Inc. v. Gibbons, 527 F. Supp. 1085, 1091 (D. Minn. 1981), aff'd 684 F. 2d 565 (8th Cir. 1982); 本案中，心脏起搏器制造商向法院申请临时禁令，限制其前销售代表违反雇佣合同中的限制性契约。该上诉法院支持了地方法院对于难以弥补损害的推断，认为在该案中，被告因违反有效且可执行的限制性契约给原告造成的损害是难以弥补的。See also Integrated Process Sols., Inc. v. Lanix LLC, No. 19－CV－567 (NEB/LIB), 2019 WL 1238835 (D. Minn. Mar. 18, 2019). 本案中，IPS 起诉 Lanix 并申请临时禁令，要求禁止被告使用或披露其商业秘密和机密信息。本案法院认为难以弥补的损害可以从违反有效和可执行的限制性契约中推断出来。而本案中原告提交的记录并不支持 Landsverk（被告）在没有禁令救济的情况下立即盗用商业秘密的担忧。因此，法院认为，如果没有禁令救济，IPS 不会受到难以弥补的损害。See also First Fin. Sec., Inc. v. Moua, No. CIV. 14－1843 MJD/SE, 2014 WL 3734259 (D. Minn. July 29, 2014). 在本案中，FFS 向法院申请临时禁令，要求禁止被告使用或披露 FFS 的机密信息等。原告辩称，如果其机密承包商名单被使用或披露，它将遭受难以弥补的损害。法院指出，当前雇员违反可执行的限制性契约时，法院可以推断存在难以弥补的损害。

司法实践中，“难以弥补的损害”之所以在某些情况下能够被推定而不需要证明，一方面是权利本身的位阶较高，对于此种权利的侵犯本身就是难以弥补的，如宗教信仰自由、正当程序等宪法性权利；另一方面则是基于对公共利益的考量，如维持良好的商业秩序和鼓励创新创造等。对于保护宪法性权利的案件适用“推定损害难以弥补”标准没有争议的原因也在于其不仅位于权利位阶的顶端，同时也符合公共利益的需要。但知识产权、商业秘密、竞业限制纠纷中对于权利人的保护仅符合公共利益的特征，且具体案件中一旦错误签发临时禁令，也会给被申请人造成难以弥补的损害，从而伤及公共利益。而且，公共利益本身就具有较强的时代性、政策性，随着社会的发展而产生变化，不具备足够的稳定性。因此，仅依据符合公共利益而适用“推定损害难以弥补”标准是不够审慎的。所以，除了涉及宪法性权利保护的案件外，在知识产权、商业秘密、竞业限制这些案件的临时禁令问题中，不应当适用“推定损害难以弥补”标准，仍然应当要求申请人证明其有可能在判决前遭受难以弥补损害的重大风险。

二、权衡双方困境

在临时禁令救济中，需要衡量的第二个要素是“权衡双方困境”（balancing hardship to parties）。具体而言，就是权衡签发禁令给被申请人造成的损害与不签发禁令给申请人造成的损害。申请人是否有可能遭受“难以弥补的损害”是衡量是否签发临时禁令的首要内容，所以，“权衡双方困境”主要是考虑签发临时禁令给被申请人造成的损失，并将其与申请人有可能遭受的“难以弥补的损害”相比较。

如在一个案件中，某高中禁止一名学生参加毕业典礼并作为毕业生代表致辞，理由是该学生在校期间曾有不检点的行为。该学生向法院申请临时禁令，要求学校不得禁止其毕业致辞。法院经过权衡认为，该学生无法毕业致辞并不会给其造成难以弥补的损害，其仍可以合法地取得毕业证书，但学校有可能会因为让一个行为不检点的学生作为学生代表致辞而荣誉受损，两者相比较，学校的处境更为艰难。①

与“难以弥补的损害”要素相比，“权衡双方困境”要素并不是临时禁令的决定性要素。如果原告没有遭受难以弥补的损害的可能性，则法院不应当给予临时救济。但权衡双方困境的结果，并不是法院做出判断的独立衡量要素，还需要与胜诉可能性及公共利益结合在一起统筹考虑。例如，即便经过权衡，法院认为签发临时禁令给被告造成的困境更为艰难，但是由于原告有极高的胜诉可能性，意味着被告将有很大可能承担败诉结果给其带来的同样困境，那么法院仍然会考虑原告遭受难以弥补的损害的可能性，而给予其临时禁令救济。通过总结司法实践，法院在考量签发临时禁令给当事人双方造成的困境时，有一般情形下的权衡因素，也有倾向于申请人和被申请人的权衡因素。

1. 一般权衡因素

通常，在保护原告权利与保护被告权利发生冲突时，法院考虑的一般性因素是：

（1）申请人与被申请人经济实力的对比。如果申请人的经济实力与被申请人相比处于明显优势地位，法院通常会十分审慎地签发临时禁令，因为一旦签发，会对较为弱小的被申请人造成更为严重的损害。②

（2）被申请人破产的风险。如果签发临时禁令有可能导致被申请人破产，则法院的态度会十分审慎。如在一个案件中，被告是一家以提

---

① See Khan v. Fort Bend Independent School District, 561 F. Supp. 2d 760 (S. D. Tex. 2008).

② See Bell & Howell Document Mgmt. Prods. Co. v. Altek Sys., 132 F. 3d 701, 704 (Fed. Cir. 1997). 在本案中，专利权人向法院提起诉讼并申请临时禁令，要求其竞争对手禁止生产、销售侵犯其专利权的产品。法院认为困难的平衡有利于 Keystone，这是一家初出茅庐的公司，如果签发临时禁令，Keystone 将停业。而规模小得多的 Keystone 只对规模大得多的 Bell & Howell 造成有限的伤害。See also M-I LLC v. FPUSA, LLC, No. SA: 15 - CV - 406 - DAE, 2015 WL 6738823 (W. D. Tex. Nov. 4, 2015), adhered to, No. SA: 15 - CV - 406 - DAE, 2016 WL 6088344 (W. D. Tex. Oct. 17, 2016).

供网络“弹出”广告为主要业务的公司，原告申请临时禁令时并未能证明其商标权受到侵害之诉的胜诉可能性，而且法院在权衡双方所受损害时认为，临时禁令会破坏被告与已有广告商之间的合作关系，并且会使其难以与新的广告商合作，可能造成的损失不仅包括经营多年的客户资源，还包括内部人才资源的流失，这些损害都有可能造成被告无法继续经营而破产，因而最终没有签发临时禁令。①

（3）被申请人的产业规模。如果签发临时禁令会导致被申请人一方大规模的产业受损，法院的态度也会十分审慎。例如，被申请人在临时禁令所涉及的产品研发、生产和市场等方面投入了大量资金，如果签发临时禁令会使其遭受重大的损失，法院则会相当审慎地裁决是否签发临时禁令。②

（4）生命安全和健康。人的生命和健康权利至高无上，一旦临时禁令所涉及的损害威胁任何一方当事人的生命安全和健康，会直接影响法院的权衡。如在一个案件中，原告申请禁止执行有关在餐厅和酒吧等公共场所不得吸烟的条例，而法院拒绝签发临时禁令，理由是吸烟对这些场所的消费者和雇员的身体健康有害。③

（5）自我伤害行为所造成的损失（self-inflicated injury）。如果被告因临时禁令而遭受的损害中包含其自己造成的部分，则法院会抵消该部分损失，以被告实际可能遭受的损害为依据而决定是否签发临时

---

① See Wells Fargo & Co. v. WhenU. Com, Inc., 293 F. Supp. 2d 734, 771 – 73 (E. D. Mich. 2003).

② See Edge Wireless, LLC v. United States Cellular Corp., 312 F. Supp. 2d 1325, 1336 (D. Or. 2003). 原告向法院申请临时禁令，禁止被告在其无线服务中使用 easyedge SM 标志。被告声称，它已花费超过 1110 万美元用于推广 easyedge SM，这些花费还不包括其在这项工作中的公共关系维护、区域营销工作、员工教育和基础设施开发等方面的开支，如果被禁止使用 easyedge SM 标志，被告将遭受巨额损失，并且对其业务产生“严重影响”。法院认为，若原告的禁令请求全部获得批准，被告将遭受禁令带来的严重损害。因此，为了平衡双方的竞争利益，原告的部分请求而非全部请求可获得批准。

③ See D. A. B. E., Inc. v. City of Toledo, 292 F. Supp. 2d 968, 975 (N. D. Ohio 2003).

禁令。[①] 然而针对普遍采取抵消自我伤害行为所造成损失的司法实践，第四巡回区法院予以批判：对于自我伤害行为造成的损失不应简单地抵扣，尤其在虚假广告侵权的案件中，被告因临时禁令所遭受的损害都可以被视为自我伤害行为造成的损失。如果此种损失不计算在内，那么在权衡双方损失时会毫无例外地偏向原告，是否给予临时禁令这种“不寻常的救济”会随之转化为普通的损害赔偿。因此，必须首先明确临时禁令的本质，才能谈到权衡双方损害，完全忽视被告自我伤害行为造成的损失是错误的。[②]

2. 倾向于申请人的情形

（1）倾向于保护处于困境的雇主。通常在雇主申请临时禁令要求前雇员履行竞业禁止条款或者保护商业秘密协议的情形中，法院认为雇主可能遭受的商业信誉及顾客群的损失比要雇员遵守按照自由意志签订的协议的损失更大。如在一个案件中，申请人烟火生产商向法院申请临时禁令禁止其前销售代表和其他合作者使用其商业秘密，法院经过权衡认为，如无临时禁令救济申请人将会遭受商业信誉的损失，而禁止被申请人使用这一商业秘密招揽顾客，并不会给其带来严重的损害，该临时禁令在本质上只是要求被申请人遵守法律关于未经授权不得使用他人商

---

① See D. A. B. E. , Inc. v. City of Toledo, 292 F. Supp. 2d 968, 975 (N. D. Ohio 2003).

② See Scotts Co. v. United Indus. Corp. , 315 F. 3d 264, 284 (4th Cir. 2002). 在本案中，法院认为被告可能遭受的任何伤害都是自己造成的结论是错误的。对被告的伤害，特别是虚假广告案件中的被告，几乎总是可以被描述为被告自己造成的。如果像地方法院在本案中那样，对人为造成的伤害给予的重视程度要小得多，那么伤害的平衡几乎总是有利于原告，从而将临时禁令从特别补救措施转变为例行公事。当法院平衡损害的要求背后的目的得到承认时，很明显，如果签发禁令，将被告可能遭受的伤害视为自己造成的伤害是错误的。See also Sanderson Farms, Inc. v. Tyson Foods, Inc. , 547 F. Supp. 2d 491 (D. Md. 2008). 本案中，原告要求法院作出一项禁令，要求被告立即停止所有非标签广告。法院指出，对于被告自我造成的难以弥补的损害不能视而不见。See also NetQuote, Inc. v. Byrd, No. 07 - CV - 00630 - DME-MEH, 2008 WL 2552871 (D. Colo. June 17, 2008). See also Home Selling Assistance, Inc. v. Advance Realty, Inc. , No. CIV. A. RDB - 06 - 3397, 2008 WL 782473 (D. Md. Mar. 20, 2008).

业秘密的规定。[①]

（2）倾向于保护商标权所有人。在商标侵权的案件中，法院同样也倾向于保护商标权所有人，因为如果没有临时禁令救济，其有可能会遭受商誉或者公众混淆的重大损害。如在一个案件中，经过权衡，法院倾向于保护知名标识的所有权人提出的临时禁令请求，依据《反域名抢注消费者保护法案》（ACPA），禁止某注册人在某反堕胎网站的域名中使用该标识，以避免给公众造成混淆。[②]

（3）倾向于保护申请人的宪法性权利。如果申请人申请临时禁令救济的是其宪法性权利，则法院通常会认为宪法性权利的损失是更为严重的，即便是暂时性的损失，也要比被申请人可能遭受的损失重要。如在 *Farnam v. Walker* 一案中，法院认为错误签发临时禁令的潜在的损害要比拒绝签发的潜在损害小一些，申请人申请临时禁令要求根据宪法第八修正案保护其民事权利。法院认为，监狱故意漠视服刑人员严重的医疗需求而使其遭受痛苦，如果无法得到及时救治，可能会加重急性囊性纤维化的病情、降低服刑人员生命质量和减少服刑人员寿命，与此种损害相比，将服刑人员转移到治疗中心予以治疗并进行监管的相关花费和成本并不高。[③]

（4）倾向于保证金充足的申请人。如果申请人提供的保证金足以赔偿禁令错误时给被申请人遭受的全部损失，法院则会倾向于申请人。

---

① See Pyro Spectaculars North, Inc. v. Souza, 861 F. Supp. 2d 1079（E. D. Cal. 2012）. See also BakeMark, LLC v. Navarro, No. LACV2102499JAKAGPX, 2021 WL 2497934（C. D. Cal. Apr. 24, 2021）. 本案法院认为，在针对前雇员的诉讼中，在对双方困境程度权衡时，更有利于雇主，因为雇主在商誉和客户损失方面的损失大于雇员的损失，雇员只是必须遵守法律或员工自由达成的协议。See also eHealthinsurance Servs., Inc. v. Healthpilot Techs. LLC, No. 21 – CV – 4061 – YGR, 2021 WL 3052918（N. D. Cal. July 20, 2021）. 本案法院认为，在双方困境的平衡上应当更倾向于原告，因为临时禁令只要求被告遵守贸易法和履行与雇主签署的合同协议的义务。

② See Coca-Cola Co. v. Purdy, 382 F. 3d 774（8th Cir. 2004）. See also Bioclin BV v. Multygyn USA, LLC, 72 F. Supp. 3d 1288（M. D. Fla. 2014）. 本案法院判决原告有权获得永久禁令救济，并指出被告违反了《反域名抢注消费者保护法案》窃取制造商的商号、产品配方和商誉，并混淆了原告的客户群及公众，禁止其使用该商标以及域名。

③ See Farnam v. Walker, 593 F. Supp. 2d 1000（C. D. Ⅲ. 2009）.

所谓“保证金充足”，首先意味着被申请人遭受的损害是可以通过经济赔偿的方式予以充分救济的；其次意味着申请人提供的数额足以赔偿被申请人因错误禁令而有可能遭受的任何损害。当这两个条件都满足时，法院在权衡双方困境时会倾向于申请人。联邦最高法院在一个相关的案件中明确了这一规则：在权衡双方的困境时，如果不签发临时禁令会给申请方造成确定的、难以弥补的损害，而签发禁令给被申请人造成损害轻微或者可以通过保证金予以赔偿，且申请方有赢得最终胜诉的可能，则应签发临时禁令。[①]

3. 倾向于被申请人的情形

（1）强制性临时禁令的情形。关于强制性临时禁令的权衡中，法院是否应当更倾向于被申请人，各联邦法院没有达成一致意见。传统观念认为，强制被申请人做出一定行为与禁止被申请人做出一定行为相比，前者会给被申请人造成更重的负担。如果未经庭审就做出的临时禁令是强制性的，法院则应考虑该禁令对被申请人造成的负担是否过重。但也有不少联邦法院认为，审慎签发强制性临时禁令的观念并没有任何实体法上的体现，对强制性临时禁令采用加重标准是缺乏历史根据和理论依据的，无论是什么类型的临时禁令，都应采用统一的适用标准。[②]而且，任何“强制性临时禁令”在实践中都可以被巧妙地转化为“禁止性临时禁令”的表述方式。如在一个相关的案件中，最高法院拒绝将强制性和禁止性禁令之间的区别作为是否签发临时禁令的依据。[③] 布列克门（Blackmun）大法官在对此案判决的书面评论中认为，有两种情形很难区别“强制做某种行为”与“禁止做某种行为”：一种是侵权行为反复发生，另一种是同时包含禁止与强制两种行为方式的临时禁令。并且在有些案件中，禁令的内容既可以解释为强制性的，也可以解释为

① See Ohio Oil Company v. Conway, 279 U. S. 815,（S. Ct. 1929）.

② See Thomas R-Lee, *Preliminary Injunctions and the Status Quo*, 58 Washington and Lee Law Review 109（2001）.

③ See International Union, United Mine Workers of America v. Bagwell, 512 U. S. 821, 114 S. Ct. 2552, 2561, 129 L. Ed. 2d 642（1994）.

禁止性的。①

（2）临时禁令等同于最终救济的情形。临时禁令毕竟是法院在未通过实体审理辨明是非曲直的情况下而给予申请人的临时救济，如果临时禁令便可以给予申请人其所要求的全部救济，即强制被申请人在未经充分申辩的情形下承担全部的责任，显然对被申请人而言负担过重，尤其是如果被申请人最后胜诉，其因临时禁令所遭受的损失更有可能是无法充分弥补的。② 当然，这并不意味着只要临时禁令与最终救济完全相同，就必然倾向于被申请人而不予签发临时禁令。如果将此种临时禁令给被申请人造成的负担与申请人遭受难以弥补的损害的危险相比，仍然认为申请人处于更艰难的处境，也应给予其临时禁令救济，即便这会让申请人提前品尝到胜利的果实。如在一个相关的案件中，学区的教育委员会拒绝某教堂租用公立学校的地方举行讨论宗教的周日晨会的申请，教堂和牧师向法院提出临时禁令的申请，认为该拒绝申请的做法侵犯了其言论自由，如无临时禁令的救济，其将遭受难以弥补的损害。法院在权衡双方的困境时认为，虽然签发临时禁令原告便可以获得全部救济，但考虑到签发禁令不会给被告造成太多的负担，而原告的宪法性权利有可能遭受难以弥补的损害，所以仍应当认定原告处于更艰难的困境。③

法院在司法实践中逐渐形成的在权衡双方困境时的考量因素及倾向性，主要来自以下三个方面：第一，基于所要保护的权利属性判断。一方面，对高位阶的权利予以更高的保护，如更注重对生命健康、言论自由等宪法性权利的保护。如果当事人双方一方的宪法性权利与另一方的普通民事权利相冲突，优先保护宪法性权利。另一方面，对难以弥补的

---

① See *Developments in the Law—Injunctions*, 78 Harvard Law Review 994 (1965).

② See Dorfmann v. Boozer, 414 F. 2d 1168 (D. C. Cir. 1969). 本案中，原告房东向法院申请临时禁令，要求银行将被告房客欠其的租金支付给原告。法院拒绝了临时禁令，原因是认为该支付令将实现原告的全部诉讼请求，权衡双方困境更有利于被告。See Knapp v. Walden, 367 F. Supp. 385 (S. D. N. Y. 1973). 本案中，法院认为，临时禁令不应给予申请人其寻求的全部救济，否则将使永久禁令丧失意义。See also Singh v. Carter, 185 F. Supp. 3d 11 (D. D. C. 2016). 本案中，军人对国防部长提起诉讼，要求允许他在军队服役时按照锡克教信仰的要求，不剪头发、胡须，戴头巾。军人提出了临时禁令的申请。法院权衡双方的境况，认为不应当给予原告临时禁令。

③ See Bronx Household of Faith v. Board of Educ. of City of New York, 226 F. Supp. 2d 401 (S. D. N. Y. 2002), aff'd, 331 F. 3d 342 (2d Cir. 2003).

损害的预防要大于对可获赔偿救济的权利的保护，即优先保护一旦被侵害就难以获得赔偿救济的权利。第二，基于保护公共利益的考虑。如倾向于保护商标权所有人、保护经济价值高的企业、保护处于困境的雇主或者破产边缘的企业，这些都体现出倾向于保护经营的可持续性、经济实体的社会价值、鼓励创新创造促进社会发展的公共利益。第三，基于临时禁令本身价值的考虑。如对强制性临时禁令中的被申请人的倾向性是出于临时禁令“维持现状”价值的考虑，那么一般不允许临时禁令替代最终救济，则是出于对临时救济的阶段性和临时性的考虑。

总之，权衡双方困境时的一般考虑因素和对双方当事人不同的倾向性，都具有相对性，仍需要在具体案件中结合难以弥补的损害、胜诉可能性、公共利益等因素才可以做出是否签发临时禁令的判断。

三、胜诉可能性

法院在衡量是否签发临时禁令时，对申请人胜诉可能性（likelihood of success on the merits）的预估是十分必要的。一方面，只有具备胜诉可能性的申请人，才具备因其合法权利被侵害而寻求临时救济的正当性；另一方面，在无论是否签发临时禁令双方都会遭受损害的情形下，法院必须在权衡双方困境时，考虑未来哪一方将会获得胜诉判决，以此作为临时禁令救济正当性的依据。[①] 然而，“胜诉可能性”要素也并不是临时禁令的决定性因素，必须与双方有可能遭受的损害一起权衡。

---

① See Scott v. Roberts, 612 F. 3d 1279, 1297 (11th Cir. 2010); MicroStrategy Inc. v. Motorola, Inc., 245 F. 3d 335 (4th Cir. 2001). 在这两个案件中，无论法院如何裁决，都会使一方当事人遭受损害，此种进退维谷的状态下，法院需要依赖胜诉可能性标准作出裁决。See also Vitality Anti-Aging Cener & Med Spa, LLC v. La Bella Donna Advanced Laser Med-Spas of N. Am., LLC, No. 5: 08CV108, 2009 WL 348217 (W. D. N. C. Feb. 11, 2009). 本案中，医疗水疗中心申请禁令，禁止竞争企业使用“健康与美丽相遇的地方”这一句子，法院在衡量颁发禁令的条件中，认为如果被告的困境与原告的困境没有实质区别，临时救济要更加明确的显示胜诉的可能性，由此，法院批准了原告的禁令请求。See also King v. United Way of Cent. Carolinas, Inc., No. 3: 09CV164, 2009 WL 10727585 (W. D. N. C. Apr. 20, 2009). 本案法院认为，如果双方之间的困难平衡基本相等，那么胜诉的可能性才具有实际意义，临时救济更有可能需要清楚地表明胜诉的可能性。See also Hampton Univ. v. Accred. Council For Pharm. Edu., 611 F. Supp. 2d 557 (E. D. Va. 2009). 本案法院认为，当双方之间困难的天平没有明显向有利于原告的方向倾斜时，原告必须通过明确和令人信服的证据来证明胜诉的可能性，才能获得救济。

"胜诉可能性"是临时禁令的适用标准中在表述方式上最具多样的一个标准，如合理的确定性（reasonable certainty）[①]、强烈可能性（strong probability[②]/strong likelihood[③]）、重大可能性（substantial

① See Sierra Club v. Hickel, 433 F. 2d 24（9th Cir. 1970）. 非营利性加利福尼亚州公司以农业部长和内政部长等人为被告向法院申请签发临时禁令，要求其签发实施加利福尼亚州红杉国家森林大型商业娱乐开发项目计划所需的许可证。法院指出衡平法判例的一项基本原则是不得在可疑案件中签发临时禁令，除非法院以合理的确定性确信申诉人会在最终听证中胜诉。See Unicon Management Corp. v. Koppers Co., 366 F. 2d 199（2d Cir. 1966）. 本案中，被告 Koppers 反诉原告并申请临时禁令，要求限制原告销毁马兰部门的档案。法院认为寻求临时禁令的一方有责任以合理的确定性说服法院其将会在最终听证会上取得成功。See Eastin-Phelan Corp. v. Hal Roach Studios, Inc., 350 F. Supp. 1328（S. D. N. Y. 1972）. 在本案中，原告提出临时禁令申请，禁止被告干扰原告销售许可协议中列举的受试者的不合格尺寸电影胶片。法院认为，关于临时禁令的申请，原告必须通过充分的证据证明，根据案情，原告在审判中胜诉的合理确定性，并且拒绝禁令救济将会导致难以弥补和直接的损害。See Erie Lackawanna Ry. Co. v. Lighter Captains Union, Local 996, I. L. A., 338 F. Supp. 955（D. N. J. 1972）（reasonable certainty; strong likelihood）; Coffee Dan's, Inc. v. Coffee Don's Charcoal Broiler, 305 F. Supp. 1210（N. D. Cal. 1969）. 在本案中，原告向法院申请临时禁令，要求禁止罢工。法院认为，为了获得这种救济，原告必须证明他很有可能在最后听证会上胜诉。衡平法判例的一项基本原则是，在可疑案件中不得签发临时禁令。除非法院合理地确信申诉人将在最终审理中胜诉，否则该禁令申请应予驳回。See Zebelman v. Chrysler Corp., 299 F. Supp. 653（E. D. Mo. 1968）. 在本案中，原告申请临时禁令要求禁止被告终止汽车特许经营权。法院指出，法院在决定是否应签发临时禁令时，不仅必须考虑当事人的便利性和可能对他们造成的损害，而且还必须认定有"合理的确定"申请人将在最终听证会上取得成功。

② See Raitport v. General Motors Corp., 366 F. Supp. 328（E. D. Pa. 1973）（high probability）. 本案中，原告向法院申请禁令，要求汽车制造商购买其开发的开关。法院认为除非原告证明他最终根据案情胜诉的强烈可能性，否则不能签发临时禁令。See Electronic Specialty Co. v. International Controls Corp., 296 F. Supp. 462（S. D. N. Y. 1968）.

③ See Hinckley v. Kelsey-Hayes Co., 866 F. Supp. 1034（E. D. Mich. 1994）. 在本案中，原告向法院申请临时禁令，要求禁止海耶斯公司继续修改退休人员健康福利。法院认为，原告在证明终身福利的损害赔偿诉讼中有强烈的胜诉可能性，批准了原告的禁令请求。See Merrill Lynch, Pierce, Fenner & Smith, Inc. v. Grall, 836 F. Supp. 428（W. D. Mich. 1993）. 在本案中，经纪公司提起诉讼，寻求临时禁令，以执行财务顾问实习生协议的竞业禁止条款，阻止高管在一年内招揽公司的客户。法院认为，如果所有其他因素都不利于签发临时禁令，则申请方必须根据案情证明胜诉的强烈可能性。See Maxam v. Lower Sioux Indian Community of Minnesota, 829 F. Supp. 277（D. Minn. 1993）. 在本案中，原告试图禁止社区在确定现行支付制度的适当性之前，不进一步支付人均付款。法院认为原告已经充分证明了案件胜诉的可能性，在符合其他条件后，批准了原告的禁令请求。See also United Steel, Paper & Forestry, Rubber, Mfg., Energy, Allied Indus. & Serv. Workers Int'l Union, AFL-CIO-CLC v. Kelsey-Hayes Co., 943 F. Supp. 2d 747（E. D. Mich. 2013）, aff'd, 750 F. 3d 546（6th Cir. 2014）, reh'g granted and opinion vacated, 795 F. 3d 525（6th Cir. 2015）. 在本案中，原告向法院申请临时禁令，要求禁止公司改变退休人员的福利。法院认为，原告必须要证明其胜诉的强烈可能性，才允许颁发禁令。See also United Steel, Paper & Forestry, Rubber, Mfg., Energy, Allied Indus. & Serv. Workers Int'l Union v. Kelsey-Hayes Co., No. 11 – 15497, 2013 WL 2435079（E. D. Mich. June 5, 2013）, aff'd sub nom. United Steel, Paper & Forestry, Rubber, Mfg. Energy, Allied Indus. & Serv. Workers Int'l Union, AFL-CIO-CLC v. Kelsey-Hayes Co., 750 F. 3d 546（6th Cir. 2014）, reh'g granted and opinion vacated, 795 F. 3d 525（6th Cir. 2015）.

probability)[①]、明确显示有可能胜诉（clear showing of probable success)[②]、可能性（probability[③]/likelihood[④]）、可能实现胜诉（probable

① See Minnesota Bearing Co. v. White Motor Corp., 470 F. 2d 1323（8th Cir. 1973). 在本案中，法院撤销了初审法院签发的禁止 White Motor 拒绝向明尼苏达州轴承供应 Mobilift 零件的禁令。本案法院认为为了证明签发临时禁令的合理性，必须在审判中证明有重大胜诉可能性。See Cox v. Northwest Airlines, Inc., 319 F. Supp. 92（D. Minn. 1970). 在本案中，工会和其他人士要求宣布航空公司在经济罢工过程中的某些行为违反了《铁路劳动法》，并要求签发永久限制这些行为的禁令。法院认为，并不需要请愿人绝对肯定地表明他们将在审判中胜诉，但他们必须证明有重大胜诉可能性。See Radio Hanover, Inc. v. United Utilities, Inc., 273 F. Supp. 709（M. D. Pa. 1967). 原告宾夕法尼亚州汉诺威广播电台公司（汉诺威广播电台），对被告提起诉讼，指控他们密谋垄断宾夕法尼亚州汉诺威地区的社区天线电视和宽带同轴电缆服务，由此申请临时禁令。原告的临时禁令旨在禁止被告在汉诺威自治市内或附近建造或运营任何社区天线有线电视系统，直到案件作出最终裁决。法院认为，应谨慎看待临时禁令，只有在重大胜诉可能性的情况下才准予签发。

② See Dopp v. Franklin Nat. Bank, 461 F. 2d 873（2d Cir. 1972). 本案中，将股票作为贷款抵押品抵押给银行的实益拥有人向法院申请临时禁令，禁止银行出售此类股票。本案法院认为除非原告能够明确显示有可能胜诉，否则不会签发临时禁令。因此撤销了初审法院作出的禁令并发回重审。See Berrigan v. Norton, 451 F. 2d 790（2d Cir. 1971). 本案法院认为，在没有明确显示有可能胜诉和难以弥补的损害的情况下，签发临时禁令是不恰当的。See Clairol Inc. v. Gillette Co., 389 F. 2d 264（2d Cir. 1968). 该上诉涉及商标侵权和不正当竞争的诉讼，原告寻求临时禁令，限制吉列公司在任何染发产品上使用“无辜”（innocent beige）一词。法院认为，临时禁令是一种特殊的补救措施，除非明确显示有可能胜诉和难以弥补的损害，否则不会签发。See also Donohue v. Paterson, 715 F. Supp. 2d 306（N. D. N. Y. 2010). 在本案中，原告向法院申请临时禁令，禁止执行“延期法案”条款，法院认为对于临时禁令的支持者来说，要表明“根据案情胜诉的可能性”，即该一方必须明确地显示有可能胜诉，但不需要证明一定会胜诉。

③ See Home Instead, Inc. v. Florance, 721 F. 3d 494（8th Cir. 2013). 本案中，被告申请临时禁令，要求允许其在诉讼未决期间继续作为 Home Instead 的特许经营商运营。法院认为，虽然颁布禁令的条件中没有一个因素是决定性的，但是，成功的可能性是最重要的。此案中，法院评估了胜诉的可能性，驳回了禁令救济申请，因为法院认为被告没有可能胜诉。See Licata & Co. Inc. v. Goldberg, 812 F. Supp. 403（S. D. N. Y. 1993). 本案中，前雇主寻求对前雇员和新雇主的临时禁令，以限制商业和不正当竞争中涉嫌虚假陈述。本案法院认为，原告未能在案情上显示成功的可能性，故驳回其禁令请求。See also MPAY Inc. v. Erie Custom Computer Applications, Inc., 970 F. 3d 1010（8th Cir. 2020). 本案中，对于许可人（原告）提出的临时禁令的请求，上诉法院认为其未能就版权侵权损害赔偿的案件证明胜诉的可能性，驳回其禁令请求。See also Carson v. Simon, 978 F. 3d 1051（8th Cir. 2020). 在本案中，法院认为原告很可能会胜诉，综合其他因素后，签发临时禁令。See also Kodiak Oil & Gas（USA）Inc. v. Burr, 932 F. 3d 1125（8th Cir. 2019). 本案法院认为石油和天然气公司有可能胜诉，在综合其他因素后，签发临时禁令。

④ See Reynolds v. Giuliani, 35 F. Supp. 2d 331（S. D. N. Y. 1999). 本案中，合格的福利受益人对市和州官员提起了诉讼，声称食品券和医疗补助程序的某些变化有可能侵犯他们的联邦权利，向法院申请临时禁令，禁止城市实施变更。法院认为只有在移居方符合案情标准的成功可能性时，才应签发临时禁令。See also Lovely H. v. Eggleston, 235 F. R. D. 248（S. D. N. Y. 2006). 原告寻求一项禁令，禁止进一步实施纽约市人力资源管理局（HRA）计划，根据该计划，为有某些精神或医疗状况的接受者（以及参与这些人案件的其他接受者）提供的与福利有关的服务只能通过纽约市的三个“中心”提供，而不是通过通常管理此类服务的 29 个纽约市社区办事处。法院认为原告能够证明其有很大的胜诉可能性，综合其他因素后，批准了原告的禁令请求。See also Olson v. Wing, 281 F. Supp. 2d 476（E. D. N. Y.）, aff'd, 66 F. App'x 275（2d Cir. 2003). 本案中，代表救灾医疗补助（DRM）的接受者对州和市机构提起集体诉讼，这些受助人的福利已被终止，但在公平听证会未决期间没有收到继续福利的通知或权利。原告申请临时禁令，要求在公平听证会未决期间继续提供援助。法院认为，申请禁令的一方应当证明根据案情成功的可能性很大。

cause for success[①]/substantial likelihood[②])。虽然各联邦法院对“胜诉可能性”的表述不一，且用词上所表示的“可能性”的程度略有差异，但并不影响这一要素所要表达的实质内涵，即需要申请人证明其能够胜诉的合理的可能性（reasonable probability）。所谓“合理的可能性”，一般是指申请人需要证明案件属于“初步证明的案件”（prima facie case），但申请人不必证明到确定可以胜诉的程度，法院也不必审查到可以作出判决的程度。通常法院会从两点来判断“胜诉可能性”：一是要确认申请人拥有明确的、合法的、有效的权利；二是被申请人确有侵权行为。当申请人的合法权利受到侵犯时，则可被认定为存在“胜诉可能性”。

厘定“胜诉可能性”的概念，从目的解释的角度，这一要素要求申请人证明其权利的合法性，以及因合法权利遭受损害而获得救济的正当性；从相对解释的角度，可以将其与“胜诉确定性”相区分，即申请人尚无法证明其确定胜诉，而只是有胜诉的机会。“胜诉可能性”要素按照可能性的程度由高到低分为三种：胜诉的确定可能性（a certain probability of success）、胜诉的合理可能性（a reasonable probability of success）和严肃的法律争端（serious questions at issue）。

1. 胜诉的确定可能性

“胜诉的确定可能性”是指申请人有较为充分的证据证明其合法权益被侵犯或者面临被侵犯的重大风险，从而较为确定可以胜

① See Ozark Air Lines, Inc. v. Cox, 326 F. Supp. 1113 (E. D. Mo. 1971). 在本案中，股本证券发行人向法院申请禁令，要求禁止某些股东和所有受其控制或与他们积极合作或参与的人继续进行所谓的计划或计划接管发行人的管理。法院认为，若要签发禁令，申请中必须表明可能胜诉的理由，以便根据案情最终获得救济。See Studebaker Corp. v. Allied Products Corp., 256 F. Supp. 173 (W. D. Mich. 1966). 本案法院认为，虽然原告没有义务在临时禁令的听证会上表现出获得最终判决的绝对权利，但有责任证明本案最终胜诉的可能原因。

② See Activision TV, Inc. v. Pinnacle Bancorp, Inc., 976 F. Supp. 2d 1157 (D. Neb. 2013). 本案中，专利权人向法院申请临时禁令，禁止执行内布拉斯加州总检察长签发的禁止专利权人的律师在州内发起新的专利侵权执法工作。本案法官 Bataillon 认为专利权人根据案情胜诉的可能性很大，在平衡其他要素后，批准专利权人的禁令申请。

诉。通常在案件事实简单、适用法律清楚的纠纷中，申请人更容易达到“胜诉的确定可能性”。例如，在人身伤害纠纷、知识产权纠纷、竞业限制纠纷以及侵害宪法性权利的案件中，申请人更容易根据医院诊断、权属证明、协议文书等将其胜诉可能性证明到较为确定的程度。

“胜诉的确定可能性”也通常被用来衡量被告将因临时禁令而遭受较大损失的情形。例如，在一个相关的案件中，申请人软件生产商向法院申请临时禁令禁止被申请人继续销售申请人拥有版权的软件，尽管被申请人会因为临时禁令而面临破产，但由于申请人在该版权诉讼中具有较为确定的胜诉可能性，法院仍然同意签发临时禁令。[①] 与之相反的是，如果申请人遭受的损害较为轻微，甚至不能被视为“难以弥补的损害”，那么即便申请人可以证明“胜诉的确定可能性”，也无法获得临时禁令。

2. 胜诉的合理可能性

“胜诉的合理可能性”与“胜诉的确定可能性”相比，降低了申请人的证明难度，只需要充分说明其对于胜诉结果是可以合理预期的。降低可能性程度要求的合理范围取决于两个因素：一是案情的复杂程度、适用法律的困难程度、申请人紧急取证的难度较高；二是申请人遭受难以弥补的损害的程度较高，或者权衡双方当事人困境后认定

---

① See Cadence Design Systems, Inc. v. Avant! Corp., 125 F.3d 824 (9th Cir. 1997). See also Evony, LLC v. Feng Inv., Ltd., No. CV1100141SBAKAW, 2014 WL 12658954 (N.D. Cal. May 21, 2014), report and recommendation adopted sub nom. Evony, LLC v. Aeria Games & Ent., Inc., No. C 11－0141 SBA, 2014 WL 12658953 (N.D. Cal. June 12, 2014). See also MEGAComfort, Inc. v. Impacto Protective Prod., Inc., No. SACV 13－952－JLS-AJWX, 2013 WL 12119557 (C.D. Cal. Nov. 14, 2013). 本案法院认为，寻求临时禁令的原告必须证明他可能会根据案情胜诉，在没有临时禁令救济的情况下，他可能会遭受难以弥补的损害。See also Autodesk, Inc. v. Flores, No. 10－CV－01917－LHK, 2011 WL 337836 (N.D. Cal. Jan. 31, 2011). 本案中，原告向法院申请永久禁令，禁止被告生产和销售盗版软件。法院认为侵犯版权会造成难以弥补的损害，而法律对此没有适当的补救办法，且禁令对被告并没有潜在的伤害，因为禁令只会要求他们遵守《版权法》和《兰哈姆法案》。

申请人的处境十分艰难，从而降低相应的证明要求。①

除了这两点自由裁量的因素外，如果成文法明确规定适用“胜诉的合理可能性”要素，也可以相应地降低证明要求。例如，1978 年议会制定的《石油市场实践法案》（Petroleum Marketing Practices Act）中规定，如果签发临时禁令对石油公司造成的损害小于拒绝临时禁令对加油站造成的损害，则原告不需要证明“胜诉的确定可能性”，而只需要阐明“胜诉的合理可能性”就能获得禁令救济。

3. 严肃的法律争端

所谓“严肃的法律争端”，是指申请人有合理的诉讼理由，只要证明存在严重的、困难的、存疑的争议问题即可满足对“胜诉可能性”的证明要求。关于这一观点的经典论述来自 1953 年第二巡回区弗兰克法官在一个相关的案件中的裁决：如果权衡双方损害之后认为原告处于更困难的状态，那么通常只需要原告证明其所提起的诉讼理由是充分的，即存在严肃的、重大的、困难的并且存疑的法律争端，需要法院做出更为细致的审查。② 后来，第四巡回区上诉法院的克雷文（Craven）法官在一个相关的案件中进一步总结了该分析方法，被称为“布莱克韦尔德标准”（Blackwelder standard）。在该案中，联邦地方法院因原告未能首先证明“胜诉可能性”而拒绝签发临时禁令，而上诉法院认为地方法院的这一裁量不当，认为衡量是否签发临时禁令时，首先要考量的是原告是否遭受难以弥补的损害以及权衡被告因临时禁令而遭受的可能损害。如果原告处于更为艰难的困境，则可以通过证明“严肃的法律争

---

① See Costandi v. AAMCO Automatic Transmissions, Inc., 456 F. 2d 941 (9th Cir. 1972). 本案中，法院认为，如果权衡双方困境后明显有利于原告（原告处于更艰难的困境），则只需要认定原告有胜诉的机会即可（likely to success）。

② See Hamilton Watch Co. v. Benrus Watch Co., 206 F. 2d 738, 740 (2d Cir. 1953). 原告公司根据《克莱顿法案》（Clavlon Act）提起诉讼，要求限制被告公司购买原告股票的额外股份，并剥离以前收购的股份，理由是购买股份可能会大大减少商业领域的竞争。美国康涅狄格州南区地方法院签发临时禁令，禁止被告在就此事进行全面听证之前购买股票，被告提出上诉。上诉法院巡回法官弗兰克认为，原告提出了足够的问题，不应签发临时禁令，直到在全面听证后可以对此事进行更成熟的审议。

端”来满足“胜诉可能性”的要求。[①]

严肃的法律争端在最初出现时，主要是为了在复杂案情或适用法律困难时，为避免申请人遭受难以弥补的损害而降低对胜诉可能性的要求，从而给予申请人临时禁令救济。但是，由于“严肃的法律争端”比“胜诉可能性”更为清晰易断，在司法实践中被很多法院广泛采用，甚至在并不复杂的案件中也适用这一方法。[②] 直到2008年，联邦最高法院在一个相关的案件中明确要求“原告必须清晰地证明其胜诉的可能性”，而不能仅在权衡当事人双方的损害之后，才考虑胜诉可能性的标

① See Blackwelder Furniture Co. of Statesville v. Seilig Mfg. Co., 550 F. 2d 189（4th Cir. 1977）. 在指控被告终止原告家具经销商违反了反垄断法规的诉讼中，北卡罗来纳州西区联邦地方法院拒绝签发临时禁令，原告提出上诉。上诉法院巡回法官克雷文认为，地方法院错误地认为，原告必须首先证明“胜诉可能性”，才有权获得临时救济。临时禁令救济的正确审判标准是困难平衡测试；第一步是平衡对原告造成难以弥补的损害的可能性和对被告造成损害的可能性，如果决定的困难不平衡似乎对原告有利，则胜诉可能性要素被取代，即原告通常已经对案情提出了严重、实质性、困难和可疑的问题，以致使它们成为诉讼的公平理由；要考虑的因素是相互交织的；在本案中，应签发临时禁令。See also Tech. Partners, Inc. v. Hart, 298 F. App'x 238（4th Cir. 2008）. 在本案中，雇主在州法院对前雇员提起诉讼，寻求临时禁令，以防止雇员为雇主的竞争对手工作。法院认为，如果第一步的平衡有利于原告，并且原告提出了严重或严肃的问题，则原告也不必根据案情证明可能的成功。See also Northgate Assocs., LLLP v. NY Credit Funding I, LLC, No. CIV. A. 1：08 - CV - 420, 2008 WL 3200630（M. D. N. C. Aug. 5, 2008）. 在本案中，原告向法院申请禁令，禁止被告宣布并寻求贷款违约补救措施。法院认为，如果平衡“明显”有利于原告，则“原告对案情提出严重、实质性、困难和可疑的问题，以使其成为诉讼的公平理由，从而进行更深思熟虑的调查”，将签发临时禁令。

② See Oklahoma, ex rel., OK Tax Com'n v. International Registration Plan, Inc., 455 F. 3d 1107（10th Cir. 2006）. 本案中，法院认为，如果原告能够证明如无禁令救济将遭受难以弥补的损害、与被告比处于更艰难的困境、符合公共利益，则可以对临时禁令中“胜诉可能性”的要求予以修正，即只需要证明涉案事项严肃、重大、困难、存疑，诉讼理由合理并需要法院主持公平，那么就可以满足对“胜诉可能性”的论证。类似的案例如：International Broth. of Teamsters v. Local Union No. 810, 19 F. 3d 786（2d Cir. 1994）; International Jensen, Inc. v. Metrosound U. S. A., Inc., 4 F. 3d 819（9th Cir. 1993）; Metro Pub., Ltd. v. San Jose Mercury News, 987 F. 2d 637（9th Cir. 1993）; Virginia Carolina Tools, Inc. v. International Tool Supply, Inc., 984 F. 2d 113（4th Cir. 1993）; Resolution Trust Corp. v. Cruce, 972 F. 2d 1195（10th Cir. 1992）; Original Great American Chocolate Chip Cookie Co., Inc. v. River Valley Cookies, Ltd., 970 F. 2d 273（7th Cir. 1992）; Alameda County v. Weinberger, 520 F. 2d 344（9th Cir. 1975）; Oxford House, Inc. v. City of Albany, 819 F. Supp. 1168（N. D. N. Y. 1993）.

准，也不能仅是证明存在“严肃的争端”。[①] 这一强调，其实是在纠正之前联邦法院随意降低“胜诉可能性”证明标准的做法。

通常，案情复杂或者适用法律困难会增加申请人对“胜诉可能性”的证明难度，如果仅依胜诉可能性不足而拒绝临时禁令救济是缺乏正当性的。正如《美国联邦民事诉讼规则》第 65 条所规定的那样，临时禁令是在最终明晰复杂案情和法律适用而作出判决前，在对申请人诉讼结果的预先性的评估基础上，对申请人提供临时性的救济。如果只在案情简单和法律适用明确的案件中当事人才可以获得临时救济，则无法完全实现此种救济制度的目的和功能。所以，在案情复杂或者适用法律困难而原告又面临遭受难以弥补损害的巨大危险时，可以降低原告对“胜诉可能性”的证明要求。但是，这并不意味着在所有案件中都以“严肃的法律争端”来代替对“胜诉可能性”的充分证明，仍需要结合临时禁令的其他要素权衡双方的利益。

事实上，由于法官在签发临时禁令时，不需要承担禁令裁定与最终判决不一致的责任风险，因而无论是依据“胜诉的确定可能性”还是“胜诉的合理可能性”，抑或“严肃的法律争端”，法院在未经审理的情形下，只需要对申请人未来胜诉与否作出适当预判，最重要的仍是要回归临时禁令在事态紧急状态下的临时救济的功能，综合考虑各项因素在适当阶段作出适当裁决。

四、公共利益

“公共利益”（public interest）在 20 世纪 30 年代末被纳入临时禁令的签发标准之中。在一个相关的案件中，法院认为，“衡平法院有职责保护因临时禁令而受到影响的包括公共利益在内的所有人的合法

---

① See Winter v. Nat. Res. Def. Council, Inc., 555 U. S. 7, 129 S. Ct. 365, 172 L. Ed. 2d 249, 67 ERC 1225, 77 U. S. L. W. 4001 (2008). 环保组织担心海军在训练演习中使用中频主动（MFA）声呐会对南加利福尼亚州水域的各种海洋哺乳动物造成严重伤害，他们以该行为涉嫌违反《国家环境政策法》（NEPA）、《濒危物种法》（ESA）、《行政程序法》（APA）寻求临时禁令。美国加利福尼亚州中区地方法院批准了临时禁令的申请。海军提出上诉，第九巡回区上诉法院巡回法官贝蒂·弗莱彻（Betty B. Fletcher）维持了对海军声呐训练施加限制的临时禁令。

权益”[①]。自此，法院在签发或者拒绝签发临时禁令时，便会考虑其对公共利益造成的影响。

1. 有关“公共利益”要素的争议

关于“公共利益”要素的争议主要有两个：一是“公共利益”要素是否为必要条件。部分法院将“公共利益”要素视为禁令签发的必要条件，在考虑是否签发临时禁令时必须要论证是否有利于或者有害于公共利益；反对意见则认为，公共利益的考量只存在特定案件的特定情形下，并不存在一个宽泛意义上的“公共利益”要素。二是“公共利益”要素是否为积极要件。有的法院将“公共利益”要素视为积极要件，即如果签发临时禁令不利于促进公共利益，则会成为拒绝签发的理由。[②] 有的法院将“公共利益”要素视为消极要件，只有在签发临时禁令会损害公共利益时，该标准才会发生作用。[③]

其实，“公共利益”要素在四个要素中的地位应当取决于临时禁令的社会效果。如果临时禁令的效力仅影响当事人的利益而与第三方无关，“公共利益”要素则是一个中立的因素，而不是决定性因素。[④] 然

① Inland Steel Co. v. United States，306 U. S. 153，157（1939）. 本案是法院第一次强调衡量临时禁令对于公共利益影响的必要性。

② See Independence Federal Savings Bank v. Bender，326 F. Supp. 2d 36（D. D. C. 2004）. 在本案中，某储蓄银行的少数股东向法院申请临时禁令，要求阻止实施某项“股东权利计划”。该计划是由储蓄管理局在行政审核该银行的发行通知时所提出的要求，但法院拒绝签发临时禁令并认为，少数股东阻止该计划的实施只是为了个人利益，对促进保护股东的一般性权利，此种公共利益没有好处，况且储蓄管理局只是发出信函告知需要实施该计划，尚未给少数股东造成迫在眉睫的损害。

③ See Peck v. Montefiore Medical Center，987 F. Supp. 2d 405（S. D. N. Y. 2013）. 法院认为，本案中的公共利益只指医院要确保其住院医师有足够的执业资格，否则将影响病人的生命和健康。如果签发临时禁令，将损害医院选拔医生的权利，并由此而损害公共利益，所以法院拒绝签发临时禁令。

④ See U. S. Bank Nat. Ass'n v. Friedrichs，924 F. Supp. 2d 1179（S. D. Cal. 2013）. 在本案中，原告作为受托人向法院申请临时禁令，要求禁止抵押权人取消对其财产的赎回权。法院认为，临时禁令的范围和期限都十分有限，不会对公共利益造成太多影响，所以本案中对公共利益的考量可以被视为临时禁令权衡中的中立因素（a neutral factor）。See also Gordon v. U. S. Bank Nat'l Ass'n，No. CV1810075DMGPLAX，2019 WL 1785445（C. D. Cal. Apr. 3，2019）. 在本案中，原告向法院申请临时禁令，要求法院禁止被告继续进行止赎销售。法院在本案中指出，当禁令的范围很窄且仅限于当事人时，公共利益因素通常是中立的。

而，如果临时禁令的影响力超出了当事人双方的范围而产生潜在的社会后果，那么公共利益就应该成为决定是否签发临时禁令的重要因素。公共利益的范围其实是十分宽泛的，既包括与投票权和选举权、国家安全、环境安全相关的公共利益等，也包括维护私有财产或者维护商业竞争的秩序，还包括鼓励发明创造、促进社会进步等。

2. 成文法对“公共利益”要素的影响

虽然“公共利益”要素是法官自由裁量的参考标准，但由于立法部门的立法目的应当符合公共利益，所以在成文法中涉及公共利益的临时禁令的规定，对于法院自由裁量的影响是十分显著的。一般而言，成文法对“公共利益”要素的影响主要体现在如下三个方面：

一是法院通过解读立法政策中的公共利益来说明签发或拒绝临时禁令的正当性。立法部门制定法律时所依据的公共政策（public policy）通常代表着一定的公共利益，当临时禁令救济的目的与制定法的立法目的相一致时，法院会通过解释制定法中的公共利益来权衡临时禁令救济对于公共利益的影响。例如，在一个相关的案件中，被告被控以不动产买卖方案进行大规模的邮件、网络和银行诈骗，法院根据《反欺诈禁令法案》的规定，签发临时禁令禁止被告的诈骗行为，以在判决之前保护无辜第三方不受虚假计划的欺骗。① 法院分析了《反欺诈禁令法案》对于公共利益的保护，以此论证临时禁令符合“公共利益”要素。其实，此种论证方法是在美国衡平法与普通法融合之后的特有现象，即法院在依据成文法的规定予以裁判时，也需要阐释其裁决是符合衡平法传统的。

二是成文法明确规定基于“公共利益”法院可以签发临时禁令的情形。如前文所述，“公共利益”在衡量要素中是较为中立的要素，但在有成文法明确规定的情形下，是否符合“公共利益”会成为是否签

① See U. S. v. Hoffman, 560 F. Supp. 2d 772 (D. Minn. 2008); United States v. Gupta, No. 11 – 3329, 2011 WL 3841684 (C. D. Ⅲ. Aug. 30, 2011). 本案法院认为，保护无辜各方免受掠夺性和欺诈性，具有重大的公共利益。因此，应用传统的四要素标准，根据 U. S. C 第 1345 条作出临时禁令。

发禁令的关键标准。原告甚至不需要证明胜诉可能性[①]、难以弥补的损害[②]，法院也不需要权衡双方当事人可能遭受的损害[③]，一旦被认为是违法行为或者明显侵害公共利益，则可以签发临时禁令。

三是成文法明确规定基于公共利益法院不得签发临时禁令的情形。美国是联邦制国家，各州有独立的宪法和完整的司法权，联邦法院与州法院是完全平行而无任何隶属关系的独立的司法体系。《反禁令法案》明确规定，联邦法院不得签发禁令停止州法院的诉讼进程（stay proceedings），除非国会明确授权或者有助于司法管辖权及保护实施生效判决。[④] 因此，通常联邦法院不得以禁令的形式干涉州法院的司法进程，这是符合美国国家利益的。

3. “公共利益”要素的现代适用领域

通常情况下，法院只将“公共利益”要素用来支持其签发或者拒绝签发临时禁令的决定。如前文所述，与“胜诉的可能性”和“难以弥补的损害”这两个考量因素相比，“公共利益”要素更为中立。但在特定情形下涉及重要公共利益时，这一要素会被优先考量。这些重要公共利益通常是：

（1）与投票权和选举权相关的公共利益。如在一个相关的案件中，法院拒绝了申请人要求禁止现有选区划分下的所有选举活动。虽然申请人证明了现有选区划分的不合理性、种族歧视性和违宪性，法院也认定其“胜诉的可能性”和“损害无法弥补”。但是，因为申请人无法证明其能够在大选到来之前完成新的合理的选区划分，有可能对大选造成重大

① See X Corp. v. Doe, 805 F. Supp. 1298 (E. D. Va. 1992), judgment aff'd without opinion, 17 F. 3d 1435 (4th Cir. 1994). 在本案中，雇主因前内部法律顾问涉嫌违反保密协议而提起诉讼，并申请临时禁令，试图阻止律师披露涉及机密的信息并强制要求归还文件。法院认为，如果不签发禁令给原告造成的损害与签发禁令给被告造成的损害的平衡显然有利于原告，此时，原告只要提出关于案情的严重或严肃的问题就足够了，原告不需要证明胜诉的可能性。

② See F. D. I. C. v. Faulkner, 991 F. 2d 262 (5th Cir. 1993). 在本案中，法院根据《综合节俭机构和银行欺诈检控及纳税人资金偿还法案》，认为被申请人的行为严重危害公共利益，应签发临时禁令及时制止。

③ See Youngstown Sheet & Tube Co. v. Sawyer, 103 F. Supp. 569, 47 Ohio Op. 307 (D. D. C. 1952). 在本案中，法院认为，被告作为国务卿威胁剥夺原告财产的行为应当被立刻禁止，不需要再权衡双方的损害。

④ See 28 U. S. C. A. § 2283.

不良影响，继而危害公共利益，因此，法院拒绝签发临时禁令。①

（2）与国家安全相关的公共利益。如在一个相关的案件中，申请人作为一家生产商，申请禁止政府将其从战术性产品供应商名单中剔除。法院同意签发临时禁令的重要原因是有证据证明，如果不签发临时禁令会导致某类作战用品的缺失，进而有可能影响战争的效果和国家安全。②

（3）促进经济社会进步的公共利益。在专利权、版权和商标权纠纷中，法院通常会认为通过临时禁令保护专有权有助于防止消费者产生混淆，从而鼓励发明和创造、促进社会进步。如在一个相关的案件中，被申请人开发一款趣味象棋游戏，名为“Battle vs. Chess”，申请人作为“Battle vs. Chess”的商标所有权人向法院申请临时禁令，禁止被申请人继续出售该款游戏。法院认为，侵权行为易造成公众混淆，而保护商标权人的合法权利和商誉符合公共利益，应当签发临时禁令。③

总之，美国联邦法院在权衡是否签发临时禁令的司法实践中，逐步总结出上述传统四个要素作为适用标准。尽管各个巡回区的表述方法不同④，但却不能忽视四要素各有其独立的价值，它们在法院面对纷繁复

---

① See Diaz v. Silver 932 F. Supp. 462, 468 – 469 (E. D. N. Y. 1996). 选民提起诉讼，质疑国会选区重划计划的合宪性，并寻求临时禁令，以防止选举在受到质疑的计划下举行。由3名法官组成的地方法院认为，禁止即将开始的选举的临时禁令是不恰当的。See also Foley v. State Elections Enf't Comm'n, No. 3: 10CV1091 (SRU), 2010 WL 2836722 (D. Conn. July 16, 2010). 原告试图阻止4名被告将任何未来的超额匹配的资金用于资助2名候选人的竞选活动。法院认为，限制选民接触候选人及其信息对公众的伤害，比不允许2名候选人充分竞选的损失更大。通过驳回原告的申请，可以促进公共利益。See also Flores v. Town of Islip, 382 F. Supp. 3d 197 (E. D. N. Y. 2019). 原告寻求一项临时禁令，鉴于当时的选举制度正在向单一成员选区过渡，禁止被告伊斯利普公司和萨福克县选举委员会在原有制度下举行镇委员会选举，直到完成过渡。法院认为，进行定期选举能有效维护公众利益，签发禁令会推迟或扰乱即将举行的选举，不利于维护公共利益。

② See Blackhawk Indus. Prods. Group Unlimited LLC v. United States GSA, 348 F. Supp. 2d 649, 661 (E. D. Va. 2004).

③ See Interplay Entertainment Corp. v. To p. Ware Interactive, Inc., 751 F. Supp. 2d 1132 (C. D. Cal. 2010).

④ 如第九巡回区法院自称采用“两要素”法，表述为：（1）胜诉及遭受难以弥补的损害的可能性；（2）有严肃的争端并且权衡双方困境有利于某一方。同时又在事关公共利益的案件中考虑临时禁令对于公共利益的影响。虽然称为“两要素”法，其实也是在衡量四个要素。第二巡回区法院的“三要素”法也类似，实质上都是基于四个要素的考量。

杂的案情、权衡是否签发临时禁令时发挥着各自的功能。

第三节 适用标准的基本方法

尽管司法实践中总结出衡量临时禁令的传统四要素，但各联邦法院对于四个要素的适用方法并不相同，联邦最高法院也没有予以统一。不同的适用方法，很有可能导致同样的案件有不同的结果，不利于司法的统一和权威。本节将通过分析美国各联邦巡回区法院（Federal Judicial Circuits）① 对临时禁令适用标准的三种主要适用方法，探讨统一适用方法的可能性。

一、平衡法

"平衡法"（balance approach），是指综合考虑四个要素，从彼此之间相互支持或者对抗的程度，来判断天平倾向于哪一方。采用该方法的巡回区包括第一、第二、第三、第四、第六、第八、第九、第十巡回区和哥伦比亚特区。通过总结各巡回区的经典案例，其适用平衡法时通常遵循如下几个规则：

1. 没有任何一个要素可以单独决定结果。胜诉的可能性、申请人面临不可弥补损害的威胁、临时禁令对被申请人可能造成的损害以及对公共利益的影响这四个要素都要综合考虑。当然，原告不需要全部证明每个要素都有利于自己。这是该规则与要素适用方法最大的区别，因为在要素适用方法中，任何一个要素都有可能成为影响案件结果的决定性因素。在一个相关的案件中，第八巡回区上诉法院在拒绝临时禁令的裁决中指出："四要素中没有任何一个要素是决定性的，而需要在双方之间权衡签发禁令的公平性。在考虑临时禁令的申请时，此种特殊审查的投

---

① 美国共有 13 个联邦巡回区法院，分别为：哥伦比亚特区巡回区法院、第一巡回区法院、第二巡回区法院、第三巡回区法院、第四巡回区法院、第五巡回区法院、第六巡回区法院、第七巡回区法院、第八巡回区法院、第九巡回区法院、第十巡回区法院、第十一巡回区法院和联邦巡回区法院。

机性本质决定了不能够呆板地适用某些标准，所以法院应该灵活地权衡公平性，确保在作出判决前维持双方的权利义务状态不变。”① 当然，即便是综合考虑四个要素，难以弥补的损害仍然是最核心的要素。

2. 四要素中如有任何一个要素具有非常强的说服力，对其他要素的论证要求可以相应降低。如哥伦比亚特区巡回法院在一个相关的案件中认为：在综合考量四个要素时，如果其中一个要素具有极强的说服力，即便其他要素的证明力较差，法院也可以根据较强证明力的要素决定是否签发临时禁令。② 该项规则要求某一要素极为显著地有利于某一方当事人，从而使其他因素的权重降低。

3. 双方损害相当时，以胜诉可能性来决定。如果签发临时禁令给被告带来的损害与不签发临时禁令原告将遭受的损害相比，两者分量相当，此时发挥决定作用的因素就是胜诉可能性，即如果原告胜诉可能性

---

① United Indus. Corp. v. Clorox Co. , 140 F. 3d 1175, 1178 – 1179 (8th Cir. 1998).

② See Serono Labs. , Inc. v. Shalala, 158 F. 3d 1313, 1318 (D. C. Cir. 1998). 在本案中，法院驳回了基层法院的裁定，法院认为，“四要素之间存在比例增减关系”，如果某一个要素特别充分，则应该给予禁令救济，即便其他各要素并不充分。本案中，美国食品药品监督管理局（FDA）批准将某品牌药物的品牌样式作为该种药物的一般样式。原告 Serono 申请临时禁令要求 FDA 撤销这一规定。法院认为，FDA 对于批准通用样式的作出的解释是合理的，原告 Serono 基本没有胜诉的可能性。法院在逐一讨论了其他几个要素后认为：Serono 胜诉可能性较低是法院拒绝签发临时禁令的关键因素，而其他的因素如对 Serono 的损害、对被告的损害、对公共利益的损害，要么是可以被忽略的，要么是需要庭审判决才能决定的。See also Red Lake Band of Chippewa Indians v. United States Army Corps of Engineers, No. CV 20 – 3817 (CKK), 2021 WL 430054 (D. D. C. Feb. 7, 2021). 在本案中，原告 Red Lake Band 向法院申请临时禁令，要求撤销颁发给被告的相关许可证并禁止管道建设，法院认为原告无法较好证明胜诉可能性，所以不予批准临时禁令。See also Conver Dyn v. Moniz, 68 F. Supp. 3d 34 (D. D. C. 2014). 本案中，铀市场参与者对美国能源部及其部长提起诉讼，指控该机构的过剩铀库存管理计划违反了《行政程序法》和美国浓缩公司私有化法（privatization act）。原告提出临时禁令请求，寻求禁止所有铀转让，法院表示原告未能证明在没有临时禁令的情况下将遭受难以弥补的损害，所以驳回其请求。See also Am. Meat Inst. v. U. S. Dep’t of Agric. , 968 F. Supp. 2d 38 (D. D. C. 2013), aff’d, 746 F. 3d 1065 (D. C. Cir. 2014), reh’g en banc granted, opinion vacated, 35 ITRD 2763 (D. C. Cir. 2014), and judgment reinstated, 760 F. 3d 18 (D. C. Cir. 2014). 原告是肉类行业协会，声称被告联邦农业部的规定超越了其权限，违反了《行政程序法》［5 U. S. C § 706 (2012) et seq. (APA)］，侵犯了他们的宪法第一修正案权利，请求法院签发临时禁令，禁止被告实施该规定，否则原告成员将受到难以弥补的损害。法院指出，在对这些因素进行调查时，地方法院必须平衡禁令四要素中各要素的不同证明强度。如果一个要素的占比特别强，即使其他要素的占比较薄弱，也可能签发禁令。

更高，则签发临时禁令；如果被告胜诉可能性更高，则不签发。同样以上一段提到的案件为例，签发临时禁令撤销行政批准对美国食品药品监督管理局造成的损害是难以弥补的，不签发临时禁令对原告的产业造成的损害也是难以弥补的，两种损害无法权衡孰重孰轻，所以此时法院判断的依据转为对胜诉可能性的考量，最后认为美国食品药品监督管理局的行政批准合理合法，原告没有胜诉的机会，由此而拒绝签发临时禁令。

4. 如果申请人能够充分证明另外三个要素，则对“胜诉可能性”的证明可以降低为“严肃的法律争端”。该规则也被称为“宽松标准”(more lenient standard)，即如果申请人有遭受难以弥补的损害的重大危险，且双方困境权衡时其处境更为艰难，临时禁令的内容对公共利益无害或有益，那么对其“胜诉可能性”的证明负担会降低，只要求“严肃的法律争端”，即严重的、重要的、困难的、存疑的问题，足以提起诉讼并寻求法院的详细调查。但是，有三种例外情况是不能适用“宽松标准”的：一是申请人仅依临时禁令就可以获得未来胜诉判决时的全部救济；二是有违“维持现状”原则；三是临时禁令属于强制性禁令而不是禁止性禁令。在这三种情况中，仍然要求对四个要素的充分证明以便法院综合考量。①

5. 将四要素中的一个或两个作为门槛要件，满足门槛要件后再权衡其余要素，也被称为“门槛方法”(threshold approach)，可以视为平衡法与要件法的折中方法。适用该方法的联邦法院对门槛要件的选择并

---

① See Prairie B. and of Potawatomi Indians v. Pierce, 253 F. 3d 1234 (10th Cir. 2001). 在本案中，联邦地方法院依据“宽松标准”对申请人签发临时禁令，但上诉法院认为地方法院裁量不当，理由是临时禁令给予申请人的救济相当于其全部诉求，并且会改变双方的权利义务状态，所以原告应该承担更高的证明责任才可以获得临时禁令。See also Duran v. Grisham, No. CV 77 – 721 KK/SCY, 2020 WL 1984168 (D. N. M. Apr. 27, 2020). 在本案中，原告请求法院签发临时禁令，要求被告立即释放修改后的预计释放日期已过的 19 名囚犯等条件。法院认为，原告提供的证明无法展示较大的胜诉可能性，最终驳回原告的禁令申请。See also Woods v. Bd. of Cty. Commissioners of Cty. of Bernalillo o/b/o Bernalillo Cty. Hous. Dep't, No. 1: 20 – CV – 00529 – PJK-LF, 2020 WL 4035182 (D. N. M. July 17, 2020), report and recommendation adopted, No. 1: 20 – CV – 00529 – PJK-LF, 2020 WL 4464912 (D. N. M. Aug. 4, 2020). 在本案中，Woods 女士要求法院签发临时禁令，授予她以下救济：要求被告在此

不相同，如第一巡回区将“胜诉可能性”作为门槛要件①，第八巡回区将“胜诉可能性”和“难以弥补的损害”作为门槛要件②。

二、要件法

“要件法”（element approach），是指申请人必须证明特定要件对其有利才可以获得临时禁令。第五、第十一巡回区和联邦巡回区适用该方法，即申请人必须证明四个要素都对其有利，才可以获得临时禁令救济；若任何一个要件不具有说服力，申请人都无法获得临时禁令。如在一个相关的案件中，第十一巡回区法院认为地方法院签发临时禁令裁量不当：“临时禁令是极为特殊的救济方式，申请人必须能够证明四个要

诉讼未决期间继续支付住房援助金；禁止被告在本诉讼未决期间终止援助；要求被告支付未支付的住房援助金。法院同意签发禁令，认为 Woods 女士已经承担了她的负担，即根据案情展示出较高的胜诉可能性。此外，她已经表明，如果不签发禁令，她将受到难以弥补的损害，并且禁令不违反公共利益。See also Santa Fe All for Pub. Health & Safety v. City of Santa Fe, No. 18 CV 32 JAP-SCY, 2018 WL 1626260（D. N. M. Mar. 30, 2018）. 在本案中，原告声称被告圣达菲市（被告或该市）在修订圣达菲市有关电信设施的法规时侵犯了原告的权利，他们要求对修订后的法规进行声明性和禁令性救济。原告请求法院在其申诉未决期间签发临时禁令。法院拒绝了临时禁令请求，因为原告在法院审理其索赔案情之前，没有证明可能会发生难以弥补的损害。

① See Serono Labs., Inc. v. Shalala, 158 F. 3d 1313, 1318（D. C. Cir. 1998）. 在本案中，竞争品牌药制造商向法院申请临时禁令要求禁止美国食品药品监督管理局批准仿制药。法院发现原告并不符合批准临时禁令的标准，特别是在案情上没有显示出较大胜诉可能性的前提下，最终法院撤销了禁令。See also Red Lake Band of Chippewa Indians v. United States Army Corps of Engineers, No. CV 20 – 3817（CKK）, 2021 WL 430054（D. D. C. Feb. 7, 2021）. 法院审理的是原告提出的临时禁令请求。原告辩称，军团授权建造 3 号线的决定所依据的环境评估没有达到 NEPA 和 CWA 的要求。具体而言，原告质疑军团对潜在漏油、替代施工路线和替代施工方法的影响的讨论是否充分。在审议诉状、相关法律机关和法院的记录后，法院应驳回原告的临时禁令请求，因为原告未能证明案情胜诉的可能性，并且他们将遭受难以弥补的伤害。See also Lannett Company, Inc. v. United States Food and Drug Administration, 300 F. Supp. 3d 34（D. D. C. 2017）.

② See United Indus. Corp. v. Clorox Co., 140 F. 3d 1175, 1178 – 1179（8th Cir. 1998）. 在本案中，某制造商的竞争对手对其提起反诉，指控制造商产品的电视广告构成虚假、欺骗性和误导性广告，并提出临时禁令请求，要求该制造商停止相关广告的投放。法院驳回竞争对手的禁令请求，认为：（1）制造商广告中明确表示产品可在 24 小时内杀死蟑螂的信息是真实的；（2）据称通过广告传达的其他信息并非字面虚假；（3）竞争对手没有充分证明广告是隐含虚假或误导性的，以支持根据案情可能认定成功，即竞争对手无法较好证明胜诉的可能性。

素都对其有利才可以获得此种救济。"[1] 本案中，申请人对市政条例中禁止特定区域街头表演的合宪性提出质疑，地方法院签发了临时禁令，但上诉法院认为申请人没有证明"胜诉的可能性"，因而不能获得临时禁令救济。法院并没有再探讨其他要素，仅依照原告没有证明其中一个要素，即认为不符合签发临时禁令的条件。第五巡回区法院在一个相关的案件中与第十一巡回区法院的分析相似。本案中，法院认为申请人无法证明其胜诉的可能性，因而也就不需要再考虑其他要素了，拒绝签发临时禁令。[2]

需要说明的是，表面看来，把"胜诉可能性"作为门槛要件的第一巡回区法院与上述案例中因无法论证"胜诉可能性"而拒绝签发临时禁令的第五和第十一巡回区法院的裁判结果有可能是一致的，但其实两者有很大的不同。在"门槛方法"中，如果申请人可以满足"胜诉可能性"的要求，法院会在剩下的三个要素中按照上文中提到的权衡规则予以权衡。如果有利于原告则签发禁令，有利于被告则拒绝签发禁令。但在

---

① Horton v. City of St. Augustine, 272 F. 3d 1318 (11th Cir. 2001). See also WM Mobile Bay Env't Ctr., Inc. v. City of Mobile Solid Waste Auth., No. CV 17 - 073 - KD - N, 2017 WL 3277316 (S.D. Ala. June 28, 2017), report and recommendation adopted, No. CV 17 - 073 - KD - N, 2017 WL 3275961 (S.D. Ala. Aug. 1, 2017). 在本案中，原告请求法院签发禁令，要求被告管理局批准原告的报销申请，并"批准所有未来相同类别费用的报销申请"。法院指出，根据公平原则，申请永久禁令的原告必须证明禁令四要素，然后法院才能给予此类救济。原告必须证明：(1) 它遭受了难以弥补的伤害；(2) 法律规定的救济，如金钱赔偿不足以赔偿其损害；(3) 基于原告与被告之间的困难平衡，应当采取衡平法救济；(4) 永久禁令不会损害公共利益。See also Buchanan v. Upton, No. 5: 20 - CV - 90, 2021 WL 5913719 (S. D. Ga. Nov. 22, 2021), report and recommendation adopted, No. 5: 20 - CV - 90, 2021 WL 5912014 (S. D. Ga. Dec. 14, 2021). 在本案中，法院指出，要获得临时禁令，原告必须证明：(1) 根据案情最终胜诉的可能性很大；(2) 必须签发禁令或保护令，以防止难以弥补的伤害；(3) 原告即将遭受的损害超过禁令对被告造成的伤害；(4) 禁令或保护令不会损害公共利益。See also Dipietro v. Barron, No. 418CV00179CDLMSH, 2021 WL 5449225 (M. D. Ga. Aug. 10, 2021). 原告请求临时禁令救济，请求法院命令拉特利奇州立监狱 (RSP) 为他提供额外的监狱法律图书馆。为取得临时禁令救济，原告必须证明以下证据：(1) 案件胜诉的可能性很大；(2) 如未获得禁令，原告有遭受难以弥补的损害的重大威胁；(3) 原告遭受伤害的危险超过禁令可能对被告造成的伤害；(4) 签发禁令不会损害公共利益。

② See Walgreen Co. v. Hood, 275 F. 3d 475 (5th Cir. 2001). 在本案中，连锁药店 Walgreen Co. 向法院申请临时禁令，要求路易斯安那州卫生和医院部部长停止"根据支付给独立药店的费用不同的比率向连锁药店报销医疗补助"。法院驳回了药店的临时禁令请求，认为药店所主张的诉讼请求没有很大的胜诉可能性。

"要件法"中，即便申请人满足"胜诉可能性"的要求，法院也会继续逐一考察另外三个要素是否都有利于申请人，任何一个要素不具有说服力，申请人无法凭借其中一个要素有利获得临时禁令。由此可见，相比较而言，申请人在适用"要件法"的巡回区法院，证明负担更重，更不容易获得临时禁令。

将"平衡法"与"要件法"相比较，会发现法院适用不同的方法极有可能导致同样的案情有不同的结果。以第十一巡回区法院一个相关的案件①为例，假设本案属于第八巡回区上诉法院的管辖范围，法院作出的结果将与第十一巡回区法院不同。第八巡回区上诉法院在认为原告缺乏"胜诉可能性"之后，会考虑原告是否因言论自由受限而遭受难以弥补的损害，以及由限制言论自由而给公共利益带来的损害。而在权衡比较双方所受的损害时，或许会认为对宪法第一修正案所规定之权利的侵害，要比对城市特定区域交通通畅的利益的损害更为严重。在权衡四个要素后，尽管原告缺乏胜诉可能性，但也很有可能会签发临时禁令。而面对同样的情形，第十一巡回区法院则会在考虑完胜诉可能性之后便拒绝签发临时禁令。

其实，两种方法区别的根源在于法院对于临时禁令的目的和功能的不同理解。"要件法"之所以加重申请人的证明负担，是因为更强调临时禁令属于"不寻常"的法律救济，并且认为法院作出错误判决造成损害比拒绝救济更糟糕。② 但其实，法院的职责是及时制止被告的错误行为对原告的侵害，并且由于法院对此种救济具有独占权，如果不及时救济原告，相当于承认被告的侵害行为合法化。在此种情形下，反倒是越提高临时救济的门槛，越让有权有势者可以得到司法救济之外的利益。所以，

---

① See Horton v. City of St. Augustine, 272 F. 3d 1318 (11th Cir. 2001).

② 第十巡回区法院的前任大法官 Michael McConnell 在 Centro Espirita Beneficiente Uniao do Vegetal v. Ashcroft 一案的判决中认为："打破原有的权利状态可能会使一方受益，但是这是通过剥夺另一方之前享有的权利而实现的。尽管从理论上看，损害和获益是相当的，但事实上，剥夺一方已经享有的权利比没有获得其期待的利益会让人感觉更强烈的损失。"其观点来自行为经济学角度的分析，同样分量的既得利益的损失与期待利益的损失，人们更容易感到前者的损失程度更重。所以，法院应该承担一定的道德上的责任，与不干预双方权利现状造成的损失相比，错误的干预造成的损失更不道德。

"要件法"固守传统的衡平要求已不合时宜。相比之下，"平衡法"更具有灵活性，能够更好地实现临时禁令在判决前"避免难以弥补的损害的发生和扩大"的功能。

三、浮动法

"浮动法"（sliding scale approach），是指"胜诉可能性"与"双方遭受难以弥补损害"间相互弥补而在权衡分量上此消彼长的浮动方法，即某一方胜诉可能性较高时，可以降低对其遭受难以弥补损害的要求，而某一方胜诉可能性较低时，则要提高对其遭受难以弥补损害的要求。[①] 采用该方法的主要是第七巡回区法院。[②]

"浮动法"只适用于权衡双方当事人之间的利益关系，因而不涉及公共利益的权衡，只在胜诉可能性与双方有可能遭受的损害间权衡。具体而言，申请人对于胜诉可能性的证明负担和对于双方损害权衡的证明

---

① See Thomas R. Lee, *Preliminary Injunctions and the Status Quo*, 58 Washington and Lee Law Review 109 (2001).

② See Roland Machinery Co. v. Dresser Industries, Inc. 749 F. 2d 380 (7th Cir. 1984). 在本案中，法官总结出衡量临时禁令的五个要素，其中第五个是"如果申请人能够较好地证明胜诉的可能性，则对于难以弥补的损害和双方困境的权衡可以降低要求，反之亦然"。See also Turnell v. CentiMark Corp., 796 F. 3d 656 (7th Cir. 2015). 在本案中，CentiMark 公司的前雇员在州法院提起诉讼，要求宣布与前雇主签订的雇佣协议中的竞业限制和禁止招揽条款无法执行。CentiMark 公司对前雇员提起单独诉讼并提出临时禁令请求，要求前雇员停止与该公司的竞争对手一起工作。法院签发临时禁令，认为 CentiMark 公司的雇佣协议中的竞业禁止和非招揽协议对前雇员是可执行的，该公司能够较好地证明胜诉的可能性，所以签发临时禁令。See also CF Ent., Inc. v. Nielsen Co. (US), LLC, No. 20 – CV – 2393, 2020 WL 3892988 (N. D. Ⅲ. July 10, 2020). 本案法院指出，原告需要满足获得救济的三个要求：(1) 如果没有临时禁令，其将在最终获得赔偿之前的过渡期内遭受难以弥补的损害；(2) 传统的法律补救办法是不够的；(3) 其损害赔偿诉讼有可能胜诉。接下来是原告、被告双方处境的平衡，地方法院将权衡不签发临时禁令原告将遭受的难以弥补的损害，和签发临时禁令被告将遭受的损害。此种原告、被告双方利益的平衡是一个滑动区间，原告获胜的可能性越大，就越不需要考虑其在双方利益平衡中的优势；反之，原告获胜的可能性越小，就越需要原告在双方利益平衡中占有优势。See also Spire STL Pipeline, LLC v. Turman, No. 3: 18 – CV – 1502 – NJR – SCW, 2018 WL 6523087 (S. D. Ⅲ. Dec. 12, 2018). 为获得临时禁令，原告必须表明：(1) 它在法律上没有适当的补救措施，或者如果禁令不签发，它将遭受难以弥补的伤害；(2) 根据案情有一定的胜诉可能性；(3) 双方利益平衡对其有利；(4) 公共利益有利于禁令。原告第二个和第三个因素提出的证据的证明程度之间存在反比关系，胜诉可能性越高，越不需要证明其在双方利益平衡中的占优。

都取决于此种浮动区间，即如果申请人能够充分证明其在双方损害衡量中处境更为艰难，则对于胜诉可能性的证明要求就会降低，只需要有“严肃的法律争端”即可①；反之，如果无法证明其处境更为艰难，则要求其证明“胜诉的确定可能性”，否则无法给予临时禁令救济②。同样地，如果原告胜诉可能性极高，即便在权衡双方损害时发现被告可能

---

① See Blackwelder Furniture Co. of Statesville v. Seilig Mfg. Co. 在本案中，法院认为，“胜诉可能性”标准应与“损害难以弥补”标准成反比关系，即如果申请人遭受难以弥补损害的程度越高，则对于其胜诉可能性的要求越低。See also Lamp v. Jividen, No. 2：18 – CV – 01364, 2019 WL 6769623（S. D. W. Va. Aug. 2, 2019）, report and recommendation adopted, No. 2：18 – CV – 01364, 2019 WL 3940994（S. D. W. Va. Aug. 20, 2019）. 在本案中，原告请求法院对惩教中心的惩教官作出临时禁令，要求其停止不当言论。法院拒绝其请求，认为原告未能清楚地表明他的胜诉可能性，或者表明在没有临时禁令救济的情况下，他可能会受到难以弥补的损害。See also Stinnie v. Holcomb, No. 3：16 – CV – 00044, 2021 WL 627552（W. D. Va. Feb. 16, 2021）, report and recommendation adopted, No. 3：16 – CV – 00044, 2021 WL 2292807（W. D. Va. June 4, 2021）. 原告要求法院：（1）禁止未来执行 § 46. 2 – 395；（2）取消被告根据 § 46. 2 – 395 吊销原告驾驶执照；（3）禁止被告征收恢复执照的费用。法院认为，吊销执照只会进一步阻碍个人偿还法庭债务的能力，使他们无法“获得和维持就业”。因此，法官裁定原告只需要证明其诉讼主张具有胜诉的可能性即可。

② See Duct-O-Wire Co. v. U. S. Crane, Inc. , 31 F. 3d 506（7th Cir. 1994）. Duct-O-Wire 提起此诉讼，以阻止美国起重机使用其旧号码，并追回其因 U. S. Crane 的计划而造成的损失。作为其诉讼的一部分，Duct-O-Wire 寻求针对美国起重机的临时禁令。法院认为，申请方胜诉的机会越大，对其在双方困境平衡中的优势要求越低；相反，申请方胜诉可能性越低，困境平衡就越需要对自己有利。Storck USA, L. P. v. Farley Candy Co. , 14 F. 3d 311（7th Cir. 1994）. 糖果制造商对竞争对手提起商业外观侵权的损害赔偿。美国伊利诺伊州北区地方法院，拒绝对竞争对手签发第三份临时禁令以禁止其使用第三套重新设计的“一揽子”计划。制造商提出上诉。上诉法院巡回法官卡明斯（Cummings）认为，有证据表明制造商的损害赔偿诉讼获得胜诉的可能性不大，而且困境平衡也不利于制造商，所以无法签发第三项临时禁令。Rubbermaid Commercial Products, Inc. v. Contico Intern. , Inc. , 836 F. Supp. 1247（W. D. Va. 1993）. 本法院认为，Blackwelder 案中的第四巡回区法院认为，原告和被告之间困境平衡的结果（最重要的审查因素）与原告胜诉可能性之间存在某种反比关系。也就是说，对原告造成难以弥补损害的显然性可能导致法院在得出结论时不太看重原告胜诉的可能性究竟有多大，只要提出严肃的法律争端即可。See also Pers. PAC v. McGuffage, 858 F. Supp. 2d 963（N. D. Ⅲ. 2012）. 在本案中，非营利性的选举政治行动委员会（PAC）向法院申请临时禁令，要求伊利诺伊州选举委员会的成员停止执行伊利诺伊州选举法的部分内容。法院同意签发禁令，认为其申请人的胜诉可能性与难以弥补的损害成反比，并且任何选举后的补救措施都难以弥补言论自由缺失所造成的损害。该禁令仅在 PAC 独立支出捐款时适用，伊利诺伊州选举法的其余部分可以继续完整实施。

遭受更大的损害，法院也会签发临时禁令救济原告。①

“浮动法”在双方互有损失且胜诉情况不明朗的情形中，可以解决权衡的困境，帮助法官作出是否签发临时禁令的裁定。其实“浮动法”也可以看作“平衡法”中的一种权衡规则，即只在涉及当事人双方利益权衡的案件中，如何处理胜诉可能性与其他要素的关系。

总之，在上述三种方法中，“要件法”过于严格和死板，不利于发挥临时禁令避免难以弥补的损害发生和扩大的预防性救济功能，而“浮动法”可以并入“平衡法”中作为一项权衡规则。三者相比较，“平衡法”是兼具灵活性与原则性的权衡方法，只是由于临时禁令的衡平传统，最高法院未作更加细致的总结并统一其规则。

本章小结

无论是联邦最高法院还是联邦上诉法院，对临时禁令适用标准的司法裁量均存在多样性和不一致性，经由对不同的首要标准、选择性标准和浮动标准的选择，通过不同的路径论证签发临时禁令的合理性。不仅是在不同巡回区法院间有此种不一致性，在同一巡回区的法院之间，其适用标准也多有不一致。这也导致同样的申请人在不同的法院申请临时禁令会获得不同的结果，这对司法的权威性是极大的损害。

解决这一问题，必须尽可能地消除标准本身的模糊性，既要明确适用标准中各要素的内涵，也要统一对这些要素的适用方法。从目前司法经验的总结来看，要将“难以弥补的损害”作为衡量的核心要素，除了涉及宪法性权利保护的案件外，在知识产权、商业秘密、竞业限制这

---

① See Cadence Design Systems, Inc. v. Avant! Corp., 125 F. 3d 824 (9th Cir. 1997). 本案法院认为，在确定法院是否应签发临时禁令时，如果原告能证明其胜诉的可能性很高，不必要给予困难平衡问题过多权重。Teletech Customer Care Management (California), Inc. v. Tele-Tech Co., Inc., 977 F. Supp. 1407 (C. D. Cal. 1997). 本案法院认为，由于困难的平衡显然会向原告倾斜，并且因为原告很可能胜诉，因此原告有权以这两种理由获得所请求的禁令。

些案件的临时禁令问题中，不应当推定“难以弥补的损害”。在权衡双方的困境时应当以临时禁令的功能和价值为出发点，区分所要保护权利的属性，再结合公共利益予以综合考量。无论在何种情况下，都不应当省略对胜诉可能性的要求，但可以区分不同的情况分别适用“胜诉的确定可能性”、“胜诉的合理可能性”和“严肃的法律争端”三种程度的证明标准。

在四要素的适用方法上，笔者认为摒弃“要件法”，将“浮动法”并入“平衡法”作为其一项权衡规则，兼具灵活性和原则性，发挥临时禁令避免难以弥补的损害发生和扩大的预防性救济功能。以上结论仅是基于各联邦法院司法实践的经验总结，其合理性也要经受学理研究的挑战。下文将对学界关于适用标准的理论模型予以梳理，旨在寻求司法实践与理论学说的碰撞和交流。

第三章　临时禁令适用标准的理论模型

美国联邦法院签发临时禁令的司法实践纷繁复杂、时有冲突，表面看起来是由于对衡量要素的理解及适用方法的选择不同，但更深层次的原因是对临时禁令功能价值的理解不同。美国法学界也基于此种不同的理解而研究出一些适用临时禁令的理论模型，每一个理论模型都是衡量要素及其适用方法的综合体，从而打造出不同于司法实践认知的适用标准。目前，较为有影响力的三个理论模型，分别是约翰·勒布斯多夫的"损害最小化"模型、亚瑟·D. 沃尔夫的"诉讼保全"模型以及理查德·布鲁克斯和沃伦·施瓦茨的"分配效率"模型。

第一节　"损害最小化"模型

"损害最小化"模型由约翰·勒布斯多夫教授在 1978 年《临时禁令的标准》一文中首次提出。[①] 该模型以"勒布斯多夫－波斯纳"公式为主要内容，即将原告胜诉可能性乘以其可能遭受的损害，与被告胜诉可能性乘以其可能遭受的损害相比较，如果前者大于后者，则可以签发临时禁令；如果后者大于前者，则应拒绝签发禁令。[②] 但美国法学界对

---

① See John Leubsdorf, *The Standard for Preliminary Injunction*, 91 Harvard Law Review 525－566 (1977－1978).

② 该公式首先由勒布斯多夫教授在 1978 年的论文中提出，后来波斯纳（Posner）大法官在 20 世纪 80 年代中期的 Roland Machinery Co. v. Dresser Industries, Inc. 一案的判决中，对这一公式予以肯定和进一步阐述："申请人胜诉可能性越高，则对其在双方困境权衡时的不利处境的要求就越低，反之亦然。"后来学界将两个人的观点合并在一起，称为"勒布斯多夫－波斯纳"公式。

于此种模型的内容、优势、缺陷、适用方法都缺乏梳理，仅将其等同于“勒布斯多夫－波斯纳”公式。本节结合勒布斯多夫的主要观点以及相关学术讨论，概括出该模型的主要内容、适用方法及缺陷改进。

一、“损害最小化”模型的内容

“损害最小化”模型认为，临时禁令在未经庭审的情况下便要仓促作出并有可能对合法权利造成侵害，对其进行风险评估是衡量是否应给予此种特殊救济的关键所在。所以，临时禁令适用标准的核心问题将错误临时禁令对合法权利造成的难以弥补的损害最小化。这里的错误禁令既包含不应救济而救济的情形，也包含应救济而不救济的情形。换言之，错误禁令不仅包括错误签发的禁令，还包括应该签发而未签发的禁令。前者会给被申请人的合法权利造成损害；而后者是未能发挥临时救济的功能，使申请人仍然遭受了难以弥补的损害。

在申请人和被申请人双方的合法权利都有可能因为临时禁令而遭受难以弥补的损害时，法院需要考虑两点：一是预估未来实体判决对于事实上的认定和法律上的适用；二是评估此种预判错误导致的对合法权利的侵害程度。基于此种认识，“勒布斯多夫－波斯纳”公式将原告胜诉可能性乘以其可能遭受的损害，与被告胜诉可能性乘以其可能遭受的损害相比较，作为是否签发临时禁令的依据。例如，如果申请人无法弥补的损害为100美元，胜诉可能性为40%，错误临时禁令给被申请人造成的损害是50美元，胜诉可能性为60%，前两项相乘为40，后两项相乘为30，前者大于后者，法院应当签发临时禁令。

在适用此模型对签发临时禁令的风险予以评估时，需要注意两点：一是保持谨慎的态度。从正当程序的角度考虑，临时禁令作为一种未经庭审就对被申请人行为自由或者财产权利进行干预的救济方式，存在使被申请人合法权利被剥夺的潜在风险，法院要始终保持谨慎态度，综合考虑错误禁令的可能性，细致辨析所需的程序成本，以及被申请人获得迟到公正所遭受的损害等。[①] 二是辨析损害的性质。法院在评估风险时，并不需要考虑错误临时禁令可能导致的全部损害，而只须考虑其中难以弥补的损害，而且是对合法权利的难以弥补的损害。[②] 换言之，如果临时禁令给被申请人造成的损害是可以通过金钱赔偿得以救济的，错误签发的风险便随之降低，如果临时禁令给被申请人造成的损害是由于其违反实体法的行为所致，而并非由临时禁令所致，则错误签发的风险也随之降低。

"损害最小化"模型通过比较双方遭受权利损害的可能性来确定双方的"便宜程度"，从而决定是否签发临时禁令。该模型的最大优势在于，既诠释了"胜诉的可能性"、"难以弥补的损害"和"双方的困境权衡"三者之间的关系，又将其统一到"损害最小化"的框架之内。如果司法实践中缺少了这样的框架，每一个要素都有被误用的风险。例如，如果只关注原告的难以弥补的损害，则有可能忽视对被告或者其他人造成的损害，也有可能忽视原告的难以弥补的损害可能最终被证明是"无不法行为的损害"（damnum absque injuira）；又如，只关注胜诉的可能性而无视难以弥补的损害，会使未经实体审理就签发的临时禁令缺乏正当性。

简言之，适用这一模型可以合理地解释如下三种情形：如果原告没有遭受难以弥补的损害，则没有申请临时禁令的理由；如果对原告的难以弥补的损害的救济不会导致被告遭受损害，则应该签发临时禁令；如果对原告的难以弥补的损害的救济会产生使被告遭受相应损害的风险，则应考虑原告胜诉的可能性。

需要特别说明的是，该模型以公式的方式说明其内容，容易使人误解法院必须要将双方的损害及胜诉的可能性都以数据的形式精确计算之后，才能代入公式，将运算结果作为衡量依据，从而决定是否签发临时禁令。但其实，该模型的适用并不依赖于对难以弥补的损害和胜诉可能

---

① See John Leubsdorf, *The Standard for Preliminary Injunction*, 91 Harvard Law Review 526 (1977－1978).

② See John Leubsdorf, *The Standard for Preliminary Injunction*, 91 Harvard Law Review 527 (1977－1978).

性的计算，当法官对其中某一个变量进行预估时，会马上转化为主观性的概念——对孰重孰轻的判断。所以，该模型并不是以精确的数学计算来取代法官的自由心证，而是将一个有价值的经济分析方法予以“升华”从而形成理论建构，帮助法官运用传统四要素进行权衡。

二、“损害最小化”模型的适用

法院在适用“损害最小化”模型时需要作出三个判断：一是保护的利益是什么；二是在判决前对该利益可能遭受的难以弥补的损害进行预估；三是判断申请人胜诉的可能性。法院在判断时并不是越细致越好，因为越是精确的分析，越容易导致程序复杂缓慢并且费用昂贵。适用该模型的关键是要尽量缓解加速裁决与正确裁决之间的矛盾。

1. 判断所要保护的利益

在衡量临时禁令时，法院需要快速判断予以救济的利益主体和利益内容。在判断利益主体时，应首先定位可适用的实体法。一方面，可以直接依据实体法的规定确定违法行为侵害的对象，即临时禁令要保护的利益；另一方面，也可以判断出申请人遭受的损害是否为“无不法行为的损害”，此种损害不属于难以弥补的损害而无法通过临时禁令予以救济。[①] 如果实体法没有明确其保护的对象，此时法院可以通过明确法律所禁止的事项来缩小考量范畴，确定应当救济的对象。尽管法院在近年来越来越注意临时禁令对公众利益的影响，除了纠正违法行为并给予受害人充分救济，也关注法律判决的社会影响。然而，这并非意味着在临时禁令的审查过程中，所有相关利益都需要被考量，法院仍需要根据实体法的要求来判断最应该保护谁的利益。

在判断应予以保护的利益内容时，也是先通过定位未来可能适用的实体法来判断相关的损害。[②] 例如，在学校起诉教师不当言行的案件

① See John Leubsdorf, *The Standard for Preliminary Injunction*, 91 Harvard Law Review 528 (1977 - 1978).

② See John Leubsdorf, *The Standard for Preliminary Injunction*, 91 Harvard Law Review 529 (1977 - 1978).

中，教师申请临时禁令以获得诉讼期间的复职。同样的案情，但来自公立学校的教师和来自私立学校的教师，在未来实体审理中所要适用的法律会有所不同，从而会对难以弥补损害的考虑造成重大影响。公立学校的教师在提出申请时，会适用宪法第一修正案[①]，而宪法权利的损害通常被视为难以弥补的损害。私立学校的教师在提出申请时，只能根据雇佣合同，而违约赔偿通常被视为充分救济，即其所遭受的损害并不是无法弥补的。根据实体法来限制难以弥补损害的考量范畴，其优势在于法官基于实体法的规定而禁止某种行为，其合法性毋庸置疑，权衡的问题就简化为判断被告是否实施了法律所禁止的行为。

2. 预估难以弥补的损害

预估难以弥补的损害这一说法乍看之下本身是自相矛盾的：既然是难以弥补的损害，又如何预估？如果损害可以预估并数量化，那么便可以通过赔偿予以救济，该损害又如何称为难以弥补的损害？事实的确如此，对于“难以弥补的损害”的计算是十分困难的，即便是粗略的计算也很难实现。所以，适用“损害最小化”模型预估“难以弥补的损害”并不是要计算损害，而是确定损害的程度。具体而言，可以通过三个步骤来实现：首先确定是否存在难以弥补的损害，进而划定难以弥补的损害的大致范围，排除不属于该范围的损害，以此来实现对难以弥补的损害程度的主观判断。

（1）确定是否存在难以弥补的损害。首先，要区分难以弥补的损害在不同的语境下的不同含义。就实体审理而言，难以弥补的损害是指无法提供充分法律救济的损害[②]，有时对难以弥补的损害的判断也会受

---

① 美国宪法没有直接规定教育问题，对于教育的保护属于州法的司法管辖权事项，但是美国法院会依据宪法修正案审理教育案件，如美国宪法第一修正案就适用于裁定公立教育中师生言论自由保护问题。

② See Rondeau v. Mosinee Paper Corp.，422 U.S. 49（1975）. 在本案中，Mosinee Paper公司向法院申请临时禁令，要求法院禁止股东投票或质押其股票，禁止其收购额外股票。法院拒绝签发禁令，认为在私人诉讼当事人能够根据法律获得禁令救济之前，有必要展示难以弥补的损害，该公司受到的损害可以通过损害赔偿诉讼得到充分的救济，并不会给申请人造成难以弥补的损害。See also Meadows v. Reeves，No. 111CV00257LJOJLTPC，2017 WL 1349227（E.D. Cal. Mar. 24，2017）. See also Tennessee Valley Auth. v. Long，No. 4：12-CV-704-VEH，2013 WL 387933（N.D. Ala. Jan. 18，2013）.

到政策性因素的影响。就临时禁令的听证而言，难以弥补的损害是指在最终判决前无法提供充分的救济，包括法律救济，也包括衡平救济。[①]就实体判决的角度而言，随着社会的发展进步，法律救济的选择更为完善和丰富，包括对陪审团审理或法官审理的选择、区别“损害赔偿”和“禁令救济”不同的证明负担、实体法对“限制行为”和“赔偿受害人”的不同要求等。如果确有必要，实体判决所要保护的利益都可以转化为经济赔偿。[②] 所以，不能以实体判决视角下的“难以弥补的损害”去界定临时禁令救济衡量时的“难以弥补的损害”。

其次，不能以“可计算性”来判断“难以弥补性”。[③] 考察难以弥补的损害不是简单地在“难以弥补性”与“可计算性”之间权衡。有些损害可以被计算，但仍然无法弥补。例如，政府行政机关人员的豁免权使受害人无法获得赔偿，即便该损害是可以计算的。[④] 有些损害虽然无法计算，但最终判决可以予以充分救济。[⑤] 所以，难以弥补的损害的界定需要的是权衡分析，而不是简单的计算。

最后，全面考虑不同主体遭受的损害。救济法通常十分关注原告的损害，但较少关注强加于被告的损害，以致被告因错误签发的禁令而遭受损害时无法获得充分救济。所以，在确认原告遭受难以弥补的损害

---

① See Wright & Miller, *Federal Practice and Procedure*, West Publications, p. 431 – 434 (1973).

② 例如，法院原本认定非法罢工造成的损害是难以弥补的损害，但是国会立法明确了基于违法合同的罢工的损害赔偿，使此种损害也可以被计算。

③ See John Leubsdorf, *The Standard for Preliminary Injunction*, 91 Harvard Law Review 530 (1977 – 1978).

④ See Wood v. Strickland, 420 U. S. 308 (1975). 在本案中，公立高中学生因违反禁止在学校或学校活动中使用或持有酒精性饮料的学校规定而被学校开除，根据民权法案（civil right act）对学校官员提起诉讼，声称他们的联邦宪法规定的正当程序权利（due process）因被学校开除而受到州法律的侵犯，并申请临时禁令以及金钱救济，要求申请人恢复出席、防止申请人因开除而受到任何制裁。法院同意签发禁令，认为根据学校麻醉剂条例的合理解释，学校董事会没有证据证明对学生的指控，且开除学生后会对其造成难以弥补的损害。

⑤ See Radio Hanover, Inc. v. United Utils., Inc., 273 F. Supp 709, 713 (M. D. Pa. 1967). 在本案中，Hanover 广播公司申请临时禁令，要求法院禁止被告电话公司串谋垄断以及垄断社区天线电视和宽带同轴电缆服务的行为。法院拒绝签发禁令，认为被申请人建造或操作社区天线电视系统的这一行为未给申请人造成难以弥补的损害，而且原告提供的证据没有显示出较大的胜诉可能性。

时，也要考虑临时禁令可能对被告和第三人造成的损害。如果没有明确的法律可供参考，法院则需要适用相关的政策和法理。有人认为，即便被告因临时禁令遭受的损害是可以弥补的，也应该在审查禁令时将该损害考虑在内。例如，假设原告基于医疗合同的特定履行义务而强迫医生为其手术，即便被告胜诉并获得赔偿，但通过临时禁令强迫其手术也是缺乏正当性的，所以应当在签发临时禁令时就考虑到被告的损失。但其实此种分析逻辑是存在问题的，如果被告可以获得胜诉救济，则意味着强迫手术的行为是错误的，即便患者已经付费，那么医生所遭受的损害也将难以弥补。同时，当反对强迫服务的理由足够充分并且必须禁止时，那么原告则无胜诉的可能性，应该拒绝签发临时禁令。相反，如果被告的损害是可以弥补的，原告有相当胜诉的可能性，那么签发临时禁令是正当的。所以，在衡量被告所遭受的损害时，不必追问其属性是否为“难以弥补”，只需要通过预估其损害的大小、程度、范围来形成“与原告相比是否更为严重”的主观判断即可。

（2）划定“难以弥补的损害”的大致范围。就法官而言，“难以弥补的损害”的确很难衡量。例如，服刑人员申请临时禁令要求监狱对惩戒程序予以安全保障时，法官所持的天平的一端是如果不签发临时禁令服刑人员的宪法性权利将会遭受何等损害，另一端是如果签发临时禁令，监狱以及公共利益因不必要的要求而遭受的损害，该如何判断孰轻孰重？“损害最小化”模型提供了以下方法：

一是“投影定价”[①]（shadow pricing）的方法，即寻找替代品的价值来估量难以弥补的损害。例如，某候选人丧失某选区竞选机会的损失，换算成其为了获得相同选票而付出的竞选花费，或者换算成在其他

① “投影定价”原是经济学家用于在没有市场定价或者定价扭曲时对货物进行估价的方法。投影定价又称“计算价格”“影子价格”“预测价格”“最优价格”，是荷兰经济学家詹恩·丁伯根在20世纪30年代末首次提出来的，运用线性规划的数学方式进行计算，反映社会资源获得最佳配置的一种价格。他认为“影子价格”是对“劳动、资本和为获得稀缺资源而进口商品的合理评价”。1954年，他将“影子价格”定义为“在均衡价格的意义上表示生产要素或产品内在的或真正的价格”。

选区竞选成功的花费。[1] “投影定价”的方法有时非常实用，但其适用范围是有限的，如在涉及正当程序的案件中该方法便很难发挥作用。以上文中服刑人员申请临时禁令的情形为例，法官无法找到正当程序的替代品，也无法计算其获得正当程序与无法获得之间的差距。理论上或许可以通过调查统计的方式征求服刑人员期待的损害赔偿数额，或者计算非服刑人员对此种权利价值的估计。但是，这样的计算方式也存在缺陷：估价将受到双方财务状况的影响，安保人员愿意为息事宁人而支付的对价要高于罪犯为了获得某些司法正义而愿意付出的对价。但是，当涉及宪法权利保护时，任由当事人因财务不自由而忍受侵害的结果是不被允许的。再者，完全依照“定价技术”，容易使价值判断取代法律判断。其实这样的缺陷是可以通过法院在实体审理中予以避免的，在时间仓促、证据不足而又必须作出裁判的临时禁令救济阶段，选择“投影定价”的方法可以算作权宜之计。法律无法将保护的利益全部货币化，但至少可以以此判断所要保护利益的重要性。

二是“定性加定量”的方法，即结合双方遭受损害的权利的位阶及相应的损害程度来判断。[2] 在定性的问题上，法律对于宪法性权利的保护要优先于对民事权利、行政权利的保护，宪法性权利受到的损害通常被认为比民事权利、行政权利等受到的损害更为严重。但是，在临时禁令阶段，申请人必须要证明其因宪法性权利被侵害而遭受实际的损害，而此种损害又是今后无法被弥补的，在此情况下才有寻求临时救济的必要性和正当性。如果此种损害停留在象征意义的层面或者暂时不会导致实质损害的发生，或者实质损害较小，则应当等待法院实体审理后，对其合法权利予以正名并救济。所以，在临时禁令衡量中，不能仅以权利的位阶高低来判断损害的大小，还需要结合相应权利受到损害的程度才能更好地比较双方的损害。例如，某市政剧场依据行政法律规定禁止一家戏剧公司在其剧场演出，戏剧公司声称该行为侵犯了其宪法第

---

① See Greer v. Spock, 424 U. S. 828 (1976).

② See John Leubsdorf, *The Standard for Preliminary Injunction*, 91 Harvard Law Review 540 (1977 - 1978).

一修正案的权利，申请临时禁令要求戏剧公司同意其演出。在这一案例中，虽然原告可能遭受的是宪法性权利的损害，被告可能遭受的是商业利益的损失，但是，如果没有临时禁令，原告仍可以去其他类似的私立剧场演出，其实际遭受的损害是比较小的，可如果签发临时禁令时被告已经安排了其他的演出，那么被告遭受的损失会更大。

定量的方法是"损害最小化"模型的核心公式：将原告胜诉可能性乘以其可能遭受的损害，与被告胜诉可能性乘以其可能遭受的损害相比较。在司法实践中，这一公式被广泛采纳，尤其在双方互有损失且案件复杂、互有胜诉可能的案件中，对于法院作出衡量有很大的参考价值。但也会发现，法院在判决中并不会列出相应的数据和公式来作为其裁判的依据，因为事实上，没有人可以将"胜诉的可能性"和"难以弥补的损害"用数据的形式精确表达，这一公式实际发挥的作用是帮助法官在自由心证阶段作出相应的主观判断。另外，该公式以数据的形式表达，也必然受到数据的挑战。假设原告遭受 10,000 美元损失的机会是 99%，而被告遭受 990,000 美元的机会是 1%，代入公式之后的结果是相等的，此时对于法官的判断就失去了参考价值，法院只能依据直觉分析损失的客观影响和对于相关法律政策重要性的权衡，作出最后的判断。这其实与法官实体审理各种复杂案情中作出自由裁量的过程是一样的。

（3）排除意外之财（windfalls）。在预估难以弥补的损害时，法院不应当将一方意外之财的损失与一方所遭受的损失相比较。[①] 美国法上的意外之财类似于我国法上的乘人之危和显失公平，由于此种利益本身具有不正当性，不能将其损失与另一方基于合法权利被侵犯而受到的损失相比较。例如，在针对罢工的临时禁令中，即便雇主因罢工遭受的损害要远大于雇员所遭受的损失，法院也不应基于此种比较而禁止一次合法的罢工。法院的主要职责是保护权利，并不是促进社会生产总值的

---

① See John Leubsdorf, *The Standard for Preliminary Injunction*, 91 Harvard Law Review 545 (1977 – 1978).

增加。

但需要注意的是，如果此种意外之财可以从一方转移至另一方，则应另当别论。例如，在上文罢工案件中，如果雇主提供保证金用于赔偿其在败诉时雇员所遭受的损失，那么法院可以暂时禁止罢工，待到庭审结束作出判决，确定雇主是否承担雇员未获得罢工机会的赔偿。当然在某些案件中，这种被迫售卖权利（forced sale of right）的做法并不可取，法院在适用这一方法时应该考虑对自由等宪法性权利的侵害程度。所以，法院在排除意外之财的损失时，可以通过权衡原告提供保证金的雇主的胜诉可能性，与罢工的合法性（原告的胜诉可能性）相比较，来作出进一步的判断。

总之，法院在预估难以弥补的损害时，可以首先确定是否存在难以弥补的损害，之后结合“投影定价”方法、“定性加定量”方法划定难以弥补损害的大致范围，排除不属于该范围的损害，以此实现对难以弥补的损害程度的主观判断。

3. 预估申请人胜诉的可能性①

胜诉可能性决定临时禁令救济的正当性，缺乏胜诉可能性的一方无论是否遭受难以弥补的损害，都不应当获得临时禁令救济。所以，法院在衡量临时禁令时必须要对申请人的胜诉可能性作出预估。尽管法官并不知道双方当事人在实体审理时会提出怎样的证据，但是可以根据宣誓书（经陈述者宣誓在法律上可采作证据的书面陈述）、律师陈述、基于无法提供的证据的推理、法官对双方论辩的看法等，对基本事实作出判断。此种判断过程虽然不理想但却很现实，即便是在实体审理过程中，法官时常面对的也是各种可能性而非确定性。② 法官在实体审理中面对适用法律的不同意见时，也会通过设想上诉法院的看法来决定采用何种意见。这一过程，与临时禁令阶段的法官去设想最终审判的结果是相似的。

---

① See John Leubsdorf, *The Standard for Preliminary Injunction*, 91 Harvard Law Review 550 (1977－1978).

② See Lempert, *Modeling Relevance*, 75 Michigan Law Review 1021 (1977).

但是，这一相似的过程却遭到“避免预判”原则的挑战。在衡平法上，法院不得在临时禁令的听证阶段裁决原告的权利是否合法有效，这被称为“避免预判”原则。这一原则在于避免法官先入为主的观点影响其在实体审理阶段的公正性。“避免预判”原则与临时禁令的合理性似乎是矛盾的，因为法官越是在临时禁令阶段深入地关联未来的判决，作出错误裁定的可能性就越小。但其实，在临时禁令阶段预估未来判决并不会出现“避免预判”原则担忧的情形。因为，一方面，预判不等于偏见，无论是否签发临时禁令，同一个法官对某一类型的案件都会有持续一致的看法，法官在一个案件中固执己见的情况仅存在于同一个法官用同一种方式审理同一类案件；另一方面，通过临时禁令听证阶段的深入分析，有助于不利一方更好地应对之后的庭审，也有助于双方对最后的结果有所预见，以便更易达成调解。

三、“损害最小化”模型的完善

“损害最小化”模型在权衡势均力敌的双方当事人之间的损害时能够发挥有效的作用，但在涉及公共利益时，对于另外三个要素衡量方式要作出相应的调整。在“勒布斯多夫 - 波斯纳”公式的基础上加上“公共利益”的变量，“损害最小化”模型的功能就不仅是实现“双方当事人的损害最小化”，还包括将“公共利益损害最小化”。

1. 立法中的公共利益

在有实体法明确规定的情形下，法院更倾向于按照法律的规定简化对临时禁令的分析，通常不再需要原告证明难以弥补的损害。在成文法禁令案例中不再考察难以弥补的损害，这一观念逐步扩大，从最终禁令到临时禁令，从成文法明示授权可以给予临时禁令救济的案件到其他没有明示的案件，从有限的判决类型到不限定的适用于各种类型的案件。与此同时，这一观点的流行其实反映出成文法禁令案件的独特理念。①

---

① See John Leubsdorf, *The Standard for Preliminary Injunction*, 91 Harvard Law Review 553 (1977 - 1978).

美国联邦法院的违宪审查权使其有义务根据宪法和公共利益去审查立法。尽管绝大多数的法律旨在保护公众利益，如涉及社会保障或者环境保护的问题时，公众利益时常受到无辜波及却不自知，违反这些法律便可以推定为侵害人造成了难以弥补的损害。但也有不尽如人意的立法，如就业歧视因其在人格尊严方面侵害了社会公共利益而被视为难以弥补的损害，但如果被歧视的劳动者很快找到了一个新的工作，甚至是更好的、报酬更高的工作，那么其所遭受的损失就不是那么显著。如果简单推定为损害难以弥补，或许会侵害到被告的合法权益，也有违立法目的。直接推定为损害难以弥补其实并不会减轻法院的任务，因为最困难的部分不是认定损害是否难以弥补，而是比较双方的损害。所以，在涉及成文法中的公共利益遭受侵害的临时禁令时，不应当直接将此种损害推定为难以弥补的损害，而仍然要预估其对当事人实际造成的困难程度。这一点与上文中对侵害宪法性权利造成的损害的情形是类似的。

2. 行政命令中的公共利益

行政机构基于公共利益提起的诉讼，时常涉及多数人的损害，法院也通常很难根据传统的标准来考量。正因如此，法院在处理临时禁令的问题时，对行政机构的行政立法权和执法权都是相当尊重的。行政机构在相关诉讼中涉及临时禁令的问题时，需要根据其与该行政法律法规之间的关系而区别对待。[①]

如果作为当事人一方的行政机构有权依据行政法律法规作出相应的裁定，则法院在衡量禁止或强制执行该裁定的临时禁令时，只要认为案件属于存在“严肃的法律争端”，就可以推定难以弥补的损害。毕竟法院并没有审核行政裁决的职责，也不适宜对如何执行行政命令指手画脚。当然，此种尊重是基于行政机构代表公共利益，也仅限于对难以弥补的损害的认定，并不意味着行政机构可以免去听证等程序而自动获得或免除临时禁令。

---

① See John Leubsdorf, *The Standard for Preliminary Injunction*, 91 Harvard Law Review 556 (1977 – 1978).

如果作为当事人一方的行政机构对涉案诉讼标的并不具有行政裁决权，则法院应当视其为普通的当事人，不应因其是行政机构而降低相关要素的证明标准。当然由于行政机构的职能总是为公共利益服务的，所以其行政行为不可避免地会涉及公共利益的考量，法院此时应当根据其胜诉的可能性，将公共利益的损害计算到“勒布斯多夫－波斯纳”公式中，与另一方当事人的损害进行比较，以“损害最小化”为目标，作出是否签发临时禁令的判断。

3. 实体法临时救济中的公共利益

成文法中也有关于临时禁令的规定，有些是保护特定被告不受临时禁令的限制，有些是规定禁止签发临时禁令的情形。[①] 在有成文法规定时，法院通常不再适用传统四要素的权衡，而是直接依照成文法的规定作出是否签发临时禁令的裁决，也因此创设了一种实体法上的获得临时性救济的请求权。此种请求权与衡平法上依赖于法院自由裁量的临时禁令相比，属性不同，但目的和内容相同，法院因此需要区别对待。

首先，由于实体法上的权利具有难以避免的模糊性，所以法院需要充分听证才能更好地作出判断，即便因此而延迟了最终救济。其次，防止因立法政策发生变化而出现救济的真空领域。即在依照成文法给予当事人临时救济时，仍然要考察此种救济是否符合立法目的，以及立法目的是否能代表公共利益。最后，如果实体法在临时禁令阶段和最终裁判阶段赋予当事人不同的权利，则不应依照实体法标准签发临时禁令，因为这样只会增加诉讼的冲突性，并且使获得临时救济但缺乏胜诉希望的原告采用各种拖延诉讼的策略。然而，在某些情形下，如果被告提供担

---

① 例如，Landrum-Griffin Act 禁止法院签发临时禁令撤销当选的联盟长官，或者需要额外的安全保障才可以签发临时禁令；又如，Norris-LaGuardia Act 中对暴力罢工的临时禁令。Norris-LaGuardia Act，29 U. S. C. s107（2008）. 本条为在劳动争议中签发禁令的相关规定，除非非法行为将被实施，或已实施并将继续实施，否则不得因任何威胁或非法行为而签发禁令或临时限制令。若在没有通知的情况下签发临时限制令，将对申诉人财产造成难以弥补的损害，此类临时限制令可在宣誓作证后签发。此类临时限制令的有效期不得超过5天，并在上述5天期满时失效。除非投诉人首先提交一份保证书，否则不得签发临时限制令或临时禁令，保证书的金额由法院确定，足以补偿因临时或错误签发此类命令或禁令而造成的任何损失、费用或损害。

保，则可以获得实体法上的临时救济：（1）拒绝签发临时救济会损害立法政策；（2）适用实体法标准比传统标准能够更好地避免损害；（3）适用实体法标准不会极大增加诉讼冲突或者拖延策略。①

总之，运用“损害最小化”模型去分析公共利益时，需要区分不同类型的公共利益予以区别对待。在涉及成文法中的公共利益时，要将对公共利益的侵害转化为当事人实际遭受的损害；在涉及行政命令中的公共利益时，要区别行政机构与涉诉行政法律法规之间的关系而区别对待；在涉及实体法的临时救济时，适用该模型的目标不再是权利损害的最小化，而是对公共利益的损害最小化。

综上所述，“损害最小化”模型以“勒布斯多夫－波斯纳”模型为核心，旨在将因错误签发临时禁令而对合法权利造成的难以弥补的损害最小化。该模型的最大价值在于，将“胜诉的可能性”、“难以弥补的损害”和“双方的困境权衡”三者统一到“损害最小化”的框架之内。法院在适用时需要保持审慎的态度，辨析所要保护的利益主体和内容，对判决前该利益可能遭受的难以弥补的损害进行预估，结合申请人胜诉的可能性，综合权衡。适用该模型需要注意的误区是，尽管其核心内容以公式的方式表达，但并不是以精确的数学计算来取代法官的自由心证，而是将一个有价值的经济分析方法予以“升华”形成的理论框架，帮助法官在对其中某一个变量进行预估的过程中产生孰重孰轻的判断。在增加公共利益的变量时，成文法、行政命令中的公共利益要根据具体情形转化为难以弥补的损害，对实体法临时救济中的公共利益的考量，要将“损害最小化”的目标适时地转化为“公共利益损害最小化”。

第二节　“诉讼保全”模型

临时禁令除了避免当事人在判决前遭受难以弥补的损害的功能外，

---

① See John Leubsdorf, *The Standard for Preliminary Injunction*, 91 Harvard Law Review 525 (1977－1978).

另一个十分重要的功能便是诉讼保全，即法院通过做出临时性强制措施的方式，确保其最后作出的判决是有价值的。无论是诉前还是诉中的临时禁令，都是诉讼的阶段性内容，从诉讼保全的视角去考虑适用各个要素的路径会更为清晰。亚瑟·D. 沃尔夫教授于1984年在《临时禁令：多元化的标准》一文中详细分析了此种基于临时禁令的诉讼保全功能的权衡模型，将临时禁令视为诉讼过程中从属于实体判决的阶段性裁判，因而在适用临时禁令的各个适用标准时，不仅要考虑诉讼当事人的权益，更要保护法院的司法权威，以保护诉讼标的为目的，在临时禁令阶段有效的保护原告在实体法上的请求权。本节通过梳理此种研究路径，将其归纳为临时禁令衡量中的“诉讼保全”模型。

一、从充分救济的角度权衡双方损害①

在临时禁令的适用标准中，申请人是否会在诉讼过程中遭受难以弥补的损害是核心因素，确定这一点之后再权衡临时禁令给被申请人造成的损害是否严重，进而将两者进行比较。然而，临时禁令并非救济难以弥补损害的唯一途径，由于其裁判标准的模糊性以及程序的不完善性，应该以申请人实体法请求权为标准，充分救济双方当事人为目标，在穷尽其他合法救济手段之后才能签发。在遇到双方皆有损害的情形时，亦应当综合运用多种救济手段，附条件地签发或者拒绝临时禁令。具体而言有以下三点。

1. 以申请人是否会丧失实体法请求权为依据衡量难以弥补的损害

既然临时禁令裁判问题的核心是在实体审判结果之前保护原告的实体法请求权，则首先应该关注的是申请人的合法权益遭受难以弥补损害的可能性。这其实是从诉讼标的角度去判断难以损害标准的内涵，即使申请人严重丧失或全部丧失实体法请求权的损害才是“难以弥补的损害”。例如，妻子请求医生撤除已患绝症的丈夫身上的生命维持设备，

---

① See Arthur D. Wolf, *Preliminary Injunctions*: *The Varying Standards*, 7 Western New England Law Review 173, 1984, p. 229 -231.

而子女向法院申请临时禁令，禁止医生撤除设备。此种情形下，如果没有临时禁令，医生按照妻子的要求撤除丈夫的生命维持设备而导致其生命终结，则申请人（本案中的子女）将丧失其实体法的请求权，此种情形可以认定为难以弥补的损害。

2. 能动性地发掘多途径弥补申请人难以弥补的损害的可能

如果发现申请人有遭受不可弥补损害的可能，法院应考虑此种损害可否在实体审理判决后予以充分救济。同时也可以考虑将临时救济与最终救济相结合，即临时禁令听证与庭审的合并。如果法院可以认定将庭审提前进行是合适的、公允的，不会使任何一方当事人处于不利状况，则可以根据《美国联邦民事诉讼规则》第 65 条第 1 款的规定将临时禁令听证与庭审合并。此种合并既确保临时禁令的裁定与最终判决一致，也可以减少程序步骤、提高审判效率。该合并的动议，可以是基于双方的约定、单方的申请，也可以由法院依职权提起。法院对于是否合并拥有自由裁量权，除非当事人证明合并会使其丧失提出重要证据的能力从而处于极为不利的状况，否则法院的合并裁定无法在上诉中被撤销。

随着救济方式的不断扩张，充分救济也不仅仅局限在经济赔偿的范围内，可以是包含司法救济、行政救济在内的各种手段。此外，救济手段的保护范围应该是申请人在没有临时禁令救济的情况下面临的潜在损害。如果被申请人可以提供保证金或者采取其他方式保障申请人的实体法请求权在诉讼阶段不受侵害，法官则无签发临时禁令的必要。在某些案件中，联邦法院也引用创造性的规则来弥补拒绝临时禁令可能造成的损害。因此，在认定难以弥补损害的可能性之后，法院应该采用能动性的裁判方式，即如果采用其他救济方式，可否在不签发临时禁令的情形下去满足申请人的需要。

3. 兼顾效率与公平地处理当事人双方皆有损害的情况

传统中对于双方困境的权衡大致有三种方式：第一种方式是未经审判而作出的决定本身缺乏程序公正的法理支持，应该更多地考虑临时禁令对于被申请人的负面影响，所以，一旦签发临时禁令，会对被申请人造成重大损害，则应该拒绝签发，通过实体审理等完善的程序作出的判决才更公平；第二种方式是权衡双方的困境程度，申请人更为困难时则签发禁令，被申请人更为困难时则拒绝签发禁令；第三种方式是除了比较困境程度之外，还要考虑胜诉的可能性，如上文提到的“损害最小化”模型。但其实这三种方式都存在缺陷。第一种方式过于忽略申请人可能遭受的损害，第二种方式和第三种方式的理论模型过于理想化，实践中很难精确计算出双方的损失和胜诉的可能性，更难得出精确的比率关系，即便可以精确得出比较结果，如果正值计算结果是等式，也无益于法院做出最后的判断。

所以，从审判实践的角度权衡双方损害，兼顾效率与公平的最佳处理方式应该是：一方面，法院可以附条件地签发禁令，即要求申请人负担相应的对价来交换临时禁令，如提供保证金，以保证被申请人在最后判决作出前有可能遭受的损害可以获得赔偿；还可以使用其他多种手段来实现此功能，如在涉及公共利益的案件中的追偿救济。目前，美国许多公共福利法案中都有关于追偿的规定，法院可以直接依据成文法救济作为保护被申请人合法权益的方式。另一方面，法院可以附条件地拒绝禁令，即要求被申请人提供相应的保证使申请人在实体审理判决前免受难以弥补的损害，或者法院可以引导申请人寻求其他救济途径来避免损害。

总之，在适用难以损害标准和衡量双方的损害时，不应当仅局限在临时禁令的视野之内，应将充分救济作为最终目的，结合其他救济方式的有效功能，考虑是否签发临时禁令以及是否需要附条件签发临时禁令。

二、减少对胜诉可能性的预估①

司法实践中，法官很难预计胜诉可能性，很容易将其简化成是否存在“严肃的法律争端”。“损害最小化”模型是赞成对胜诉可能性预估

---

① See Arthur D. Wolf, *Preliminary Injunctions*: *The Varying Standards*, 7 Western New England Law Review 173 1984, p. 231 – 233.

的，而“诉讼保全”模型认为，无论在何种情况下，“未审先裁”都是违反程序正义的，所以应当尽量不在案件受理的早期考虑胜诉可能性的问题。其主要理由在于以下几个方面：

第一，由于临时禁令听证的仓促而导致双方所做的证明很难成为将来判决的充分依据。如果想要探究申请人胜诉的可能性，实际需要花费很多时间，而这通常不是临时禁令听证能够完成的。

第二，一旦法院预测判决结果，即便是可能的结果，也有未审先判，提前宣布判决之嫌。大量的上诉法院的判决都说明，宣布胜诉的可能性实际上等同于提前宣布审判结果。在很多发回重审的案件中，基层法院的法官一般都会按照上诉法院对于胜诉可能性的判断而重新作出判决。

第三，对于胜诉可能性的判断，可能会给双方当事人传递判决结果的信息。尤其是在法院对胜诉可能性做出深入分析的情况下，更容易让当事人了解法庭对于此案件适用法律和事实判断的倾向性。

第四，根据《美国统一法典》第 28 章第 1292 条的规定，临时禁令的裁决是可以上诉的，而上诉法院在审查此类案件时，遇到的最大困扰就是对胜诉可能性的判断。因为此种判断和说明有可能对基层法院未来的判决结果产生重要影响，当事人会尽力争取在胜诉可能性上提供充分证明，这一点也会诱导上诉法院不得不在回应时做出衡量，而此种衡量又很难做到与上诉判决同样的深度。

第五，有些法院为了避免对胜诉可能性的衡量，而只要求申请人证明严重的、困难的争端，即“严肃争端”标准。然而，这一做法虽然可能避免了对胜诉可能性的模糊揣度，但同时也丧失了最初设置这一标准的意义，即排除掉无根据的诉讼请求。经验丰富的律师甚至可以将毫无胜算的诉讼请求包装得合情合理，看起来也符合严重的法律争端或事实争议的要求。如果此时被申请人并未细致深入举证反驳，那么法院仅依据“严肃争端”的标准无法过滤掉缺乏胜诉可能的无根据的诉讼请求。

第六，被申请人可以获得因错误签发的临时禁令而造成的损害，可以减少法院对临时禁令正当性的担忧。事实上，被申请人可以通过多种方式获得救济，而最常见的是通过申请人在申请临时禁令阶段提供的保证金获得赔偿。另外，联邦法律还有其他程序性的保障，即如果一方当事人在诉讼过程中提出对方的诉讼请求缺乏根据，另一方可以提出动议申请对诉辩状的判决（judgment on the pleadings），或者简易程序（summery judgement），或者加快实体审理等。根据《美国联邦法典》第 11 条的规定，如果当事人一方因另一方基于无意义的索偿（frivolous claim）而获得的临时禁令而受到无辜损害，法院可以判处申请人相应的罚金，承担被申请人的律师费用和其他诉讼费用。此种规定，在意图通过申请临时禁令拖延公司收购的情形中，对于被申请人是一种重要的保护。

三、仅在特定情形下考虑第三方的利益①

“诉讼保全”模型认为，公共利益标准并不是决定是否签发临时禁令的关键要素，大多数情况下只是用来增加裁决的论证力度。由于公共利益或者第三人利益遭受的损害时常是模糊的，对其泛泛而谈往往徒劳无功。例如，在反垄断案件中，有时无论是否签发临时禁令对于公共利益都有助益。签发临时禁令有助于执行反垄断法，符合公共利益；而拒绝签发临时禁令有助于自由企业的活力健康发展，亦符合公共利益。所以，一般情况下，在衡量是否签发临时禁令时可以不予考虑“公共利益”要素。但有两种例外情形需要探讨：集体诉讼和涉及政府机构的案件。

1. 集体诉讼的情形②

由于集体诉讼的代理人是代表特定群体的利益而提起诉讼，因而在论证难以弥补的损害时，理论上应将群体中每一个人遭受的损害关联在

① See Arthur D. Wolf, *Preliminary Injunctions: The Varying Standards*, 7 Western New England Law Review 173, 1984, p. 234.

② See Arthur D. Wolf, *Preliminary Injunctions: The Varying Standards*, 7 Western New England Law Review 173, 1984, p. 234.

一起。如果代理人可以在临时禁令的听证之前，获得被代理群体中每位署名成员的受害证明，那么自然可以论证难以弥补的损害。但在实践中，代理人很难在临时禁令听证阶段就收集好全部的损害证明，如果已经收集完毕，也没有必要一定申请临时禁令了，要求法院加快庭审作出判决即可。所以，通常只要代理人能够证明特定群体将遭受难以弥补损害的重大可能性即可，不必提供每一个署名成员的具体证明。

2. 当事人一方是政府的情形①

行政部门作为申请人时，评估损害的方式与集体诉讼的情形是相似的。例如，如果是劳工部门作为申请人要求法院强制执行职业安全和健康法案，那么劳工部门的“损害”相当于相关劳动者因被申请人违反该法案的行为而遭受的损害的总和。行政部门作为被申请人时，计算损失会更加复杂些。如果损害是可以计算的，如临时禁令的要求是政府部门返还社会保障金的收益，那么这笔钱就是行政部门有可能遭受的损害；如果损害是不可计算的，法院则需要估量临时禁令对无形的“政府利益”的损害。但无论怎样，都应当尽量避免对“公共利益”泛泛和空洞的评估。

总之，“诉讼保全”模型完全立足于法官裁判②的视角，将衡量过程简化为五个步骤③：一是决定被申请人是否意图或可能采取行动危害申请人；二是决定此种危害的性质是否属于可以通过实体判决予以充分救济；三是如果可能是难以弥补的损害（不可充分救济），那就要决定临时禁令是否会给被申请人造成严重的损害；四是如果会给被申请人造

---

① See Arthur D. Wolf, *Preliminary Injunctions*: *The Varying Standards*, 7 Western New England Law Review 173, 1984, p. 235.

② See Ohio Oil Co. v. Con way, 279 U. S. 813 (1929). 第八巡回区法院对本案的判决为“诉讼保全”模型提供了参考，法院认为，申请人获得临时禁令应当证明：（1）争议的法律问题或者事实问题都很重大；（2）如无临时禁令，其将遭受确定的并且难以弥补的损害；（3）如果签发临时禁令，被申请人因此遭受的损失是微不足道的；（4）如果临时禁令给被申请人造成的损害超过了“微不足道”的范畴，申请人可以提供保证金，那么也可以签发临时禁令。

③ See Arthur D. Wolf, *Preliminary Injunctions*: *The Varying Standards*, 7 Western New England Law Review 173, 1984, p. 235.

成严重损害，那么是否有除临时禁令之外的其他保护措施来降低此种可能的损害（如保证金或者其他限制性措施）；五是如果没有其他保护措施，则可以在签发临时禁令的同时，要求申请人提供保证金或者其他措施保护被申请人。如果在临时禁令审查阶段法院认为实体审理的时机成熟，应该合并审理一次性地解决问题。

第三节 “分配效率”模型

“分配效率”模型由理查德·布鲁克斯和沃伦·施瓦茨在2005年《合法与否、经济效率和临时禁令规则》一文中提出。该模型通过分析临时禁令中包含的“责任承担”规则和“临时效率”规则，以临时禁令阶段当事人权利归属不确定的状态为前提，认为只要原告提供充分的保证金使被告能够在胜诉时获得因错误临时禁令而遭受的损害赔偿，则可以实现最佳的“分配效率”（allacative effiency），法院不需要在临时听证阶段考虑胜诉的可能性和权衡双方难以弥补的损害。

一、“分配效率”模型与“传统衡量”模型的区别①

“分配效率”模型之所以与上文中有关四个传统要素的衡量模型极为不同，主要原因在于其对临时禁令目的和功能等方面的认定不同：

第一，就临时禁令的目的而言，传统的衡量模型认为，临时禁令救济是为了将有可能对合法权益造成的损害最小化，因而法院在尚未知晓权益归属的阶段，应该在分析当事人胜诉可能性的基础上，权衡双方有可能遭受的难以弥补的损害，以此种损害的最小化为依据决定是否签发临时禁令。而“分配效率”模型下的临时禁令救济的目的在于实现分配效率，临时禁令可以与当事人行为动机相契合，实现诉讼过程中最有

① See Richard R. W. Brooks & Warren F. Schwartz, *Legal Uncertainty, Economic Efficiency, and the Preliminary Injunction Doctrine*, 58 Stanford Law Review 381, 2005, p. 388 – 393.

效率的行为（efficient conduct）。例如，如果原告试图通过临时禁令要求强制履行买卖合同并且愿意支付保证金，则法院应该签发临时禁令，信赖原告能够通过比较保证金的损失和禁令救济的获益而谨慎申请。理性的行为人能够分析违反法律义务的成本，只会在违法成本小于获益的情形下，才会试图违法，当申请人愿意承担被申请人的合规成本时，或者法院认为由申请人承担错误签发禁令的赔偿是更为有效率的方式时，则法院应当签发临时禁令。

第二，就临时禁令的功能而言，传统衡量模型仍是从事后救济的路径（expost approach）考虑，认为临时禁令的功能是在法律无法提供事后充分救济的情形下向当事人提供临时性救济。因而，面对不确定的权利状态，法院必须通过预测判决结果和权衡双方损失的方式来考量事后救济的充分性，从而决定是否签发临时禁令。而“分配效率”模型认为，临时禁令即便在充分赔偿救济（adequate damages）的情形下，仍可以反映出当事人在面对法律不确定性时的事前行为动机和行为结果，发挥着重要的“效率功能”（efficient function），这属于法律经济学的事先研究（exante approach）的范畴。

第三，关于损害的范围，分配效率模型中的损害更为宽泛。在传统模型下，法院没有考虑原告履行义务的全部花费，而仅是将无法通过实体判决予以赔偿的部分损失认定为难以弥补的损害。同样地，也不会考虑被告履行义务的全部花费，而只是考虑如果其胜诉仍无法获得赔偿的部分损失。但是，如果从促进分配效率行为的角度出发，双方全部的花费（成本）都应予以对比考量。强制执行无效率的行为的裁决会导致错误分配资源的社会成本，这是无法通过实体判决在当事人之间的财富转移来消化的损失。传统模型是权衡当事人之间的损害，而分配效率模型将社会财富的损失最小化。

第四，关于胜诉可能性，分配效率模型认为，临时禁令的最终的目的是促成更有效率的行为，所以没有必要考量胜诉可能性。以交付履行纠纷为例，如果原告胜诉，其将获得因被告未履行义务而带来的损害赔偿。被告的履行行为是否更有效率，与应当由谁承担不履行的成本并无关系。根据“效率违约”理论（efficient breach），被告仅在履约更有效率时才不会违约，如果交付货物的成本高于其违约赔偿的成本，被告会选择效率违约。由哪一方当事人承担被告不交付货物的损失，并不是需要在临时禁令阶段需要考虑的问题，如果实体审理认为被告违约，被告则会承担赔偿责任，如果认为被告没有违约，原告则需要承担临时禁令给被告造成的损失。

二、“分配效率”模型的论证依据①

理查德·布鲁克斯和沃伦·施瓦茨在论证分配效率模型时，使用了两个假设的案例：案例一涉及违约责任，原告要求被告在诉讼期间的特定日期按照合同的约定交付货物，但被告根据合同中的免责条款作为不交付货物的抗辩事由，最后何方胜诉取决于法院对该免责条款适用的认定，原告胜诉的可能性被估认为60%。案例二涉及侵权责任，原告认为，被告的行为构成“侵扰”（nuisance），要求被告在诉讼期间停止侵害或者排除妨碍，但被告以原告“自找妨害”（come to the nuisance）作为抗辩事由，认为其不构成侵扰，最后何方胜诉取决于法院对于“自找妨害”的认定，原告胜诉的可能性被估认为60%。两个案例虽然是不同的责任形式，但分析的原理相同。案例一中的履行合同的行为（交付货物）与案例二中停止侵权的行为是同理的，案例一中的抗辩事由与案例二中的抗辩事由及其不确定性也是同理的。这里以分析案例一为例，案例二同理。

1. 假设一：不存在临时禁令救济的情形

假设原告始终无法获得临时禁令救济，被告在考虑是否要在诉讼期间根据合同在特定日期交付货物时，面临两种可能：一是获得因交付货物而产生的损害赔偿，即可以追偿其履行花费；二是无法追偿其履行花费。两种情形下，被告具有不同的行为激励模型：

---

① See Richard R. W. Brooks & Warren F. Schwartz, *Legal Uncertainty*, *Economic Efficiency*, *and the Preliminary Injunction Doctrine*, 58 Stanford Law Review 381, 2005, p. 394 – 401.

（1）可以获得赔偿时，被告的行为激励模型（conduct incentives）。被告是否交付货物在很大程度上取决于机会成本（opportunity cost），即其是否有比交付货物更好的选择。假设被告交付货物的成本为 L1，原告货物的价值为 L2，原告胜诉可能性为 P。按照假设案例中胜诉可能性 P 为 60%，那么被告如果交付货物则可避免承担违约责任；同时也有（1－P）即 40% 的胜诉可能性获得因交付货物带来的损失，可以称为交付货物的“预期净收益”（net expected benefit），即（1－P）L1。对于被告而言，会通过比较不交付货物的预期损失（P×L2）与不交付货物获得的利益，从而得出不交付货物的“预期净花销”（expected net payoff）。这一选择的成本是确定的，因为被告也会有（1－P）即 40% 可能在获得胜诉后追偿这一“预期净花销”，即（1－P）L1，所以，前述不交付货物的选择也增加了其无法获得追偿“预期净花销”的可能性，即 P×L1。然而，该可能性同时也意味着被告因不交付货物而败诉的可能性，并由此承担原告的损失 L2，这是被告需要扣除掉的成本，即 P×L2。所以，被告不交付货物的“预期净花销”为：（1－P）L1 ＋ P×L1－P×L2。被告需要综合考虑所有的可能性，如果其交付货物的“预期净收益”超过了不交付的“预期净花销”，交付货物是更有效率的选择，用公式来表达为：（1－P）L1 ＞（1－P）L1 ＋ P×L1－P×L2。该公式也可以简化为：P×L2 ＞ P×L1。该不等式表明被告仅在货物对于原告的价值大于被告交付货物的成本时即 L2 ＞ L1 时，被告才会交付货物。这符合“分配效率”理论（allocative efficency），也就是合同的履行仅在其履行的价值高于履行的成本时才有效率。例如，如果 L2＝1000，L1＝900，P＝60%，按照分配效率理论，L2 ＞ L1，交付货物是更有效率的。

考虑到胜诉可能性，分析虽然会复杂一些，但结论相同。因为一方面，由于原告仅有 60% 的胜诉可能性，对于被告而言，其不交付货物的预期违约成本为 P×L2＝1000×60%＝600，交付货物的成本 L1＝900，扣除预期违约成本 600，则其仍可获得 300 的收益。另一方面，如果被告交付货物，其仍有 40% 的胜诉可能性，并且在胜诉之后获得交付货物的成本 L1，也就是（1－P）L1＝900×40%＝360，与前述不交付货物的收益相比，交付货物更划算。所以，在 $P\times L2 > P\times L1$ 模型中，实际是在比较货物对于双方的价值，这是符合分配效率的最佳模型。

（2）无法获得追偿时，被告的行为激励模型。假设被告认为即便其胜诉，也无法获得对其交付货物花费的追偿，那么其仅会在 $0 > (1-P)L1 + P\times L1 - P\times L2$ 时交付货物，该公式可以简化为：$P\times L2 > L1$。具体而言，被告即便交付货物也将无法得到（1－P）L1＝900×40%＝360，其只会选择不交付货物而获益的 300，但此种情形是有悖于分配效率的。也就是说，在缺乏原告方保证金等担保的情形下，被告选择违约是更有效率的。

结论：该假设的论证角度是非义务履行方[①]因履行而造成的损害赔偿的权利。该假设认为，只要确保这样的权利，即便没有临时禁令救济，同样可以实现分配效率。如果赔偿能够涵盖交付货物的花费，被告会根据分配效率做出判断是否履行。如果无法获得追偿其履行花费，即便履行是有效率的，被告也不会履行。所以，即便没有临时禁令，也不会影响到合同履行的效率。

2. 假设二：只要原告提供保证金，就确定能够获得临时禁令

假设在原告提供保证金后便确定会获得临时禁令，则被告在事后可以获得赔偿和无法获得赔偿两种情形中，会出现不同的行为激励模型。

（1）非义务性履行后获得赔偿时的行为激励模型。由于原告提供的保证金负责赔偿被告有可能因临时禁令遭受的损失，所以其将仅在货物的收益超过被告提供货物花费时，才会申请临时禁令。一方面，获得临时禁令可以确保原告获得货物的价值 L2，当然同时也有可能承担被告提供货物的花费（1－P）L1。另一方面，原告也会考虑最终胜诉获得的收益即 $P\times L2$，同时胜诉后也不需要承担被告提供货物的花费。综

① 此处的非义务履行，是指经过实体审理判决认为没有履行义务的一方，在临时禁令阶段被要求的履行。

合考虑，对于原告而言，促使其申请临时禁令的情形只能是：L2 - （1 - P）L1 > P × L2，该公式简化为：（1 - P）L2 > （1 - P）L1，即申请临时禁令意味着获得货物价值 L2 的可能性增加为 40%，而不申请临时禁令意味着赔偿被告交付货物成本 L1 的风险增加为 40%。将该公式进一步简化，最终比较的还是货物对于双方的价值，这仍然是符合分配效率的。所以，原告是否申请临时禁令，取决于其对货物价值的判断，而不需要考虑胜诉的可能性。

（2）非义务性履行后无法获得赔偿时的行为激励模型。假设原告能够获得临时禁令而不必事后赔偿被告非义务履行的损失，那么将失去对原告的行为制约机制。因为原告通过临时禁令强制被告交付货物以获得 L2，而最终通过胜诉获得的收益为 P × L2，由于 L2 > P × L2，原告一定会申请临时禁令。

结论：该假设分析的角度是，以临时禁令的方式来确保被告非义务履行损害赔偿权利的实现。通过对比没有临时禁令救济和原告可以获得临时禁令救济的两种情形，只要被告在事后可以获得非义务履行的损害赔偿，便可以实现最佳的分配效率。问题是，如果被告自己选择交付货物，即便最后证明是非义务履行，通常并没有获得事后赔偿的权利①；如果交付货物是因为原告申请的临时禁令，则其在实体判决认定为非义务履行时，可以要求损害赔偿；如果原告在申请临时禁令时提供了充足的保证金，则被告确定可以获得赔偿。由此可见，临时禁令在实现分配效率上发挥了积极的作用，即促使原告将被告履行义务的成本计算在内，然后再决定是否申请临时禁令，从而保护被告不在非义务履行时遭受损失。在没有临时禁令或者双方协议的情形下，法律通常不保护此种“可能利益”（probabilistic interest），而此种消极的保护状态会催生出被告的违约或者侵权形式的低效率的自助行为（self-help）。通过分析可以看出，临时禁令本身具有效率属性，而传统的损害权衡模型无法发挥

① 此处暂不考虑基于对方当事人的不当得利可以行使的追偿权，因为这要取决于被告的非义务履行的损失是否带给原告不当得利，即便存在不当得利也未必都能够实现追偿，具有不确定性。

出此种效率。

三、“分配效率”模型的主要内容[①]

1. 适用前提：权利状态的不确定性

当权利状态不确定时，申请人为了其利益最大化，会试图通过证明其拥有合法权利可能性而获得临时禁令救济，以此种方式让对方为自己可能遭受的损害埋单。因此，当实现分配效率的个人动机被不确定的权利状态而扭曲时，临时禁令作为纠正此种扭曲状态的一种方式，对被申请人产生“大棒”和“胡萝卜”的双重效果。“大棒”是指如果被申请人拒绝执行临时禁令而受到的惩罚，“胡萝卜”是指如果最后被告胜诉，则可以要求赔偿执行临时禁令而遭受的损失。这种“大棒”与“胡萝卜”相结合的方式是否产生效应，取决于原告对于申请临时禁令的风险成本及收益可能的评估，被告也会根据原告的判断采取最有效的行为模型。因而，法院可以摆脱对判决结果的预测和双方遭受不可弥补损害的衡量，顺应申请人的行为动机，实现诉讼资源的最优配置。就临时救济的效率而言，法院需要考量的问题仅是被申请人执行临时禁令的行为是否是有效率的，而不需要考虑对于合法权利的不可弥补的损害，也不需要考虑履行义务或者不履行义务所造成的花费的分配问题。

当权利归属不明确时，便有必要衡量原告和被告有可能遭受的损失。传统的衡量模型认为，由于“权利归属的不确定性”，法院存在对合法权利做出错误判断的可能性，而降低此种错误判断造成的损害是签发临时禁令的核心问题。然而，从分配效率的角度来看，当事人做出是否申请或者接受临时禁令的判断时，由于责任的归属并不确定，当事人更倾向于权衡该判断对于自己的价值。如果签发或者拒绝签发临时禁令会导致低效率的行为，则会产生社会损失，即一种无法通过从一方当事人转移至另一方当事人的损失。这一点是传统模型所忽视的，其认为如

---

① See Richard R. W. Brooks & Warren F. Schwartz, *Legal Uncertainty*, *Economic Efficiency*, *and the Preliminary Injunction Doctrine*, 58 Stanford Law Review 381, 2005, p. 402 – 409.

果原告通过胜诉判决获得了足够的赔偿，或者如果被告在获得胜诉判决后也能够获得错误禁令造成的损害赔偿，则无额外损失的存在。换言之，传统衡量模型认为，充分的事后救济是拒绝临时禁令的一个独立的原因。而分配效率模型认为，事后救济并不是充分的救济，不能仅仅局限于在双方当事人之间分配损失，还应当考虑到因无效率的行为导致的社会损失。简言之，传统衡量模型重在当事人双方之间分配损失，而分配效率模型重在社会财富损失的最小化。

即便有充分的事后救济，临时禁令仍然有存在的必要性，不仅是回应不确定的权利归属，也是实体法中信息不对称的结果。在大多数情形下，合法权利遭受损害的当事人一方能够获得损害赔偿，但为了免遭侵害而付出成本的一方，却很难获得相应的赔偿。这种不对称造成了对于侵害的体制化的不公正。被告乐享侵权带来的利益，而与此同时，其因侵权而承担的损害赔偿是大打折扣的。所以，正是因为原告很难因其积极的避免行为而获得赔偿，才更需要临时禁令救济。

2. 临时禁令的“临时效率”规则

根据临时效率规则，只要原告能够证明 $L2\geqslant L1$，便能够强制被告根据合同交付货物或者提供服务，因为 $L2\geqslant L1$ 对于被告而言也符合分配效率。如果法院认为原告寻求强制履行的行为是无效率的，则可以直接拒绝签发临时禁令，不必权衡损害和胜诉可能性等。被告仅会受赔偿损害不确定的可能性所限制，通常会选择不履行。在实体判决时，法院可以决定被告是否应该为因其不履行行为而给原告带来的损害承担赔偿责任。

与其他规则一样，该规则也面临一个困境，即牵涉的事实争端并不容易被解决。法院必须决定履行合同对于原告的价值以及被告履行的机会成本。传统的权衡模型除了考虑其他的困难问题之外，也需要考虑这一问题。然而临时效率规则仅需要解决这一个问题，即可以决定是否签发临时禁令。如果仅考虑临时效率规则，问题会简化许多，尤其不用比较当事人合法权利不可弥补的损害的问题。例如，法院通常不会禁止合法的罢工，即便禁止罢工给雇主带来的利益要比给雇员带来的损害大很多。因为，当罢工是合法的，那么罢工行为是符合效率理论的，法院不应该禁止符合效率的罢工，当然也不能允许不符合效率的罢工。如果行为的合法性问题在临时禁令阶段是不确定的，那么法院专注这一点，既是困难的，同时也容易产生不正确的判断。然而，假设雇主申请禁止罢工的临时禁令时，可以提供充足的保证金以确保败诉时雇员可以获得相应的赔偿，那么即便不去探讨难以弥补的损害问题，也可以通过临时禁令实现分配效率。

3. 临时禁令的“责任承担”规则

（1）责任承担主体。在责任原则的框架下，在涉及权利归属的问题时，如果原告能够意识到其将为错误的临时禁令给被告带来的损害负赔偿责任，那么法院便可以依照其申请签发临时禁令。法院只需要确认的是被告有可能遭受的损失，并且要求原告证明赔偿这一损失的能力。假设原告能够意识到只要其能够负责赔偿（$1-P$）$L1$，则一定可以获得临时禁令，并且能够意识到获得临时禁令的收益仅为（$1-P$）$L2$，同时由于原告本来在胜诉后就可以获得 $P\times L2$，那么原告仅会在（$1-P$）$L2>$（$1-P$）$L1$ 时申请临时禁令。

（2）“责任承担”中的信息不对称。临时禁令中的责任规则或许是在诉讼当事人信息不对称以及法院无法充分掌握事实的情形下，发挥最佳效果的处理方式。法院基本可以掌握被告的履行成本 $L1$，但原告的违约损失却常常只有原告本人才知悉。在此种信息不对称的情形下，由掌握违约损失这一关键信息的原告来选择是否申请临时禁令，是最有效率的方式。同时，在责任承担规则下，法院在实体判决时需要足够精确的计算出被告的履行成本。但由于原告有充分的理由在精确计算出这一成本的情形下再决定是否申请临时禁令，所以在临时禁令阶段，法院没有必要考虑这一成本，而是在实体审理掌握充分信息之后再做出决定。

（3）“责任承担”规则的主要问题。问题一：责任原则的普遍性问题，即权利或者责任在未经权利人或者责任人明示同意的情况下，被不公平的标价和购买。有学者认为，这是不恰当的宪法救济方式。然而，临时禁令中的责任原则有所不同，因为权利归属尚不明确，无法确定究竟谁是权利人，那么也不谈不上不公平的问题。问题二：按照这一模型，只要原告提供了保证金就可以获得临时禁令，被告迫于制裁的压力将会按照临时禁令的要求作为或者不作为，如果被告最终胜诉，那么对其合法权利的剥夺是不公平的。问题三：当事人可以选择通过协议的方式，对之后的合规成本的损失赔偿予以约定，即便没有临时禁令也能够实现分配效率，但此种协议可能需要更多花费才可以达成，甚至根本无法实现。此时，临时禁令仍然是在当事人私力救济未果时，而寻求司法救济的最佳选择。

该模型认为，传统衡量模型只关注签发或者拒绝签发临时禁令给双方当事人造成的损害能否获得赔偿，有失偏颇。如果原告自认为一定可以胜诉，则没有讨论比较两种损害的必要。如果通过判决给予充分的赔偿救济能够保证被告在诉讼期间的分配效率，则没有临时禁令救济的必要，对于最终判决的预测则可以引导被告做出最有效率的行为。换言之，即便没有临时禁令，基于对最终判决的预测，原告也会按照如同存在临时禁令强制其行为的方式去做。

本章小结

上述三种模型通过从不同的视角解读临时禁令的适用而产生了不同的适用标准。“损害最小化”模型的目标是在权利归属尚未确定的阶段，通过分析胜诉可能性与难以弥补损害间的关系，将临时禁令有可能对未来胜诉一方的合法权利的损害最小化。“诉讼保全”模型是旨在确保最终救济的有效性的前提下，将临时禁令视为诉讼过程中从属于实体判决的阶段性裁判，因而不需要过于考虑胜诉可能性。“分配效率”模型认为，临时禁令的价值在于促进分配效率，消除当事人企图不承担责任时的低效率行为动机，因而更为注重保证金的作用。这三种模型中，“损害最小化”模型和“诉讼保全”模型基本是围绕“传统四要素”予以衡量，虽然各自都有忽略的要素，但仍然属于基于传统衡平原则进行自由裁量的传统衡量模型；而“分配效率”模型则是基本摒弃“传统四要素”的衡量，依赖保证金制度对双方在当事人利益关系的自动调节。传统衡量模型的弊端在于：法院需要在事实尚未弄清楚的阶段就预测胜诉的结果，需要对比可能未来才会发生的损害，并且基于其难以计算才被认定为难以弥补的损害，每一步的衡量都是基于猜测。然而将传统衡量模型与“分配效率”模型相比较，“分配效率”模型的弊端更为显著，主要表现为：

1. 忽视“难以弥补损害”的弊端

传统适用标准中，原告遭受难以弥补损害的可能性是签发临时救济的关键要求，而“分配效率”模型认为，法院并不需要衡量难以弥补的损害。根据“分配效率”模型中的“责任规则”，试图通过提供保证金获得临时禁令的原告，需要自己权衡基于临时禁令的获益与被告胜诉时为其承担的损害赔偿。根据“分配效率”模型中的“临时效率规则”，法院不需要比较双方难以弥补的损害，而是比较双方为临时禁令而支付的成本，但忽略难以弥补的损害存在很多问题：

这可能会使临时禁令违背正当程序原则（due process）①。假设运用“责任规则”判断是否签发“要求归还财产”的临时禁令，如果申请人不需要表明胜诉可能性和急切性，而只是提供保证金就可以获得归还令，那么若最后被告胜诉，此种剥夺财产的做法显然有悖于正当程序原则。“临时效率原则”也面临同样的问题。如果忽视对于法律判决的司法预估，基于效率的司法判决可能无法反映出临时救济的正当性。以上基于宪法性权利的反对意见，尽管不在“分配效率”模型的分析范畴之内，但可能是其无法得以适用的主要原因。即便原告可以获得充分的赔偿救济，仍然需要强调临时禁令救济的正当性。尽管忽略考量难以弥补损害

---

① 1868年通过的美国宪法第十四条修正案规定：“凡在合众国出生或归化合众国并受其管辖的人，均为合众国的和他们居住的州的公民。任何一州，都不得制定或实施限制合众国公民的特权或豁免权的任何法律；不经正当法律程序，不得剥夺任何人的生命、自由或财产；对于在其管辖下的任何人，亦不得拒绝给予平等法律保护。”美国宪法第五、十四条修正案所包含的“不经正当法律程序，不得剥夺任何人的生命、自由和财产”的内容被称为“正当程序条款”。

也不见得增加错误签发临时禁令的概率，但分辨救济的对象是难以弥补的损害还是可获得救济的损害，才能确保临时禁令救济的正当性。

不履行债务将遭受藐视法庭罪的制裁，这是“分配效率”模型的主要创新之处。但这一创新也存在很大的问题，因为在实践中“子女抚养令”是唯一通过藐视法庭制裁来强制履行债务的临时禁令。如果适用“分配效率”模型，此种经济损害赔偿也可以将适用临时禁令救济的范围扩大。被告可能畏于因藐视法庭带来的罚金和监禁的威胁，不得不履行债务，但或许法院在签发临时禁令的时候，并没有评估债务的合法性，而直接依据分配效率模型签发临时禁令。

除了不履行债务的案例之外，雇佣纠纷中也会面临相似的问题。例如，雇主通过保证金而申请临时禁令禁止雇员辞职，但雇佣合同本身可能是违法的。那么基于违法的合同而申请到的临时禁令，事实上是暂时性地强迫雇员劳动，侵害了雇员的宪法性权利。即便是在纯商业的纠纷中，如果允许一个债权人通过自动获得临时禁令的方式要求债务人履行债务，那么若该债务人濒临破产，这个债权人事实上通过临时禁令的方式比其他的债权人优先获得偿还。上述情形中，都难以实现分配效率模型所预期的社会效果。

签发临时禁令所依据的损害的性质十分关键，涉及实体法立法目的和救济法的功能价值。在实体审理听证阶段，法院会为了永久禁令的裁决适用多样化的理论，论证其合理性。同理，临时禁令阶段应该考虑与永久禁令同质的损害。如果最终恰当的救济形式为损害赔偿而非永久禁令，则通常不需要签发临时禁令，因为法律认为损害赔偿属于充分救济。如果最终恰当的救济形式是永久禁令，则意味着原告遭受的损害无法通过损害赔偿的方式完全修复，那么在临时禁令阶段不考虑难以弥补的损害，将有违实体法的立法政策。

2. 漠视实体法的弊端

在“损害最小化”模型中，原告的胜诉可能性是决定是否可以获得临时禁令救济的最为重要的因素，有时法院会完全基于这一因素来裁决。事实上，如果可能的话，加速实体审理是避免临时禁令困境的较好选择。“分配效率”模型鼓励法院忽略这一关键因素，会导致十分严重的问题。

如果法院不顾实体法的规定，只要原告愿意承担责任就自动签发临时禁令，原告相当于获得了法院的支持以迫使被告在诉讼过程中放弃其权利请求。在假设的违约案例和侵权案例中，这样的胁迫或许可以接受。但在涉及宪法性权利或者公共利益的案件时，情况会大有不同。以2000年美国总统选举中的一个相关案件为例，获得充足资金支持的政党是有能力拖延选票计算的，按照“分配效率”模型的理论，提供担保的一方甚至可以实现在诉讼期间总统就职。① 同样也不能允许原告通过提供保证金禁止政府基于环境利益的工程项目，或者限制一个法案，或者阻止对一个首席执行官或政府官员或其他雇员的解职。“分配效率”模型打开了一扇门，即允许那些并不在意判决结果而别有动机的原告，或者对判决结果做出错误判断的原告，通过提供保证金而获得临时禁令，造成对另一方当事人以及公共利益的损害。当原告自己估算的价值高于市场价值时，或低估了要对被告损失承担的责任时，财力雄厚的原告会迫使被告出售其权利，或者通过威胁被告敲诈金钱或者其他利益。

如果在临时禁令阶段忽视合法性的问题，将会制造出临时救济阶段适用法律规则与实体判决适用法律规则间的分离。尤其对于那些并非构建在经济效率基础之上的法律，此种分离将有违立法者的初衷。如果仅考虑分配效率，将使原告有能力禁止并不违反实体法的行为。尽管被告可以获得错误临时禁令的损害赔偿，但是要以赔偿与履行的效果相当为前提。如果立法者设计法律的目的是保证人们行为的自由，而不仅是失去行为自由后获得赔偿，“分配效率”模型便会失去意义。

另外，如果原告通过保证金获得临时禁令，而法院又通过“藐视法

① See Bush v. Gore. 531 U. S. 1046 (2000). 美国总统和副总统的民主党候选人提出申诉，对总统选举中的州结果认证提出质疑并申请临时禁令，要求暂停佛罗里达州最高法院授权的紧急申请——命令人工重新计票。法院同意签发临时禁令，认为：(1) 佛罗里达州最高法院命令的人工重新计票，没有具体标准来执行其命令，以辨别“选民的意图”，不符合根据平等保护条款对选民进行非任意对待的最低要求，以确保投选总统的基本权利；(2) 将案件发回佛罗里达州最高法院，由其下令进行符合宪法的抗辩并不是适当的补救措施。

庭罪”的制裁来迫使被告出售权利，那么司法机构实施制裁的成本以及被告迫于监禁威胁而付出的履行成本，在被告胜诉时上述成本都成为一种经济浪费。总之，如果只按照分配效率模型而完全不考虑胜诉的可能性，也会造成经济低效率。

“分配效率”模型认为，因为权利状态的“不确定性”，临时禁令只会在原告自认为其拥有胜诉可能性的情况下发挥作用，因而可以不用考虑被告的权利损害。但权利不确定性的程度是有区别的，即便是实体审理，也未必能消除所有的不确定性。因而，权利状态的“不确定性”不能成为授权法院忽略实体法的理由。的确，临时禁令阶段的权利状态的“不确定性”会高于实体审理之后，但不能因此成为忽略实体法的正当理由。尤其当双方当事人都试图寻求内容不同的临时禁令救济时，“分配效率”模型就无法适用了。所以，对于法院而言，定分止争仍是最核心的内容。

在“临时效率规则”下，原告不需要提供保证金，也不会利用法院迫使被告出售他们的权利。但是，原告可以有效地利用听证争论迫使被告放弃他们的权利。不过，原告可能因为其为临时禁令支付的成本较小而无法获得禁令，从而使其合法权利无法得到保护。这样的规则与责任规则一样，也会削弱对合法权利的保护。

3. 过于依赖禁令保证金的弊端

“分配效率”模型十分依赖保证金的作用，在“责任规则”中，保证金是原告获得临时禁令的必要条件；在“临时效率规则”中，如果没有保证金也无法确保原告可以说服法院迫使被告放弃权利。保证金对于预防错误临时禁令给被告造成的损害是十分有益的，也因此可以减少法官在签发禁令时的担忧，但不应该因此代替其他衡量因素而成为禁令裁量时的唯一标准。如果确立保证金对临时禁令的决定性意义，那么双方在诉讼过程的谈判会完全笼罩在保证金的阴影之中。①

---

① See Robert Cooter & Stephen Marks & Robert Mnookin, *Bargaining in the Shadow of the Law: A Testable Model of Strategic Behavior*, 11 Journal of Legal Studies 225 (1982).

首先，“责任规则”所依据的是被告可以通过原告提供的保证金获得非义务履行的赔偿，在合同或者其他经济纠纷等仅与当事人相关的收益和成本相关的案件中，被告人通过赔偿获得充分救济是可行的。但如果在水坝工程建设案件中，当事人要求保护水域中的特有物种而停止工程建设，政府作为被告的损失该如何计算，当事人要提供多少保证金？而且，目前并没有权威数据统计胜诉的被告能够通过临时禁令保证金获得赔偿的程度，是全部获得赔偿还是部分获得赔偿，尚不可知。

其次，如果临时禁令的签发可能给第三人带来损害，是否应当将此种损害计算在保证金中？如果要计算，又该如何计算？在合同纠纷中可能不存在此种问题，但涉及公共利益或者宪法性权利时，会成为棘手的问题。例如，环境侵权中给不特定的第三人造成的损失该如何计算？有关堕胎自由的临时禁令给不特定的第三人造成的损失该如何计算？同样地，如果临时禁令签发有可能给第三人带来利益，这些利益是否应该从被告的保证金赔偿中扣除呢？

再次，计算损害的范围一般是法律认可范围内的损失。例如，根据现行法，反垄断案件的原告可以获得的赔偿仅是“反垄断损失”（antitrust injury），而不是竞争带来的损害。[①] 但根据分配效率模型中的“临时效率规则”，不仅计算此种反垄断损失，也包含竞争带来的其他损失，这就导致临时救济阶段对于损害的计算范围与最终判决阶段的不同。被告也同样会遇到此种损害范围不同的问题。

临时禁令的内容是禁止不公平交易，若被告会因此禁令而破产并且离婚，那么临时禁令的保证金应否涵盖其离婚的花销？按照分配效率模型中的“责任规则”，被告会将离婚成本也计算进不公平交易的后果中，但却不属于通常意义上的违反公平交易的经济成本，并不会被计算进原告的保证金范围。那么被告自己预估到的，但并不会被法院认可的离婚成本，便有可能成为其在原告申请临时禁令时的谈判劣势。

---

① See Douglas Lichtman, *Uncertainty and the Standard for Preliminary Relief*, 70 University of Chicago Law Review 197 (2003).

其实对于法院而言，无论是比较难以弥补的损害，还是评估禁令保证金的赔偿范围，都不是轻松的事情。法官对难以弥补的损害的认定也仅是预估，并不可能做到精确计算。相比较而言，计算保证金不见得更为简单、易操作。临时禁令的规则并不应该仅用于确保经济效率，还应考虑到公共利益以及更为复杂现实的利益权衡。再者，无论是计算保证金赔偿数额还是临时禁令的花费及获益，都不应将经济效率与实体法剥离。最终，与根据“责任规则”或者“临时效率规则”分析个案中的花费和收益相比，分析法律要解决的问题更为简单和更符合社会需求。

正如道格拉斯·里奇曼（Douglas Lichtman）教授所说，法院应该更加注意对于实体判决的预估，这才是最值得依赖的规则。① 分配效率模型过于依赖保证金赔偿的问题在于，即便被告可以通过禁令保证金获得充分的赔偿，但无法确保原告寻求临时禁令的动机只是基于对经济效率的考虑，也可能是因为政治目的、个人报复等；也无法确保原告对经济效率的预估是正确的，因为诉讼当事人通常会对胜诉可能性有乐观倾向性。在申请人看来，与未来要支付给被告的赔偿金相比，眼下即将可以通过临时禁令获得的收益是更有吸引力的，即便最终的赔偿可能会大于或者等于获益。②

最后，原告也可能在某些情形下不提供保证金，如没有支付能力，或者代表群体参加公益诉讼时个人并不需要承担保证金责任，或者作为政府机构不需要支付保证金等。如果仅依据分配效率模型“责任规则”，原告不提供保证金时，法院就应当拒绝给予临时禁令救济。然而在实践中，法院在上述不要求提供保证金的案件中，仍然会权衡其他要素，判断是否签发临时禁令。所以，仅根据分配效率模型，很难在上述情形中实现对原告的公平救济。

---

① See Douglas Lichtman, *Irreparable Benefits*, 116 Yale Law Journal 1284 (2007).

② See Russell Korobkin, *Psychological Impediments to Mediation Success: Theory and Practice*, 21 Ohio State Journal on Dispute Resolution 281 (2006).

4. 误解并夸大了“效率”的价值

“分配效率”模型中的“效率”不同于通常所认知的效率概念。以言论自由为例，美国宪法第一修正案对言论自由的规定可以认为是符合效率概念的，因为言论自由可以将每个人效率的总量最大化，而这些个人效率是包含非经济效益的。[①] 但是，在法律规定之外，每个人践行言论自由的成本可能是超过其效率的，或者说言论本身没有产生效率。例如，一篇新闻的内容错误但并非故意捏造，或者一篇学术论文的价值不过是制造印刷纸张的树木。在“临时效率规则”下，上述言论自由的情形也可以被禁止，只要原告有足够多样的法律诉求。即便是广义效率理论的支持者也难以接受这样的结论。所以，法院还是应该将法律视为最重要的指引来决定什么样的行为是符合社会需求的，而不是在临时禁令阶段，试图计算每一个案件中的效率。

法律对效率的追求或许也影响了分配效率模型的合理性。分配效率模型中的两个假设案例都是通过将资源分配给更有生产力的一方来实现效率，这符合效率违约理论中合同法的目标。但是，并不是所有的法律都以追求效率为目标，如人身伤害救济的目标是要阻止不法行为。

诉讼结果的不确定性与马上获得实体判决相比，会促使被申请人为避免临时禁令去做无效的诉讼行为（wasteful course of action），但其实其他的诉讼程序也会有同样的问题，甚至更严重。由于缺乏信息和考虑到诉讼的成本，被告通常可以预见其所遭受的损失未必能够全部获得赔偿。同时被告也明白，临时禁令标准的不确定性，也使原告可能怠于起诉，从而对被告而言也是有利的。有责任保险的被告也会在某些情况下不必为自己的违法行为承担后果；而乐观的被告，也会低估自己承担责任的可能性。

综上所述，分配效率模型因忽视难以弥补的损害和实体法的规定而存在巨大的局限性，但其对于保证金制度从法经济学的角度做出了精致

---

① See Louis Kaplow & Steven Shavell, *Fairness Versus Welfare*, 114 Harvard Law Review 966（2001）.

的分析，论证了这一制度对于临时救济的重要价值。面对临时禁令权衡的各种模糊概念和复杂关系，不应执拗于某一种模型，而应该各取其长，结合不同的案情综合考量。“损害最小化”模型中可以增加“公共利益”的变量，同时吸收“诉讼保全”模型中对于减少胜诉可能性预估的建议，充分考虑临时禁令救济对于最终救济的正负影响。同时，充分发挥保证金制度的积极作用，调动当事人预判风险的主动性，减少产生错误临时禁令的可能性。理论模型的建构着力于分析各衡量要素间互动所形成的合力是否能够真正发挥临时禁令的功能，将衡量要素和适用方法整合于一种框架而形成适用标准，相较于司法经验总结出的适用标准而言，具有更清晰的解释路径。

第四章　临时禁令的签发程序

若要实现临时禁令救济的功能，除了明确其衡量要素及其适用方法和衡量模型之外，还需要相应的程序性保障，以保障临时禁令裁判的正当性以及执行的有效性。临时禁令的程序因当事人的申请而启动，法院在接收到申请后，根据案件情况决定是否通知对方当事人，并确定听证的时间，听证时法官会决定是否与庭审合并，是否提供担保等问题，进而决定是否签发临时禁令。签发禁令后，将送达双方当事人，并且产生强制执行的效力；如果被申请人不遵守禁令，将面临制裁和赔偿。如果禁令签发错误，被申请人可以提出申请要求赔偿其损失，法院通常在申请人提供的保证金范围内对被申请人予以赔偿。涉及临时禁令适用的程序问题也是十分繁杂的，还包括上诉复审及管辖权等问题。本章旨在研究法官在签发临时禁令时所适用的标准和程序，因而下文将主要就与签发临时禁令相关的程序事项予以分析。

第一节　审 查 程 序

一、通知

临时禁令一旦签发，便可强制被申请人必须做或者不得做一定行为，效力确定且强大。事关被申请人的重大利益，且禁令的执行也必然需要被申请人的配合，所以通常情况下，法院在签发临时禁令时，应当以书面或口头形式向对方当事人发出通知（notice），确保被申请人知晓其有可能面临的不利处境以便及时应对。[①] 在特定情况下，程序要求较低的临时限制令可以不用书面或口头通知对方当事人作出。但《美国联邦民事诉讼规则》第 65 条对此种不通知即可作出禁令的情况予以严格限制：（1）宣誓陈述书或经核实的起诉状中提出的特定事实清楚地表明，在对方当事人或其律师获得对抗的听审之前，申请人将遭到直接的不可弥补的权利侵害、损失或损害；（2）申请人的律师以书面方式向法院证明其为送达通知而做过的努力以及其证明不应发出通知的理由成立。任何未经通知发出的临时限制令，应注明发出的日期。该命令应立即交给书记官办公室并载入记录，该命令应明确陈述所受侵害、不可弥补的原因及不经通知而作出命令的理由。而临时禁令不得在未通知对方当事人的情况下发出。在此阶段，双方当事人均有机会提供证据进行交叉质证。

临时禁令是一种维持现状并且防止权利在判决之前遭受不可弥补的损害的手段，其效力持续至判决产生之时[②]，因而临时禁令不得在未通知对方当事人的情况下签发，这也是临时限制令和临时禁令的重要区别。

二、听证

尽管《美国联邦民事诉讼规则》第 65 条并没有特别要求申请临时禁令需要听证（hearing），但美国最高法院在一个相关的案件中指出："该条款关于临时禁令通知的要求，隐含着通过听证给被申请人抗辩的公平机会。"[③] 除此之外，由于通知是为了告诉被申请人有关临时禁令

---

① See Charles Alan Wright & Arthur R. Miller, *Federal Practice and Procedure*, West Publications, 1995, p. 30 – 31.

② See Sierra On-Line, Inc. v. Phoenix Software, Inc., 739 F. 2d 1415, 1422 (9th Cir. 1984); Nintendo of America, Inc. v. Lewis Galoob Toys, Inc. 16 F. 3d 1032, 1036 (9th Cir. 1994).

③ Granny Goose Foods v. Brotherhood of Teamsters & Auto Truck Drivers, 415 U. S. 423, 433 (1974). 在本案中，美国加州北区地方法院以违反临时限制令为由，以藐视法庭罪起诉了一个工会，工会提出上诉。美国第九巡回区上诉法院推翻了该命令，撤销了藐视法庭的诉讼程序，并批准了诉讼请求。最高法院认为，无论根据州法律还是联邦规则，针对工会的临时限制令在签发之日起 20 日到期，并且工会提出的解除禁令的申请被驳回后未能转化为无限期的临时禁令，故临时限制令在被指控蔑视法庭之日之前很久就已经失效，因而无权判定蔑视法庭罪。

的动议，而法院需要通过听证来决定申请临时禁令的是否被接受，所以通常认为“通知”隐含对“听证”的要求。一般而言，必须要举行听证的情况包括：

第一，推定损害无法弥补的情况。无论是根据法律规定还是案件的类型，在可以适用“推定损害无法弥补”标准的情况下，应当举行听证，以便使被申请人有机会反驳损害无法弥补的推定。

第二，案件的重要事实处于争议状态。如果重要事实处于争议状态，则宣誓陈述书无法被充分信任，需要交叉质证才能够揭露真相。

第三，成文法的明确规定。如法律明确规定审查临时禁令的申请时需要听证，则应依法律规定组织听证。例如，诺里斯—拉瓜迪亚法案（Norris-LaGuardia Act）要求，法院必须要进行听证才可以签发劳动争议的临时禁令。①

如果临时限制令不经通知而发出，临时禁令的申请（motion）应尽可能早地审理，并且除与临时禁令性质相同的先前事项之外，所有事项都应优先。当申请被审理时，获得临时限制令的当事人应继续申请临时禁令，如果该当事人不申请，法院应撤销临时限制令。未通知对方当事人而获得临时限制令的当事人，则应在 2 日内或法院规定的更短时间内通知对方。在此期间，对方当事人可出庭并申请撤销或变更该项临时限制令，在这种情况下，法院应基于公正的目的对该申请迅速审理并作出裁判。

三、听证与庭审的合并

通常情况下，临时禁令的听证是在诉前或者诉中单独进行的，但根据《美国联邦民事诉讼规则》第 65 条第 1 款的规定，“在对临时禁令

① See Norris-LaGuardia Act, 29 U. S. C. § 107 (2008). No court of the United States shall have jurisdiction to issue a temporary or permanent injunction in any case involving or growing out of a labor dispute, as defined in this chapter, except after hearing the testimony of witnesses in open court (with opportunity for cross-examination) in support of the allegations of a complaint made under oath, and testimony in opposition thereto, if offered, and except after findings of fact by the court.

的申请开始听证之前或之后，法院可以将庭审提前并与临时禁令的听证合并（consolidation of hearing with trail on merits）”①。这一规定允许联邦法院在适当情况下，可以同时进行临时禁令的听证和案件实体的审理。美国各州法院基本上复制了联邦规则，允许在适当情况下合并听证与审理。此种合并仅为临时禁令所独有，不适用于临时限制令。由于听证与庭审的合并会不可避免地影响到当事人准备和呈现证据的能力，因此，法院应及时将听证与庭审合并的意图告知双方当事人。

临时禁令通常是需要紧急处置的救济，与实体审理程序相比，其审查程序、证据要求都没有那么严格，法院在临时禁令听证阶段所掌握的事实和所适用的法律，并不当然对之后的庭审有约束力。因此，在一般情况下，不应将临时禁令的听证与案件的实体审理合并。但如果法院可以认定将庭审提前进行是合适的、公允的，不会使任何一方当事人处于不利状况，则可以根据《美国联邦民事诉讼规则》将临时禁令听证与庭审合并，如此既确保临时禁令的裁定与最终判决一致，也可以减少程序步骤、提高审判效率。该合并的动议，可以是基于双方的约定、单方的申请，也可以由法院依职权提起。法院对于是否合并拥有自由裁量权，除非当事人证明合并会使其丧失提出重要证据的能力从而处于极为不利的状况，否则法院的合并裁定无法在上诉中被撤销。

第二节　担　　保

一、担保的目的

禁令在签发时应考虑由申请人提供担保的问题。《美国联邦民事诉

① Fed. R. Civ. P. 65 (a) (2). Consolidating the Hearing with the Trial on the Merits. Before or after beginning the hearing on a motion for a preliminary injunction, the court may advance the trial on the merits and consolidate it with the hearing. Even when consolidation is not ordered, evidence that is received on the motion and that would be admissible at trial becomes part of the trial record and need not be repeated at trial. But the court must preserve any party's right to a jury trial.

讼规则》第65条第3款规定："除非申请人提供担保，否则不得发出临时限制令或临时禁令。提供的担保金额应是法院认为适当的，用于支付被错误地禁止或限制的当事人可能遭受的损失或损害。"① 在签发禁令前要求申请人必须提供担保有两个目的：一是可以使被申请人通过保证金而弥补因错误签发的禁令而遭受的损害，不必因此种损害而另行起诉，也不必担心申请人无力赔付。② 二是能够提示申请人可能因错误签发的禁令而承担责任的潜在风险，亦即假如禁令是错误的，申请人会在保证金数额范围内赔偿被申请人的损失，当然这限于申请人基于善意而申请禁令的情形下。

禁令保证金可以被看作法庭和申请人之间的一个合同，即双方"同意"保证金的数额是错误禁令的"价格"。③ 在一个相关的案件中，法院很好地阐释了禁令担保的上述两个目的。④ 通常法院只有在申请人提供足额担保之后，才会签发禁令。因此申请人要么提供保证金或其他形式担保，要么撤回禁令请求，而这样的权衡主要基于其是否愿意承担在保证金数额范围内承担赔偿责任的风险。在没有担保的情况下，受到错误签发禁令损害的一方通常无法获得损害赔偿，除非其能另行提起恶意诬告之诉

---

① Fed. R. Civ. P. 65（c）. Security. The court may issue a preliminary injunction or a temporary restraining order only if the movant gives security in an amount that the court considers proper to pay the costs and damages sustained by any party found to have been wrongfully enjoined or restrained. The United States, its officers, and its agencies are not required to give security.

② See Interlink Int'l Fin. servs., Inc. v. Block, 145 F. Supp. 2d 312, 314（S. D. N. Y. 2001）. 在本案中，原告公司根据禁止与计算机有关的欺诈和相关活动的联邦法规对前公司顾问提起诉讼，法院据此签发了一项临时限制令，并要求原告提供5000美元的担保，前公司顾问为了增加安全性，主张应当提高原告的担保数额。法院认为：（1）顾问对未来失业的索赔没有充分的理由构成增加安全性的基础；（2）由于加速发现证词而增加对顾问的需求不足以构成提高安全性的基础；（3）顾问更有可能因向前雇主披露用户代码和服务器信息而受到损害，证明增加安全性是合理的；（4）复制或开发成本是评估顾问开发的程序的合适方法。继而批准了该申请。

③ See Blumenthal v. Merrill Lynch, Pierce, Fenner & Smith, Inc., 910 f. 2d 1049, 1054（2d Cir. 1990）. 本案判决认为，"申请人同意在保证金范围内承担赔偿责任，以此作为禁令的对价"。

④ See Instant Air Freight Co. v. C. F. Air Freight, Inc., 882 F. 2d 797, 804（3d cir. 1989）. 在本案中，Instant公司向法院申请禁令救济要求禁止C. F. 公司终止与Instant公司的协议，并禁止"违反上述协议使用原告以外的任何个人或实体的服务"。法院批准了该禁令，之后C. F. 公司上诉，上诉法院认为证据没有证明原告面临难以弥补的损害，以及在不需要支付保证金的情况下批准禁令是错误的，所以撤销禁令并发回重审。

(malicious prosecution)。[①]

通常，错误签发禁令可获赔偿的范围以保证金的数额为限，但也有例外。

1. 不良意图（bad faith）

如果申请人申请禁令是基于不良意图，那么因错误签发禁令而遭受损害的被申请人可以获得超出保证金数额的赔偿。其原因在于，基于不良意图而申请禁令的申请人不应只承担有上限的赔偿责任。如在 *Don Post Studios, Inc. v. Cinema Secrets, Inc.* 一案中，法院认为，原告提出的诉讼请求缺乏根据且不合理，其申请的禁令也是基于即将失效的版权，申请禁令的目的是在竞争中处于优势地位，因而法院拒绝将其错误签发禁令的损害赔偿限制在保证金的范围之内。[②]

2. 返还不当得利（restitution theory）

即便在没有保证金或者已获超过保证金上限赔偿的情况下，被申请人还有可能获得返还不当得利的补偿。基于不当得利返还的理论，一方如果从不恰当的禁令中获利，且属于“无禁令则无获利”的情形，那么因该禁令而遭受损害的一方有权要求对方返还不当得利。返还不当得利是属于法院自由裁量权范畴内的一项衡平法原则。[③] 有些法院可以在

---

① See W. R. Grace & Co. v. Local Union 759, Int'l Union of United rubber, 461 U. S. 757, 770 n. 14 (1983). 在本案中，请愿人雇主与平等就业机会委员会（EEOC）签署了一份调解协议，该协议与请愿人和被告工会的现有集体谈判协议在资历规定方面相冲突。请愿人在联邦地方法院起诉，要求禁止根据集体谈判协议对某些雇员的申诉进行仲裁。密西西比州北区地方法院作出了有利于雇主的判决。第五巡回区上诉法院推翻了这一判决。Meyers v. Block, 120 U. S. 206, 211 (1887); Great Southern Co. v. Kleinman, No. 87 C 5822, 1992 U. S. Dist. LEXIS 7641, p. *2-3 (N. D. Ill. June 1, 1992).

② See Don Post Studios, Inc. v. Cinema Secrets, Inc., 148 F. Supp. 2d 572, 576 (E. D. Pa. 2001). 在本案中，原告向原审法院起诉被告版权侵权，法院批准了针对被告的临时禁令，禁止其销售侵犯版权的产品，但在版权诉讼中，被告胜诉，故向法院起诉请求原告支付律师费、禁令保证金和赔偿。法院认为，虽然法院当时批准了临时禁令，但其是基于虚假的指控，诉讼是没有根据的，故原被告可以请求超过保证金范围的损害赔偿。

③ See Atlantic Coast Line R. R. Co. v. Florida, 295 U. S. 301, 310 (1935). 佛罗里达州际贸易委员会在接到关于州内原木运输费率歧视州际商业活动的投诉后，将两者的费率规定为持平。佐治亚州北区的一个法定地方法院驳回了一项请求禁止和撤销该命令的法案。该法院推翻了该判决，认为该命令因缺乏支持性的调查结果而无效，地方法院随后签发了禁令。原告要求法院判决赔偿因为法院的错误判决而多收取的费用。

被申请人没有提供保证金的情形下，裁决返还不当得利。如在一个相关的案件中，证据表明被告的学徒项目存在对女性的性别歧视，初审法院签发禁令要求被告向几位女性原告支付预付工资。① 但地方法院撤销了该禁令，并允许被告请求返还已支付的预付工资。第九巡回区法院支持了地方法院的裁决，主要基于不当得利理论，使双方恢复签发禁令之前的权利状态。也有些法院只在保证金不足以弥补被申请人损失的情况下裁定返还不当得利。②

二、担保的数额

尽管保证金的数额依法院自由裁量而定，但保证金的数额不宜过低。第七巡回区法院在一个相关的案件中指出，保证金的数额应按照错误签发禁令可能造成的损失取高而定，因为错误签发禁令的赔偿数额不得超过保证金的范畴，一旦保证金的数额较低而无法涵盖全部损失，则有可能造成被申请人的部分损失无法弥补。③ 但保证金的数额设定较高的负面影响有限，因为在赔偿被申请人时，禁令保证金仅仅提供损害赔偿的“天花板”，具体的赔偿数额需要依据其所证明的事实上的损害而定。④

---

① See Caldwell v. Puget Sound Electrical Apprenticeship & Training Trust, 824 F. 2d 765, 767 (9th Cir. 1987). 在本案中，原告指控被告的学徒项目存在对女性的性别歧视，初审法院签发禁令要求被告向几位女性原告支付预付工资。但地方法院撤销了该禁令，并允许被告请求返还已支付的预付工资。第九巡回区法院支持了地方法院的裁决，并认为：（1）地方法院有权审议请求返还的申请；（2）恢复原状属于地方法院签发禁令的权限范围。

② See Nat'l Kidney Patients Ass'n v. Sullivan, 958 F. 2d 1127, 1134 – 37 (D. C. Cir. 1992). 在本案中，HIC 等原告向法院起诉请求批准禁止 HHS、HCFA 和 Blue Cross 将家庭透析治疗的报销比例降低到临床治疗的水平，HHS 对该临时禁令提出上诉，要求返还 HIC 提供的禁令保证金，上诉法院将此案发回重审，地方法院未支持返还保证金的请求，后 HHS 等上诉，哥伦比亚特区巡回法院支持了该返还保证金请求。

③ See Mead Johnson & Co. v. Abbott Lab., 201 F. 3d 883, 888 (7th Cir. 2000). 该案中，第七巡回区法院认为，地方法院裁定的 100 万美元的保证金过低，应该根据因禁令而可能减少的销售额而定。根据 Mead 有可能失去的 1% 市场份额价值 1600 万美元，法院要求 Abbott 提供 1000 万美元的保证金。

④ American Hospital Supply Corp. v. Hospital Products Ltd., 780 F. 2d 589, 597 (7th Cir. 1986). 在本案中，American Hospital Supply 因 Hospital Products 非法终止分销合同请求法院批准禁令，法院批准禁令，禁止其在禁令生效的情况下做出减损请求方权利的行为。American Hospital Supply 后提出破产申请以及上诉，美国第七巡回区法庭认为，鉴于对分销商可能造成难以弥补的损害，供应商的财务状况不稳定，以及有证据表明供应商在合同终止之前已经续签了另一个期限的合同，分销商有权获得阻止供应商终止分销合同的临时禁令。

某些情况下，尤其是被申请人为政府机构时，法院通常裁定申请人提供名义上的担保。在一个相关的案件中，第九巡回区法院签发禁令要求停止对原告驱逐出境，原因是新的移民规定没有生效。考虑到政府机构为此花费的成本较小，且原告的申请涉及公共利益，以及原告没有支付高额保证金的经济能力等因素，仅要求原告提供1000美元的名义上的保证金即可。尽管政府机构辩称，再次监禁原本要驱逐的原告的相关花销以及上诉的成本都不少，但因其未能证明上述花费而未获法院支持。①

禁令在执行的过程中，双方当事人都可以提出更改保证金数额的申请。② 但是针对已经撤销的禁令，法院通常不会因此而变更保证金。因为禁令保证金的目的在于限制申请人因错误禁令而承担赔偿责任的范围，如果撤销禁令后，法院对已裁定缴存的保证金数额也做出变动，申请人将承担事先没有预料到的责任。

三、免除担保的特殊情形

在特殊情形下，地方法院可以不以提供担保作为签发禁令的前提。几种免除保证责任的情形如下：

1. 禁令的被申请人是各州的市政法人或者县区政府

通常这些机构不会因为禁令的签发而遭受重大经济损失，因而当被申请人是各州的市政法人或者县区政府时，可以免除申请人提供担保。

---

① See Barahona-Gomez v. Reno，167 F. 3d 1228，1237（9th Cir. 1999）. 在本案中，外国人向法院起诉关于《非法移民改革和移民责任法案》的部分条款的执行问题，美国加利福尼亚州北区法院签发了暂缓驱逐出境的临时禁令，驳回了司法部长基于缺乏管辖权而撤销临时禁令的申请，并修改了临时禁令。司法部长提出上诉。上诉法院巡回法官托马斯认为：（1）法律排除法院对因总检察长决定启动诉讼程序、裁决案件或执行遣返令而引起的外国人索赔的管辖权并未剥夺地方法院对案件的管辖权；（2）地方法院在签发临时禁令时没有滥用其酌处权；（3）地方法院可以要求政府向集体成员发出通知；（4）地方法院要求外国人仅缴纳名义保证金。故没有滥用其自由裁量权。

② See Alton & Southern Ry. v. Brotherhood of Maintenance of Way Emples.，899 F. Supp. 646，651（D. D. C. 1995）. 本案中，保证金数额从1000美元提高到10万美元，基于诺里斯—拉瓜迪亚机场禁令的上诉花销。See also Friends of Earth，Inc. v. Brinegar，518 F. 2d 322（9th Cir. 1975）. 本案中，禁令的内容是要求旧金山国际机场扩建工程根据国家环境政策法案提供环境影响分析报告，保证金的数额从450万美元降至1000美元。

如在一个相关的案件中，地方法院签发临时禁令，禁止总检察长实施在学校及幼儿园周边609.6米居住范围内的针对未成年人性侵害犯罪的法律。法院考虑到被申请人仅是执行法律的公务人员，对于案件的结果没有人身或财产利益，申请人不必提供担保。①

2. 申请人的宪法性权利或者公共利益会因提供担保而受损

如果支付保证金会使申请人的宪法性权利或者其他公共利益受到损害，法院通常会免除申请人的保证责任。如在一个相关的案件中，被申请人保证金数额应为其执行禁令花销的150%，而法院对此不予支持。理由是："尽管计算出的行政机构为此支付的花销数额是相对合理的，但对于公民个人而言过于庞大……如此巨额的保证金只有财力雄厚的个人才能承担。我们认为，要求申请人承担如此巨额的保证金，毫无疑问对他们而言是十分困难的，也因此会损害他们以及同等处境的选民行使宪法权利的能力。"②

3. 申请人缺乏提供保证金的经济能力

如果申请人明显不具备提供保证金的经济能力，并且又有极大的胜诉可能性，申请人不必提供担保。如在一个相关的案件中，法院基于原告提出的被告贷款公司违反相关法律，签发临时禁令禁止行政司法官出售其丧失赎回权的抵押房屋。考虑到原告的财产状况以及其胜诉的可能性，申请人不必提供担保。③

---

① See Doe v. Miller, 216 F. R. D. 462 S. D. Iowa 2003, *rev'd on other grounds*, 405 F. 3d 700 (8th Cir. 2005). 在本案中，具有性犯罪前科的人质疑州刑法禁止此类人居住在学校或托儿所609.6米范围内的合宪性。原告要求法院认证一个包括爱荷华州所有性犯罪者的原告群体，以及一个由爱荷华州各县区检察官组成的被告群体。原告还申请临时限制令，禁止被告执行该规定，地方法院批准了该申请。

② See Smith v. Board of Election Comm'rs for Chicago, 591 F. Supp. 70, 71-72 (N. D. Ill. 1984). 在本案中，伊利诺伊州颁布临时禁令，禁止执行要求候选人提交代表本党10%初选人的签名的法规。被告请求暂停执行，并要求提供禁令保证金。地方法院的Aspen法官认为，要求保证金会造成不公平，并对原告行使宪法权利产生不利影响，禁令并不会给被告造成不可补救的困难。

③ See Deans v. Long Beach Mortg. Co., No. 1: 07-CV-205, 2007 U. S. Dist. LEXIS 17535 (W. D. Mich. Mar. 12, 2007). 在本案中，原告向法院申请临时限制令来禁止治安官出售其已经丧失赎回权的房屋。法院在综合考虑"四要素"后同意签发禁令，同时考虑到原告经济状况较差，判定其无须缴付保证金。

4. 提供保证金可能妨碍提起关系重要的联邦权利及公共利益的诉讼，或者妨害相关司法审查

如果要求申请人提供保证金有可能会妨碍到其提起关系重要的联邦权利及公共利益的诉讼，或者使相关司法审查无法进行，申请人不必提供担保，尤其是在涉及重要的综合性的联邦健康和福利法案时。如在一个相关的案件中，地方法院签发禁令要求被告向原告支付过渡期的医疗救助费用，直到被告将其医疗救助项目的支付比率调整至符合联邦法律规定的标准为止，同时申请人不必提供担保。第三巡回区法院支持了地方法院免除原告提供保证金的裁定："依据《联邦医疗救助法》，原告所主张的权利涉及公共利益。作为社区医院，坚持服务于低收入患者群体，而这一群体所享受的医疗救助比率是与其收入状况不相称的。此种情形下，要求原告提供保证金不恰当。况且，原告已陷入财务危机，也因此才请求被告提高医疗救助支付数额，而这样的请求也是谋求更好地服务于被救助群体。"①

5. 签发禁令并不会使被申请人有遭受经济损失的风险

如果禁令不会给被申请人带来经济损失，便没有必要要求申请人提供保证金。在 *Int'l Controls Corp. v. Vesco* 一案中，第二巡回区法院指出，如果被申请人不会因禁令而遭受损失，法院可以免去对申请人的担保要求。②

---

① See Temple Univ. v. White, 941 F. 2d 201, 220 (3d Cir. 1991). 在本案中，天普大学（Temple University）起诉宾夕法尼亚州公共福利部（DPW），称其向医院支付的患者住院治疗的医疗补助报销率过低，并获得了法院的禁令，即要求 DPW 调整报销率的标准。DPW 后上诉至巡回法院，第三巡回区法院认为：（1）DPW 的报销率不符合医疗补助法规；（2）需要永久禁止 DPW 实施新计划；（3）不要求医院支付保证金是适当的。See also Gilliam v. United States Dep't of Agric., 486 F. Supp. 3d 856 (E. D. Pa. 2020), No. 20 - 3152, 2021 WL 1554180 (3d Cir. Apr. 1, 2021); See also Fam. Inada Co. v. FIUS Distributors LLC, No. CV 19 - 925 - CFC, 2019 WL 5295178 (D. Del. Oct. 18, 2019); See also Ning Ⅺ v. Inst. of Elec. & Elecs. Engineers, Inc., No. CV177316ESMAH, 2017 WL 5633205 (D. N. J. Nov. 22, 2017).

② See Int'l Controls Corp. v. Vesco, 490 F. 2d 1334, 1356 (2d Cir. 1974). 原告公司对多名个人和公司提起诉讼，指控被告违反了联邦证券法以及实施欺诈行为。美国纽约南区地方法院签发禁令，禁止被告处置各种资产。被告提出上诉。第二巡回区法院认为地方法院可以在没有证据证明被告可能受到损害的情况下免除原告的担保。

6. 禁令申请人有极大可能胜诉

如果申请禁令的一方在案件审理后极为可能胜诉，相应的因错误签发禁令造成损失的可能性也就极小，此种情形下，申请人不必提供担保。如在一个相关的案件中，法院认为申请人有“极高的”（extrodinarily high）胜诉可能性而不必提供担保。

7. 申请人的经济实力雄厚，足以承担错误签发禁令给被申请人造成的损害赔偿

如果申请人的经济实力雄厚，则无须担心其没有能力赔偿禁令给被申请人造成的损害，此种情形下，申请人不必提供担保。在一个相关的案件中，法院签发的禁令使被告免于陷入非法定价商战，同时被告不必提供担保。第十巡回区法院判决认为，《美国联邦民事诉讼规则》第 65 条第 3 款赋予法院对禁令担保的自由裁量权。本案中，地方法院并没有滥用其自由裁量权，因为证据表明被告公司雄厚的资产足以赔偿原告公司因禁令而遭受的损失。①

上述免除担保的情形可以分为三大类：第一类是涉及政府部门，由于其一般不会遭受财产损失，也就没有必要提供担保；第二类是便利申请人的情形，即当申请人无能力支付担保时、申请人极有可能胜诉时、被申请人损害轻微及申请人完全有财力赔偿被申请人任何损失，从而免去其担保；第三类是关乎公共利益，尤其是在公益诉讼或者维护公民宪法性权利的案件中。这三类情形从不同角度免除申请人的担保负担，避

---

① See Continental Oil Company v. Frontier Refining Company, 338 F. 2d 780, 782 – 783 (10th Cir. 1964). See also Gaume v. New Mexico Interstate Stream Comm'n, 2019 – NMCA – 064, 450 P. 3d 476. See also Elmore v. Bellarmine Univ., No. 3: 18CV – 00053 – JHM, 2018 WL 1542140 (W. D. Ky. Mar. 29, 2018). 在本案中，Elmore 因 Bellarmine 大学化学教授 Francis Barrios 博士对其的性骚扰行为向 Bellarmine 大学投诉。Bellarmine 大学解雇了 Francis Barrios，同时认定原告违反了学校规定，对其进行纪律处分。原告向法院寻求临时禁令，禁止 Bellarmine 大学对他进行纪律处分。法院批准了其申请并认为 Bellarmine 大学不会因禁令而受到伤害。因此，法院将不要求原告提供担保。See also Robie v. Price, Not Reported in Fed. Supp. (S. D. W. Va., 2017). 在本案中，医疗保险和医疗补助服务中心（CMS）向原告 Robie 医生发送了关于接受其医疗服务的医疗保险受益人的医疗文件，原告 Robie 因未收到该文件而被 CMS 撤销医疗保险计费特权，原告向法院起诉要求批准一项临时禁令，暂停撤销其医疗保险计费特权，法院批准了其申请，并认为该禁令不会对被告造成伤害，故不要求原告提供担保。

免救济成为附条件的购买。

第三节　错误签发的赔偿

错误签发禁令是指因被申请人在案件经过实体审理后胜诉，而使法院对被申请人签发的临时禁令归于错误。美国法上判定错误签发禁令给被申请人造成的损害属于法官的自由裁量权的范围，包括对损害的判断以及损失的确定。

一、赔偿标准

错误签发临时禁令给被申请人造成的损害赔偿的诉因是指法院审查错误（wrongfulness inquiry），即被申请人原本拥有合法权利不按照法院禁令的要求而作为或不作为，但却不得不按照禁令的要求行为，从而使其合法权利受到限制。但在美国的司法实践中，由于对“错误”的认定不同，而导致法院对是否赔偿以及赔偿范围的适用标准有所不同。

1. “推定获赔”标准（“presumption damages” standard）

适用此标准的法院认为，错误签发临时禁令是指被申请人为或者不为一定行为的合法权利因临时禁令而遭受损害的情形，因而以被申请人的胜诉与否来判定临时禁令是否错误。如果被申请人胜诉，则可推定其有权在保证金范围内获得赔偿，接下来只需要通过认定其损失确定赔偿数额即可，通常不超过申请人提供的担保金的数额。但是，“推定获赔”并不意味着申请人提供的保证金可以自动转化为被申请人的损害赔偿金，此种推定是可反驳的（rebuttable），法院仍要根据案件的具体情形作出公正的判断，一旦法院认为被申请人的行为有违公平正义，其将丧失获得赔偿的资格。例如，在一个相关的案件中，法院拒绝赔偿被告因临时禁令而遭受的损失，原因是被告故意提交一份研究报告而诱使法院签发临时禁令，此种行为有违诚实信用（good faith）。[①] 再如，在一个相关的案件中，由于被告没有采取合理措施减少损失，而使其丧失"推定获赔"的资格。[②]

"推定获赔"标准是适用最为广泛的标准，在保护被申请人利益的同时，也有利于发挥保证金对于原告的约束力。正是由于一旦被告胜诉，则推定有权从保证金中获得赔付，原告便会权衡丧失保证金的风险，从而审慎地提起临时禁令的申请。

2. "签发瑕疵"标准（"error in issuance" standard）

"签发瑕疵"标准对于"错误"的认定十分宽泛，指所有被申请人本不该做却因临时禁令而不得不做的情形，不仅包括被申请人胜诉的情形，还包括申请人申请临时禁令的正当性不足以及临时禁令本身的瑕疵（error）情形。例如，在一个相关的案件中，法院在继续审理的过程中驳回了原告的诉讼请求，之前签发的临时禁令因欠缺"胜诉可能性"而被认定为错误签发。[③] 再如，在一个相关的案件中，与法院作出的永

---

① See Page Communications Engineers, Inc. v. Froehlke, 155 App. D. C. 1, 475 F. 2d 994 (D. C. Cir. 1973). 在本案中，从事综合通信系统所需的现场工程和其他工作的合同的 Pages 公司对陆军部和陆军部长提起诉讼，要求禁止其根据与另一相对人订立的合同进行任何履约。法院批准了该禁令。并驳回被告提出要求赔偿 30 万美元的损失的反诉。法院认为，正是因为被告未及时提交比较成本研究导致禁令被批准，故被告无权要求损害赔偿。

② See Coyne-Delany Co., Inc. v. Capital Development Bd. Of State of Ill., 717 F. 2d 385, 37 Fed. R. Serv. 2d 784 (7th Cir. 1983). 在本案中，厕所冲水阀的制造商在监狱安装设备时出现故障，后州政府的资本发展委员会在招标中指定另一家制造商实施该工程。后原告对该委员会提起诉讼，根据原告的申请，美国伊利诺伊州北区地方法院签发了临时限制令和禁止开标的临时禁令，但上诉法院推翻了该禁令。区法院随后拒绝了被告因错误签发禁令而要求赔偿费用和损失的申请，被告提出上诉。上诉法院认为被告没有采取合理措施减少损失，而使其丧失"推定获赔"的资格。See also Mallet & Co. Inc. v. Lacayo, 16 F. 4th 364 (3d Cir. 2021). See also Amgen Inc. v. Amneal Pharms. LLC, No. CV 16 – 853 – MSG, 2021 WL 4551955 (D. Del. Oct. 5, 2021). 在本案中，Amgen 公司向法院提出对 Cipla 和 Piramal 公司的临时禁令申请，来阻止它们销售仿制药，后经过审议，该禁令被撤销。Cipla 和 Piramal 公司针对错误签发的禁令向 Amgen 公司提出赔偿，法院批准了该赔偿请求。

③ See Atomic Oil Co. of Okl. v. Bardahl Oil Co., 419 F. 2d 1097, 13 Fed. R. Serv. 2d 1318 (10th Cir. 1969). 在本案中，Atomic 在美国俄克拉何马州北区地方法院对 Bardahl 提起诉讼，指控后者侵犯其商标权。诉讼理由是 Atomic 拥有类似产品"Savmotor"的商标，故 Bardahl 销售一种名为"Savoil"的产品是非法的。Atomic 要求法院批准禁令禁止 Bardahl 今后以该商标出售"Savoil"以及要求 Bardahl 赔偿。地方法院批准了临时禁令。双方上诉后，该禁令被法院认定为错误签发，故 Atomic 无权要求赔偿。See also N. Nat. Gas Co. v. Approximately 9117 Acres in Pratt, Kingman, & Reno Ctys., Kan., No. CIV. A. 10 – 1232 – DWB, 2013 WL 3328773 (D. Kan. July 2, 2013). See also Allen v. Zavaras, 416 F. App'x 784 (10th Cir. 2011).

久禁令相比，临时禁令的内容过于宽泛了，那么宽泛的部分可以认定为错误，被申请人因宽泛的临时禁令而遭受的损害也应当获得赔偿。① 类似的情形还包括上诉法院复核临时禁令时撤销了其中部分内容，则被撤销的部分可以认定为错误，被申请人可以就被撤销部分对其造成的损失而获得赔偿。②

"签发瑕疵"标准立足于纠正司法权力对于被申请人合法权利的不恰当干预，有利于将错误签发临时禁令给被申请人造成的损害最小化。

3. "自动获赔"标准（"automatic damages" standard）

"自动获赔"标准与"推定获赔"标准十分类似，都是将"错误"认定为被告胜诉的情形。不同之处在于，前者认为只要原告无法获得永久禁令，则之前作出的临时禁令可以判定为错误签发，被告便可以获得赔偿。③ 后者是先推定被告有权利获得赔偿，如果存在有违公平正义的特殊情况，则撤销此推定。其实可以将"推定获赔"标准视为以"自动获赔"标准为一般情形，以被告有违公平正义的情形为特殊情形。

4. "恶意控告"标准（"malicious prosecution" standard）

"恶意控告"标准仅适用于没有充足保证金的情形，包括没有保证金以及保证金数额不足以赔偿被申请人损失。该标准对于"错误"

---

① See Northeast Airlines v. Nationwide Charters and Conventions Inc., 413 F. 2d 335, 338 (1st Cir. 1969). 在本案中，原告起诉请求禁止被告在东海岸—佛罗里达州市场进行运营。法院批准了该禁令。后被告就原告的起诉资格上诉。法院认为该禁令的批准是错误的，临时禁令的范围过于宽泛，对于因此造成的损失，被申请人可以请求得到赔偿。

② See Madison Shipping Corp. v. National Maritime Union, 204 F. Supp. 22 (E. D. Pa. 1962). 在本案中，Madison 航运公司为限制工会纠察和干扰其船只向法院请求批准禁令，后该禁令部分内容被撤销，原因在于根据规定不能批准该内容的禁令。故法院认定被申请人可以就被撤销部分对其造成的损失而获得赔偿。

③ See Blumenthal v. Merrill Lynch, Pierce, Fenner & Smith, Inc., 910 F. 2d 1049, 1054 (2d Cir. 1990). 在本案中，原告 Blumenthal 在仲裁前被禁止使用公司的客户记录，后该禁令被认定为签发错误。他们起诉请求对错误签发的禁令进行赔偿并没收禁令的保证金，法院驳回其诉讼请求，第二巡回区法院认为，《联邦仲裁法》不禁止联邦地方法院在仲裁前签发临时禁令，但当仲裁员解除禁令时，该禁令被认定为"不法"，从而允许原告要求返还保证金。

的认定十分狭窄，仅规定在原告存在恶意控告行为时，被告才可以因错误签发临时禁令而获得赔偿。[①] 此种标准同样建立在被申请人仅得以保证金范围而获得赔偿的一般原则之上，当保证金不足时，如果赔偿被申请人因错误禁令而遭受的损失，则需要申请人承担额外的赔偿责任，而此种赔偿责任应当基于过错，具体而言，就是指恶意控告的情形。

以上四个标准虽然对于错误的认定并不相同，但互相之间并不排斥。从减少错误签发临时禁令给被告造成损害的角度出发，以“签发瑕疵”标准判断是否属于错误禁令，进而在一般情形下可以适用“自动获赔”标准，使被告可以获得有效救济。在特殊情形下，如果被告的行为存在瑕疵，如违反诚实信用、任由损失扩大而不采取合理措施等，则可以适用“推定获赔”标准，对被告的损失不予赔偿或者减少赔偿数额。另外，被告的损失应当以担保金为上限，如果超出这一范围而要求原告承担额外赔偿责任，则需要适用“恶意控告”标准，仅在原告申请临时禁令的行为存在重大过错时，才可以在没有保证金或者保证金不足时就被告的损失承担赔偿责任。

二、赔偿范围

根据《美国联邦民事诉讼规则》第 65 条的规定，被告因错误签发临时禁令而遭受的损失可以获得赔偿。此处可获赔偿的损失需要具备三个条件：一是由执行临时禁令而产生，即如果损失是由执行临时禁令之外的行为所致，则不属于赔偿范围。二是自然的、直接的、已经发生的损失，即任何人为的、间接的、臆测的损失，即便与执行临时禁令有

---

① See Alabama v. U. S. Environmental Protection Agency, 925 F. 2d 385, 388 (11th Cir. 1991). 在本案中，原告在地方法院获得了针对美国环境保护署（EPA）的临时和永久禁令救济，并被要求支付保证金。在被告向该法院提出上诉后，永久禁令被解除。由于限制不当，EPA 承担了大量费用，故而其要求从担保中请求赔偿金，地方法院免除了原告的赔偿义务，但第十一巡回区法院认为免除赔偿义务是滥用酌定裁量权的行为，撤销了该判决，发回重审。

关，也不属于赔偿范围。三是要具有可计算性。[①] 如，在一个相关的案件中，原告申请临时禁令禁止被告向玉米田喷杀虫剂，法院签发了临时限制令，但最终拒绝了临时禁令，被告要求以原告提供的保证金赔偿其自临时限制令以来遭受的损失。[②] 在听证中，被告已忘记在临时限制令之前已喷洒过杀虫剂的玉米田的具体面积，且未能提供遭受损失的玉米田的照片、损失计算报告以及喷洒杀虫剂工人的证言，所以其依赖于回忆而计算出的损失缺乏可信度。法院最终拒绝了被告的损害赔偿请求，认为被告获得赔偿的前提条件是必须存在实际发生的损失，而被告基于对不准确信息的推测而认为的损害与其玉米田的实际状况不符，不足以证明其损失是由短暂生效的临时限制令而直接导致的。

通常而言，损害赔偿数额以保证金为上限。如果签发临时禁令时原告没有提供担保，则其没有额外的义务赔偿被告的损失。但以下三情形中，原告的赔偿责任可能会超出担保的范围：一是原告因临时禁令而获益，被告基于不当得利的规则要求其返还不当得利；二是原告申请临时禁令时有重大过错，如恶意控告行为；三是原告因经济困窘而被免除担保，则被告可以就错误临时禁令对其造成的损失要求原告予以赔偿。

另外，关于律师费、代理费等诉讼费用是否属于错误签发临时禁令的赔偿范围，美国联邦法院和州法院的认定并不相同。联邦法院持否定态度，认为除非法律明确规定，被告的诉讼费用不应以原告的保证金获

---

① See Kirstin Stoll-DeBell, Nancy L. Dempsey & Bradford E. Dempsey, *Injunctive Relief, Temporary Restraining Orders and Preliminary Injunctions*, American Bar Association, 2009, p. 323.

② Plourde v. Gladstone, 90 F. Supp. 2d 708 (D. Vt. 2002). 在本案中，原告是一名奶农，其向法院起诉在相邻农场主的农作物上使用除草剂的公司，同时申请临时禁令禁止被告向玉米田喷杀虫剂，法院签发了临时限制令，但最终拒绝了临时禁令，被告要求以原告提供的保证金赔偿其自临时限制令以来的损失。但因证据问题被法院驳回。法院认为：（1）毒理学家没有资格就原告及其牲畜所受伤害的因果关系作证；（2）毒理学家不能将其关于原告及其牲畜所受伤害的因果关系的意见建立在医生和兽医的传闻诊断和意见上；（3）毒理学家关于伤害因果关系的意见是不可靠的。

得赔偿。[1] 但州法院认为，临时禁令作为极为特殊的救济，使被告的行为受到限制，并且不得不承担除正常诉讼之外的花销，那么在错误签发禁令的情形下，被告有权利获得全面赔偿，包括因临时禁令的相关程序而支付的诉讼费用。[2]

本章小结

美国法上的临时禁令不仅审查标准完善，法官的自由裁量视角多样，而且其程序设计是发挥临时禁令功能的强大保障。

一方面，通过通知、听证、听证与庭审的合并、担保等各个程序环

---

① Minn. Power & Light Co. v. Hockett, 14 Fed. Appx. 703, 707 (7th Cir. 2001). 在本案中，明尼苏达电力和照明公司（MPL）在联邦地方法院起诉迈克尔·哈克特（Michael Hockett），要求执行某些竞业禁止和保密协议。地方法院对 Hockett 签发了临时禁令，但最终因缺乏主体管辖权而驳回了该案。然后，Hockett 向地方法院提出申请，要求根据禁令保证金支付律师费，依据的是印第安纳州的法律和 MPL 的所谓恶意。地方法院认为根据联邦法律管辖，禁止 Hockett 要求根据禁令保证金支付律师费并驳回其诉讼请求。Hockett 提出上诉。第七巡回区上诉法院认可了地方法院的判决。See also Cont'l Cas. Co. v. Hardin, No. 8: 16 - CV - 322 - 17TGW, 2017 WL 9401125 (M. D. Fla. Mar. 14, 2017), report and recommendation adopted, No. 8: 16 - CV - 322 - T - 17TGW, 2017 WL 1157870 (M. D. Fla. Mar. 28, 2017). See also Vendetti v. Compass Env't, Inc., No. 06 C 3556, 2008 WL 1774983 (N. D. Ill. Apr. 16, 2008). See also Ellipso, Inc. v. Mann, No. CV 05 - 1186 (RCL), 2008 WL 11492748 (D. D. C. Sept. 30, 2008).

② Talladega Little League, Inc. v. Anderson, 577 So. 2d 1293, 1296 (Ala. 1991). 在本案中，Anderson 提起诉讼，并要求法院批准临时限制令，禁止他的儿子在 Talladega Little League 球队打棒球。Talladega 巡回法院签发了临时限制令，但后来驳回了案件，认为没有实际意义。在上诉中，州最高法院认为，禁令的签发是错误的，被告有权获得损害赔偿和律师费。Abba Rubber Co. v. Seaquist, 235 Cal. App. 3d 1, 16 (Cal. Ct. App. 1991). See also Aliant Bank v. Carter, 197 So. 3d 981 (Ala. 2015). See also Sycamore Mgmt. Grp., Inc. v. Coosa Cable Co., 81 So. 3d 1224 (Ala. 2011). 在本案中，Coosa 有线电视供应商对竞争者和公寓大楼提起诉讼，指控其行为干扰了自己的合同，在发现大楼故意取消自己的服务，而使用竞争者的服务时，向法院寻求禁令。法院批准了禁令，竞争者和公寓大楼提出上诉，州最高法院推翻并发回重审。在发回重审的过程中，竞争者和公寓大楼要求返还错误批准禁令所造成的费用、损失和律师费。巡回法院拒绝了这项请求。竞争者和公寓大楼提出上诉，州最高法院认为，尽管法院在颁布永久禁令时解除了保证金，但被错误禁止的当事人有权要求因错误禁令造成的损失而获得赔偿。

节的配合，确保临时救济的确定性，也同时实现其预防损害的及时性和定分止争的便捷性。当事人的平等参与性是确保程序正当性价值的重要内容，充分听取当事人双方的意见，并对提供的证据进行严格审查，是确保临时救济公正性的必要程序。完善的担保制度，既可以减少错误签发禁令给被申请人带来的损害，同时也体现了临时禁令中的“自己责任”原则，即错误签发的风险由申请人承担，从而减少了法官对于禁令裁定与最终判决不一致的顾虑。

另一方面，美国法上将临时禁令救济区分为临时限制令和临时禁令两种情形，根据不同的紧急情况和权利内容而适用不同的程序。临时限制令的签发旨在保护临时禁令听证之前的权利现状，是临时禁令之前的紧急处置，甚至不需要通知和听证。由于相对欠缺程序保障，法院签发临时限制令时更为审慎，但一旦签发则能够给予当事人更及时的救济。临时禁令则适用普通程序，确保双方当事人均有陈述的机会，当事人也可以上诉。在实体审理和听证合并进行的情形下，临时禁令的裁定依据可直接作为实体审理的证据，无须重复提交。在知识产权领域、环境侵权领域、人格权保护领域、商业竞争纠纷领域，临时限制令的及时救济效力亦十分强大。由于临时限制令的签发程序简单，本身缺乏对被申请人申辩权的保障，因而其效力时间仅限定为 14 日之内，之后当事人仍然有机会在临时禁令的听证阶段充分质证，以此降低错误签发的可能性。临时限制令与临时禁令之间的有效衔接和配合，使判决前的临时救济兼具效率与公平。

第五章　临时禁令与禁诉令

近年来，我们看到美国法院非常积极地在世界范围内通过颁布禁诉令（anti-suit injunction，ASI）来阻止当事人在其他国家和地区提起或者进行诉讼。禁诉令属于禁令的一种，与临时禁令的关系需要从禁令的分类标准来厘清。

临时禁令与永久禁令相对称，其分类依据的是禁令的效力，前者是临时性的，后者是终局性的。而以禁令对象为分类依据，可以分为限制特殊行为的禁令（injunctions to restrain acts of a special nature），即“行为禁令”，和限制其他法院程序的禁令（injunctions to restrain proceedings in courts of law other courts），即“禁诉令”。“行为禁令”旨在中止特殊性质的不法行为（不涉及其他法院的诉讼管辖），而“禁诉令”是中止普通法院和其他法院的诉讼。“行为禁令”是为当事人提供一种救济措施，以防止、制止或减少另一方当事人对其实施任何违反公平原则的行为，这类禁令颁布的前提并不需要衡平法院限制普通法院和其他法院诉讼。“禁诉令”则是衡平法院禁止当事人在普通法院起诉或者继续诉讼的衡平救济措施，旨在防止被申请人利用他有权在其他非衡平法院对申请人提起或继续诉讼，且申请人在该法院无法行使抗辩权，进而使本可能有权得到衡平法院救济的申请人无法获得救济，为避免发生此种情形，衡平法院便需要作出“禁诉令”要求另一方当事人中止其在非衡平法院的诉讼。①

可见，临时禁令和禁诉令的相同之处在于，两者都属于衡平救济，

① See William Joyce, *The Doctrines and Principles of the Law of Injunctions*, Nabu Press, 2010, p. 1.

都是预防性救济。不同之处在于禁令分类的标准，临时禁令是从禁令的效力角度来分类的，而禁诉令是以禁令对象来划分禁令类型的。所以，两者会存在交叉情形，临时禁令既可以是临时的行为禁令，即本书前文所阐述的主要情形，也可以是临时的禁诉令（interim anti-suit injunctions）；同样，禁诉令既可以是临时禁诉令，也可以是终局禁诉令。禁诉令的申请人可以请求临时禁诉令，直到法院审理并作出终局禁诉令为止，法院通常会在权衡双方的便宜程度（a simple balance of convenience）后决定是否颁布临时禁诉令，其衡量标准与一般临时禁令大致相同，也需要衡量签发终局禁诉令的可能性和双方的便宜程度，并不需要达到终局禁诉令的严苛标准。[①]

鉴于临时禁令与禁诉令的密切关系，以及近年来我国遭遇到的来自英美禁诉令的司法管辖权挑战，有必要对英美禁诉令制度和我国有关禁诉令的实践展开研究。

第一节　禁诉令概述

一、禁诉令的历史与发展

禁诉令有广义和狭义之分，狭义上的禁诉令，是指申请人向法院寻求的限制被申请人在外国司法管辖区启动平行诉讼程序的禁令。广义上的禁诉令还包括反禁诉令（anti-anti suit injunction，AASI）和反强制执行禁令（anti-enforcement injunction，AEI）。

禁诉令源自中世纪的英国，当时英国的普通法院使用禁止令（writs of prohibition）来阻止诉讼当事人和其他法庭进行特定的诉讼，主要是为了解决王室法院和教会法院之间的管辖权冲突。而同一时期的衡平法

---

① See Apple Corps Ltd. v. Apple Computer Inc.，[1992] R. P. C 70，76 – 77. See National Westminster Bank Ltd. v. Utrecht-American Finance Co. （[2001] CA Civ 659）.

院使用禁诉令来实现基本相同的目的。[①] 不同的是，衡平法院颁布的禁诉令只能对诉讼当事人作出，而不能向其他法院作出。这主要是因为起初普通法院的司法权力被认为是高于衡平法院的，所以衡平法院法官无权控制普通法院法官的行为，只能对他所管辖的诉讼当事人作出禁令。[②] 衡平法院向当事人作出禁诉令后，当事人便需要依照禁诉令向普通法院提出撤诉。后来，衡平法院和普通法院的管辖权纠纷不断，衡平法院也频频向普通法院诉讼中的原告发出禁诉令来彰显其优越于普通法院的权力。禁诉令在当时被认为是衡平法院与普通法院争夺管辖权的工具。[③]

总体而言，禁诉令早期主要是针对普通法院和衡平法院之间的诉讼，是对不同法院管辖权冲突的调整。进入 19 世纪后，随着国际贸易的蓬勃发展和国际交往的日益密切，不同国家民商事主体之间的摩擦和纠纷增多，英美法国家在应对平行诉讼纠纷的过程中，将禁诉令扩展至国际民事诉讼领域。

与此同时，英美法国家并不认为禁诉令是对他国司法管辖权的无礼干涉。他们认为，禁诉令所寻求的并不是针对外国法院的管辖权，而是针对在外国法院诉讼的一方当事人，而该方当事人在某种程度上受英美法国家法院的属人管辖。[④] 早在 1799 年的一个相关案件中，英格兰法院便通过禁诉令限制被告在苏格兰进行诉讼，以等待英国诉讼的结果；而 1821 年英国的衡平法院法官在另一个案件中作出的禁诉令，由于受到广泛报道和评论，被作为英国现代意义上国际禁诉令的经典案例。[⑤] 在后一个案件中，英格兰法院已经开始了“撤销因偿还赌债而出让债券”的诉讼程序，而被申请人又针对该债券在苏格兰进行诉讼。衡平法院法

---

① See D. Altaras, *The Anti-Suit Injunction*: *Historical Overview*, 75 Arbitration: The International Journal of Arbitration, Mediation and Dispute Management 327 (2009).

② See Chris Heikaus Weaver, *Binding the World*: *Full Faith & Credit of State Court Antisuit Injunctions*, 36 U. C. Davis Law Review 996 (2003).

③ 参见张利民：《国际民诉中禁诉令的运用及我国禁诉令制度的构建》，载《法学》2007 年第 3 期。

④ See Lord Portarlington v. Soulby (1834) 3 My. & K. 104, 108, per Lord Brougham L. C.

⑤ See Bushby v. Munday (1821) 5 Madd 297.

官利奇（Leach）向其作出禁诉令，禁止他继续在苏格兰诉讼。理由是：（1）这两组诉讼涉及的问题完全相同；（2）该问题受英国法律管辖；（3）英国法院是一个裁决该问题“更方便的司法管辖区”（convenience forum）；（4）在英国更容易获得证词；（5）英国法院不会受苏格兰法院判决的约束；（6）英国的程序更具有决定性，因为英国原告胜诉将导致债券的交付和取消转让，这是苏格兰诉讼程序中无法获得的补救措施。

经过以上衡量，利奇法官认为应该作出禁诉令，但同时需要确保被告在英格兰享有苏格兰法律赋予他的某些优先权（priorities）。该案明确了英美法上的国际禁诉令的若干限制条件，包括两组诉讼中争议问题的一致性、法律选择因素、诉讼的便利性、判决的承认问题及补救措施的充分性等。

同时该案也确立了英美法院对外国诉讼作出禁诉令的基本原则，即尽管英国法院无意干预任何外国法院，但如果司法目的需要这样做，英国法院可以限制被告在外国法院开始或继续诉讼。由此，禁诉令成为英美法国家和地区解决国际管辖权冲突的一项特殊制度，包括美国、加拿大、澳大利亚等。

随着英国扩张和美国的崛起，禁诉令逐渐频繁地出现在国际司法管辖权的冲突中，尤其是自 20 世纪 80 年代以来，禁诉令似乎进入了“爆炸期”。[①] 而此种将一国独特制度，跨越国境而实质上干预和影响到其他国家正在审理的案件的做法，引发了许多国际社会争议。[②] 特别是大陆法系国家的学者和法院，由于法律传统的不同，最初他们很难理解这一英美法制度的特殊性，因而在许多情况下会作出敌对的反应。[③] 与此同时，英国法院不断强调其作出禁诉令所依据的是对被申请人的属人管

---

① See Masri v. Consolidated Contractors（No. 3）[2009] QB 503（CA）[39].

② See N. Sifakis, *Anti-Suit Injunctions in the European Union: A Necessary Mechanism in Resolving Jurisdictional Conflicts*? 13 Journal of International Maritime Law 100（2007）.

③ 1989 年，布鲁塞尔最高民事法庭裁定，美国的禁诉令无法在比利时获得承认，因为它与比利时公共政策和《欧洲人权公约》第 6 条相抵触：Civ Bruxelles（1989 年 12 月 18 日）RW 1990 -91，676。1996 年，杜塞尔多夫地区上诉法院同样拒绝执行英国的反诉讼禁令，称其干涉了德国法院的管辖权：关于英国反诉讼禁令的增援部队 [1997] IL PR 73。

辖权，并非有意针对某个国家的司法管辖权。①

如今，英国的禁诉令除了面临来自欧盟其他国家，尤其是大陆法国家的争议，同时也受到“布鲁塞尔 - 洛迦诺”体系（Brussels - Lugano regime）的限制。《布鲁塞尔公约》（Brussels Convention on Jurisdiction and the Enforcement of Judgments in Civil and Commercial Matters）是欧洲经济共同体在 1968 年签订的有关民商事案件管辖权即判决执行的国际公约。1998 年欧洲经济共同体 12 个成员国与欧洲自由贸易联盟的 6 个成员国，再次缔结了《洛迦诺公约》，两个公约内容基本保持一致，使《布鲁塞尔公约》效力范围扩大到欧洲自由贸易区国家。这两个公约共同构建起欧盟关于国际民商事案件管辖权方面的法律规则，被称为“布鲁塞尔 - 洛迦诺”体系。《布鲁塞尔公约》第 21 条规定：“相同当事人间就同一诉因在不同缔约国法院起诉时，首先受诉法院以外的其他法院应主动放弃管辖权，让首先受诉法院受理。”② 该规定明确了欧洲经济共同体在管辖权冲突时奉行“最先受诉法院优先”原则（first-seized court approach），即先受诉的法院享有优先权。目前英国已经脱欧，未来是否仍会受到约束，限制其对其他“布鲁塞尔 - 洛迦诺”体系下成员适用禁诉令，尚待观望。

有学者认为，禁诉令可以被视为英国中世纪历史的一个意外。③ 意思是，如果衡平法和普通法当初能够融合为单一的法律体系，就不会存在为了获得衡平救济而不得不中止普通法诉讼的禁诉令。但是，历史没有假设，禁诉令制度的出现，为英美法国家的法院提供了一个强有力的保护其司法管辖权的工具。同时，对他国司法理念的不信任和否定，也是禁诉令适用的原因，这也间接地使英美国家在跨国诉讼中通过适用禁

---

① See Turner v. Grovit, [2001] UKHL65, [2002] 1 WLR 107, p. 28.

② See Brussels Convention on Jurisdiction and the Enforcement of Judgments in Civil and Commercial Matters 1968, Article 21 “Where proceedings involving the same cause of action and between the same parties are brought in the courts of different Contracting States, any court other than the court first seised shall of its own motion decline jurisdiction in favour of that court”.

③ See Thomas Raphael QC, *The Anti-Suit Injunction*, 2nd edition, Oxford University Press, 2019, p. 55.

诉令的方式来排斥它们所不认同的司法观念。

美国的禁诉令制度虽然源自英国，作为衡平救济，大同小异，但事实上，“禁诉令”这个法律术语最初出现在美国，而非英国。20世纪末的时候，“禁诉令”一词首先由美国法院的判例提出①，而后传入英国，并逐渐成为这项在英国法中存在了几百年的救济措施的现代名称。② 在美国国内，由于联邦法院和50个州法院拥有各自独立的司法管辖权，同时美国宪法又赋予州和联邦法院对各种事务的共同管辖权，使其国内平行诉讼的情形并不少见。而美国联邦最高法院并不承认先受理案件的法院自动获得优先权，那么国内法院便通过禁诉令来协调州与州之间、州与联邦之间，以及联邦各地区之间的平行诉讼冲突。由于联邦法院能够禁止任何有属人管辖权的当事人在外国法院进行诉讼，所以联邦法院可以在国际民事诉讼中适用禁诉令。但出于对国际礼让原则的遵循，联邦法院适用国际禁诉令也是十分审慎的，形成了自由主义、保守主义等不同的裁判路径，下文将在美国禁诉令制度中予以详细介绍。

二、禁诉令与国际礼让原则

禁诉令作为英美法中的衡平救济，在被英美法国家或地区用在跨国诉讼或者区际诉讼中限制外国或地区的司法程序时，由于涉及他国司法管辖权，与国际礼让原则的关系十分密切。③ 在日常语言中，“礼让”一词指的是相互间的礼貌。在普通法中，国际礼让指的是不同的国家和地区在适当的情况下对各自法律制度的相互尊重。④ 美国法院经常将

---

① See Bank of Tokyo v. Karoon [1987] AC 45 (Note) (CA) 59F.

② See eg AES Ust-Kamenogorsk Hydropower Plant LLP v. Ust-Kamenogorsk Hydropower Plant JSC [2013] 1 WLR 1889 (HL), p. 25, 58.

③ 下文涉及国际诉讼中的禁诉令，主要指涉及主权国家间相互限制司法程序的司法命令。除了主权国家外，禁诉令也适用于不同法系和法律制度的地区之间，故在区际诉讼中也会适用禁诉令。区际诉讼中的禁诉令规则和礼让规则，参照跨国诉讼中的禁诉令和国际礼让规则。为表述方便，下文使用“内国”法院作为可能签发禁诉令的一方，“外国”法院作为可能被禁诉令限制司法程序的一方。

④ See Thomas Raphael, *Do As You Would Be Done By: System-transcendent Justification and Anti-suit Injunctions*, Lloyd's Maritime and Commercial Law Quarterly 256 (2016).

“礼让”定义为“一个国家由于考虑到国际义务和便利、本国公民或受其法律保护的其他人的权利，在其领土内承认别国的立法、行政或司法行为”[①]。

礼让是一项公共原则，而不是私人权利和义务的问题；它反映了不同国家、法律制度和法院之间的相互尊重。现代国际礼让原则，是为了证明国际法和内国法特定规则的正当性，因此也被用来为主权豁免原则（the principles of sovereign immunity）[②] 和不可司法性原则（non-justiciability）[③] 辩护，并解释英美法院在收集证据方面对国际司法协助请求给予的合作。

与司法管辖权相关的国际礼让，主要体现在以下几个方面：（1）不应过分行使管辖权的原则。认为一国法院不应在没有充分理由的情况下，给予当事人间接干涉外国司法管辖权的法律救济。（2）尊重外国法院的判决，承认外国法院裁判的独立性，对外国法院的既决事项不再审理。（3）承认每个国家都有自己的司法管辖权范围。若不属于该国法院的管辖权范围，其受到他国司法干预的可能性会增加；确属该国法院的管辖权范围，其受到他国司法干预的可能性应减少。

显然，礼让原则与签发禁诉令以限制外国程序之间，有可能产生紧张关系。在英美法中，礼让被视为一套原则或价值观，而不是一条硬性规则，需要与其他原则或价值观进行权衡。礼让原则在一定程度上塑造了英美法国家现行的是否签发禁诉令的规则。法院在酌情决定是否签发禁诉令时，礼让被认为是一项独立的考察因素。但由于礼让本身的不确定性，无法明确在何种情形下应签发禁诉令，该项因素更多情形下仅是提示内国法院签发禁诉令时需要谨慎。[④]

---

① Hilton v. Guyot, 159 U. S. 113, 164 (1895).

② See The Parlement Belge (1879 – 80) LR 5 PD 197 (CA) 214; see also Al-Fayed v. Al-Tajir [1988] QB 712 (CA) 730.

③ See Luther v. Sagor [1921] 3 KB 532 (CA) 554 – 56; Buck v. Attorney General [1965] Ch 745 (CA) 768E, 770G; Yukos Capital v. Rosneft Oil [2014] QB 458 (CA) [66].

④ 在 Midland Bank v. Laker 一案中，Leggatt 大法官在初审时认为，“根据国际礼让原则，英国法院不应当限制任何根据美国程序在美国法院适当提起的诉讼”。但是上诉法院提出了不同看法，认为根据本案案情可以对国际礼让原则提出不同理解。

三、禁诉令的主要类型

（一）以合同为依据的禁诉令

以合同为依据的禁诉令（contractual ASI），是指双方当事人在合同里明确了内国法院的“专属管辖条款”（exclusive forum clauses，也称作“排他性法院条款”），如果被申请人违反合同约定在外国法院提起诉讼，内国法院为确保合同协议的遵守，便可以作出限制其在外国法院诉讼的禁诉令。以英国禁诉令为例，如果合同中的“专属管辖条款”选择的是英国的专属管辖权，而且其案件纠纷也能够适用英国的法律，那么英国法院将依据普通法和衡平法决定是否作出禁诉令。[①] 即使被禁止诉讼的国家的法律强制性规定其具有管辖权，英国法院仍然认为自己有权依据合同条款决定是否作出禁诉令。[②]

当然，并不是只要外国诉讼违反了专属管辖条款，内国法院就必然作出禁诉令。是否作出禁诉令始终是由法官自由裁量的，且必须始终符合衡平价值。通常，法院作出以合同为依据的禁诉令以执行专属法庭条款的自由裁量权受到一系列独特原则的制约。在英国，这些制约性原则首先在安杰利克·格雷斯（Angelic Grace）案[③]中提出，被多个后案作为判例法援引阐释，称为“安杰利克·格雷

---

① See OT Africa Line v. Magic Sportswear [2005]; see also West Tankers v. Ras Riunione Adriatica di Sicurta (The Front Comor) [2005]; see Ch. 10, section D, "Third-Party Rights under Foreign Law".

② See Bankers Trust International v. RCS Editori [1996] CLC 899, 904 -06; see also Shell International Petroleum v. Coral Oil (No. 1) [1999] 1 Lloyds Rep 72, 78.

③ 在该案中，船主将“天使号”船舶租给意大利的承租人，租船合同中的仲裁条款规定：“因为合同而产生的任何纠纷都将由伦敦的两名仲裁员来解决。”“天使号”在意大利卸货时，与一艘驳船发生碰撞，两艘船舶均受损。承租人在意大利提起诉讼。船主向英国商事法院寻求救济，请求这次碰撞事故导致的纠纷应在伦敦仲裁，并且请求法院禁止承租人在任何其他国家提起与此相关的诉讼。英国商事法院支持了船主的请求，认为纠纷是在仲裁协议约定范围之内的，如果意大利的诉讼程序继续，将会使船主寻求仲裁的权利无效。

斯原则”（Angelic Grace principles）。[①]

根据安杰利克·格雷斯原则，如果外国诉讼将违反英国专属管辖权条款或在英国进行仲裁的协议，法院通常会行使其自由裁量权作出以合同为依据的禁诉令，以限制违约方开始或继续进行这些诉讼，除非禁诉令被申请人能证明存在“强有力的理由”不应作出禁诉令。违反专属管辖条款的一方需要对存在“强有力的理由”承担证明责任，这些事由通常是那些与被申请人在外国法院起诉的理由有关的因素，例如禁诉令可能对非合同当事人的第三方造成不公，当事人可能失去在外国诉讼中能够获得的保证等。同时，衡平法的一般原则也同样适用于禁诉令，例如申请人没有及时申请禁诉令，或者申请人的行为不当，例如“污手原则”（unclean hands）[②]，法院同样可以拒绝作出禁诉令，而不必考虑被申请人是否有“强有力的理由”。如果法院认为禁诉令的签发有可能给被申请人造成某种不利益，也会在禁诉令签发前要求申请人提供适当的保证。

在不涉及专属管辖条款的案件中，法院签发禁诉令需要保持审慎态度，即需要审慎考虑到与国际礼让原则的关系问题。根据国际礼让原则，法院应当承认不同法律制度和不同法律政策下工作的不同法官，在决定不同因素的权重问题时，可以合理地得出不同的答案，而并不会违反国际习惯法或明显不公平。所以基于国际礼让原则，不应由一国法院僭越性地决定外国法院应如何决定该事项。在安杰利克·格雷斯案之前的以合同为依据的禁诉令，也要求法院保持审慎。[③] 但是上诉法院在安

---

① See Aggeliki Charis Compania Maritima v. Pagnan（The Angelic Grace）［1995］1 Lloyds Rep87（CA）96；Donohue v. Armco［2002］1 Lloyds Rep 424（HL）［24］（Lord Bingham）［45］（Lord Hobhouse）；and AESUst-Kamenogorsk Hydropower Plant LLP v. Ust-Kamenogorsk Hydropower Plant JSC［2013］1 WLR 1889（SC）［25］，［58］. In West Tankers v. Ras Riunione Adriatica di Sicurta（The Front Comor）［2007］1 Lloyds Rep 391（HL）［8］. Dell Emerging Markets（EMEA）v. IBMaroc. com［2017］EWHC 2397［21］；Nori Holding v. Bank Otkritie Financial Corporation［2018］2 Lloyds Rep 80［28］，［103］－［114］.

② “污手原则”是衡平法上的一项原则，指有不公正或欺诈行为的一方当事人无权获得衡平法的救济，前提是该当事人的不公正或欺诈行为与案件争议有关。

③ See Settlement Corp. v. Hochschild［1966］1 Ch. 10，15；Mike Trading and Transport v. R. Pagnan & Fratelli（The Lisboa）［1980］2 Lloyds Rep 546（CA）549，551；Tracomin v. Sudan Oil Seeds［1983］1 WLR 1026（CA）1035；Marc Rich v. Societa Italiana Impianti（The Atlantic Emperor）（No. 2）（Hobhouse J.，11 November 1991）；but there were cases where no such threshold was imposed：Pena Copper Mines v. Rio Tinto（1912）105 LT 846（CA）850－51；Royal Exchange Assurance v. Compania Naviera Santi（The Tropaioforos）（No. 2）［1962］1 Lloyds Rep 410，418.

杰利克·格雷斯案中明确，不要求法院必须在以合同为依据的禁诉令案件中保持审慎，因为英国是当事人通过协议选择的管辖地，强制执行专属管辖条款并不会构成对国际礼让原则的违反，签发禁诉令是为确保当事人双方遵守合同。①

总体来看，安杰利克·格雷斯原则主要包括以下几点：一是如果当事人合同中的专属管辖条款指明应当由英国法院管辖，且该案能够适用英国法律，那么当事人一方违反约定而在他国起诉时，英国法院可以基于另一方的申请签发禁诉令，以确保案件可以按照合同约定在英国诉讼；二是英国法院是否签发禁诉令，既要考虑一般的衡平原则，也要考虑被申请人是否可以提出"强有力的理由"；三是在存在专属法院管辖条款的情形下，不需要审慎地考虑是否违反"国际礼让原则"。

事实上，安杰利克·格雷斯原则也受到一些质疑，在一个相关的案件中，上诉法院法官虽然承认安杰利克·格雷斯原则的约束力，但特意指出其正确性是值得怀疑的，他认为考虑到国际礼让和简化程序的问题，更恰当的做法是让申请人依据《纽约公约》第 2 条第 3 款②寻求中止外国诉讼程序。③但也有观点认为，英国法院不能指望外国法院依据《纽约公约》中止本国诉讼并命令当事人按照约定提交仲裁，因为第 3 款同时也赋予外国法院根据本国法否定仲裁条款效力的权力。④ 不仅如此，让申请人必须等待外国法院作出中止诉讼提交仲裁的裁定，可能会

---

① See The Angelic Grace［1995］1 Lloyds Rep 87（CA）；Donohue v. Armco［2002］1 Lloyds Rep 425（HL）and explicitly in AES Ust-Kamenogorsk Hydropower Plant LLP v. Ust-Kamenogorsk Hydropower Plant JSC［2013］1 WLR 1889（SC）［25］. See eg recently Essar Shipping v. Bank of China（The Kishore）［2016］1 Lloyds Rep 427［35］.

② 《纽约公约》，也即 1958 年 6 月 10 日在纽约召开的联合国国际商业仲裁会议上签署的《承认及执行外国仲裁裁决公约》（New York Convention on the Recognition and Enforcement of Foreign Arbitral Awards），处理的是外国仲裁裁决的承认和仲裁条款的执行问题。该公约第 2 条第 3 款规定：当事人就诉讼事项订有本条所称之协定者，缔约国法院受理诉讼时应依当事人一造之请求，命当事人提交仲裁，但前述协定经法院认定无效、失效或不能实行者不在此限。

③ See Toepfer International v. Société Cargill France［1998］1 Lloyds Rep 379（CA）386；see also Sokana Industries v. Freyre［1994］2 Lloyds Rep 57，66.

④ See Thomas Raphael QC，*The Anti-Suit Injunction*，2nd edition，Oxford University Press，2019，p. 167.

造成不必要的麻烦，因为有时这一行为会被认为自愿同意接受外国管辖。[①] 目前，主流观点仍然是认可安杰利克·格雷斯原则的，即便竞诉国同时也是《纽约公约》的缔约国，由于《纽约公约》并没有禁止通过禁诉令的方式来实现仲裁条款的强制执行，所以英国法院仍然可以通过自由裁量来决定是否作出以合同为依据的禁诉令。

总之，安杰利克·格雷斯原则只有在外国诉讼程序违反了专属管辖条款的情况下才能直接适用，因此，以合同为依据的禁诉令的申请人必须有请求强制执行该条款的合法权利。具体而言，申请人必须是该条款的当事方或受该条款实质约束的当事方，该条款必须具有约束力而不是无效条款，进行外国诉讼程序构成对该专属管辖条款的违反。在满足上述条件的基础上，法院通常不过多考虑国际礼让的问题，而直接通过自由裁量决定是否通过以合同为依据的禁诉令禁止被申请人在外国的诉讼。

（二）不存在合同依据的禁诉令

不存在合同依据的禁诉令（non-contractual ASI），是指法院在不存在合同依据时签发的禁诉令，这也是更为典型的衡平救济，展现了禁诉令救济的一般性规则。此种情形，法院将案件区分为两种不同类型，一种是“可选择法院案件”，另一种是“单一法院案件”。“可选择法院案件”是指该案件既可以在外国或其他地区提起诉讼，也可以在本国或本地区提起诉讼，或者在两个法域都可以提起诉讼。在不同区域提起的诉讼请求不需要完全一致，只要实质上相似即可。与之相反，“唯一法院案件”则是指外国法院是对案件具有唯一管辖权的法院，相同的诉讼请求无法在本国提起。无论是在“可选择法院案件”还是在“单一法院案件”，法院对国际礼让原则的考虑都比以合同为依据的禁诉令的情况更为审慎，必须有证据证明外国诉讼对申请人而言是缠讼或者胁迫，法院才可能签发禁诉令。

---

① See Aggeliki Charis Compania Maritima v. Pagnan（*The Angelic Grace*）[1994] 1 Lloyds Rep 168, 180, upheld without specific discussion of this point [1995] 1 Lloyds Rep 87（CA）.

1. “可选择法院案件”中的禁诉令

在“可选择法院案件”中，申请人需要证明被申请人在外国进行的诉讼是无理取闹的（缠讼）或者是压迫性的（胁迫）。如果仅是因为申请人的身份在本国诉讼时是原告，而到外国诉讼中会成为被告，并不能说明外国诉讼对其具有压迫性，无法成为其在本国申请禁诉令的正当理由。但如果被申请人已经在本国开始了诉讼，又通过外国诉讼等拖延时间或者重复诉讼的方式滋扰或胁迫申请人，则内国法院会通过禁诉令来救济申请人。确切地说，这种情形中，被申请人越是积极和自愿地参与本国程序，在平行的外国程序开始之前本国诉讼进行的时间越长，申请人获得禁诉令救济的理由就越充分。① 以往，如果法院通过“不方便法院原则”分析之后认为内国法院是解决纠纷的最合适、自然、方便的法院，那么便有足够的利益来证明内国法院发布禁诉令保护其管辖权的正当性。② 但是现在，基于对国际礼让原则的审慎考虑，内国法院不能仅依其自认为是自然法院就签发禁诉令以中止外国诉讼，还应当综合多方因素来判断外国诉讼是否对申请人而言构成缠讼或胁迫等不公正。③

英美法中并没有对缠讼和胁迫的明确定义，但大致可分为两种情形，一种是主观性缠讼（subjective vexation），另一种是客观性缠讼（objectively vexatious proceedings）或者是胁迫性诉讼（oppressive proceedings）。

---

① Moore v. Moore（1896）12 TLR 221；CNA Insurance v. Office Depot［2005］Lloyds Rep IR 658［27］；Morris v. Davies［2011］EWHC 1272. In Singapore，see PT Sandipala Arthaputra v. ST Microelectronics Asia Pacific［2015］SGHC 245［136］－［137］.

② See Airbus Industrie GIE v. Patel. 高夫勋爵（Lord Goff）认为，在“可选择法院案件”中，通常只有在英国法院是解决纠纷的自然法院时才能申请禁诉令，如果英国法院是自然法院，那就不会对国际礼让造成侵犯。

③ See Donohue v. Armco［2002］1 Lloyds Rep 425（HL）［19］（Lord Bingham，with whom Lords Mackay and Nicholls agreed：p. 438）；Glencore International v. Metro Trading International（No. 3）［2002］CLC 1090（CA）［42］；Deutsche Bank v. Highland Crusader Partners［2010］1 WLR 1023（CA）［50］，［54］，［56］，［63］，［110］，［117］－［119］；Vitol Bahrain v. Nasdec Trading［2013］EWHC 3359［46］－［48］. The contrary proposition would be to endorse Lord Scarman's error in Castanho：see further Ch. 2，section D，“Forum non Conveniens and the Castanho Heresy” and Ch. 4，section J，“Forum non Conveniens”.

主观性缠讼，是指如果被申请人提起平行诉讼并不是为了在外国法院寻求正义，而是借诉讼蓄意滋扰申请人，则此种主观上的恶意可构成主观性缠讼。如果申请人可以证明是主观性缠讼，则可以证明获得禁诉令救济的正当性。① 如果被申请人仅是出于诉讼战术目的而选择外国法院裁判，则并无不妥。② 但如果被申请人无法充分解释选择相互竞争的外国程序的合理性，则法院很可能会推断其选择外国程序的动机是蓄意滋扰申请人，进而构成主观性缠讼。③

客观性缠讼，是指根据外国程序的性质或产生的后果来判断是否具有缠讼性和胁迫性。包括但不限于以下几种情形：（1）外国法院不是案件的自然法院，且其补救措施与自然法院相比较为烦琐，则该重复的外国程序就应受到限制④；（2）通过上诉来对抗外国初审法院的一审判决可能希望渺茫、费用高昂、旷日持久，而与此同时内国法院是案件的自然法院，则外国程序应当受到限制⑤；（3）外国程序的目的是在自然法院先发制人⑥；（4）外国诉讼程序被视为非法企图“劫持”内国法院对属于自己管辖范围的问题的裁定，尽管内国法院是决定诉讼地问题的自然法院⑦；（5）在本国诉讼程序进行过程中，参与的一方当事人提起外国诉讼程序以阻止本国判决生效的，该外国程序应当被限制⑧；

---

① See Midland Bank v. Laker Airways [1986] QB 689 (CA) 702D - E; Turner v. Grovit [2000] QB 345 (CA) 357 - 62, [2002] 1 WLR 107 (HL) [17], [29]; Glencore International v. Metro Trading International (No. 3) [2002] CLC 1090 (CA) [69]; Cadre v. Astra Asigurari [2006] 1 Lloyds Rep 560 [18]; Star Reefers Pool v. JFC Group [2012] 1 Lloyds Rep 376 [31]; Vitol Bahrain v. Nasdec Trading [2013] EWHC 3359 [49] - [50].

② See Evialis v. SIAT [2003] 2 Lloyds Rep 377 [140].

③ See Glencore International v. Metro Trading International (No. 3) [2002] CLC 1090 (CA) [69]; see also The Owners of the Ship "Al Khattiya" v. The Owners and/or Demise Charterers of the Ship "Jag Laadki" [2018] EWHC 389 [111].

④ See Simon Engineering v. Butte Mining (No. 1) [1996] 1 Lloyds Rep 104, 110 - 111.

⑤ See Simon Engineering v. Butte Mining (No. 1) [1996] 1 Lloyds Rep 104, 112.

⑥ See Cadre v. Astra Asigurari [2006] 1 Lloyds Rep 560 [18]. See also Heilmann v. Falkenstein (1917) 32 TLR 383.

⑦ See General Star International Indemnity v. Stirling Cooke Brown Reinsurance Brokers [2003] Lloyds Rep IR 719, 721 - 723.

⑧ See Ardila Investments v. ENRC [2015] EWHC 1667 [56] - [57].

(6) 在逮捕程序无望且没有任何意义的情况下，该程序应当被限制[①]；(7) 被申请人声称其可以通过外国诉讼程序达到非法目的[②]；(8) 如果诉讼请求在本国被中止的原因是未能提供担保损害赔偿的保证金，则与此相关的对申请人的外国逮捕程序应当被限制[③]。此外，如果申请人与被申请人之间的纠纷解决需要对第三人提起关联诉讼，而此项诉讼可以在本国有效提起，却无法在外国诉讼中实现，外国诉讼程序也应当受到限制。[④]

2. “单一法院案件”中的禁诉令

在单一法院的情形下，只有外国法院有管辖权，而内国法院不是案件的自然法院或者可选择的法院。通常情形下，禁诉令是建立在对申请人的属人管辖权基础上的，这意味着内国法院不应当在单一法院案件中签发禁诉令。一般来说，在非合同情况下，基于对国际礼让原则的尊重，单一法院案件中签发禁诉令是比较罕见的。由于管辖权并无争议，论证禁诉令的正当性难度增加，因为禁止外国诉讼意味着禁止了申请人寻求任何救济。[⑤] 但这并不意味着单一法院案件中不能签发禁诉令，高夫勋爵在空中客车公司诉帕特尔案中明确，如果申请人能够证明案件与英国法庭有“充分的关联”，那么仍然可以签发禁诉令，即便是单一法院案件。[⑥] 但是，本案中并没有明确这一自由裁量权的范围，如何判断是否存在“充分的关联”，可能需要考虑相关交易是否与英国有关，以

---

① See The Owners of the Ship “Al Khattiya” v. The Owners and/or Demise Charterers of the Ship “Jag Laadki” [2018] EWHC 389 [111].

② See A/S D/S Svendborg v. Wansa [1996] 2 Lloyds Rep 559, 574.

③ See Petromin v. Secnav Marine [1995] 1 Lloyds Rep 603, 613 – 614.

④ See Société Nationale Industrielle Aérospatiale v. Lee Kui Jak [1987] AC 871 (PC) 899H – 902G; Simon Engineering v. Butte Mining (No. 1) [1996] 1 Lloyds Rep 104, 112.

⑤ See Andrew Bell, *Forum Shopping and Venue in Transnational Litigation*, Oxford University Press, 2003, p. 177.

⑥ See Airbus Industrie v. Patel [1999] 1 AC 119 (HL) 134B – C, 137C – 138F, 139G. See eg Shell International Petroleum v. Coral Oil (No. 2) [1999] 2 Lloyds Rep 606. 上诉法院裁决，Hobhouse 大法官判定印度是恰当的管辖地（事故发生地），法国也是恰当管辖地（被告所在地）。但原告（禁诉令的被申请人）在第三地（美国得克萨斯州法院）起诉，这明显是不恰当的。

及是否需要禁诉令来保护英国的司法利益。

“单一法院案件”签发禁诉令的案件主要有三种类型：

（1）“纯粹缠讼”（pure vexation）的案件可以签发禁诉令。这种案件通常是被申请人在外国提起的诉讼没有任何法律依据，也被称为“胜诉无望的诉讼”。被申请人提出诉讼的目的不在于胜诉而仅在于滋扰申请人。此种情形中，最大的问题在于判断是否“胜诉无望”本身便可能与国际礼让原则冲突。一般来说，应该由外国法院根据自己的法律和程序来确定案件是否应当受理或者如何作出判决，如果外国法院认为案件不符合诉讼要求，会作出驳回诉讼请求的裁定。[①] 内国法院通常无权对外国诉讼的案情作出简易判决。[②] 因此，除非极少数能够判断外国案件“必然败诉”的情形，一般情况下，不能够依据外国诉讼的“胜诉可能性”较低来判断属于纯粹缠讼。[③]

（2）如果在外国法院的诉讼会错误地将外国法律或管辖权强加给本国法律和管辖权，内国法院可以签发禁诉令。通常外国法律与本国法律之间的差异，或外国程序与本国程序之间的差异，本身并不足以支持单一法院禁诉令。但是英国在早期，出于对美国反垄断法和信托法的某些规则并不认同，会在这类案件中签发禁诉令，例如米兰银行诉莱克航空[④]案中，法院发布禁诉令的主要理由是，被申请人试图将美国反信托法的外来补救措施适用于在英国实施的行为是“不合情理的”。后来的

---

① See Arab Monetary Fund v. Hashim (No. 6) (Hoffmann J., 14 July 1992); Star Reefers Pool v. JFC Group [2012] 1 Lloyds Rep 376 (CA) [31], [39], where Rix LJ warned against "egoistic paternalism"; Vitol Bahrain v. Nasdec Trading [2013] EWHC 3359 (Comm) [50].

② See eg Elektrim v. Vivendi Holdings 1 [2009] 1 Lloyds Rep 59 (CA) [120]; Vitol Bahrain v. Nasdec Trading [2013] EWHC 3359 [50].

③ See Pennell v. Roy (1853) 3 De GM & G 126, 43 ER 50, 53 – 56; British Airways Board v. Laker Airways [1984] QB 142, 166 – 67 (Parker J.), reversed on appeal [1984] QB 142 (CA).

④ See Midland Bank v. Laker Airways [1986] QB 689 (CA) 700B. 在米兰银行诉莱克航空案中，一家英国公司的英国清算人在美国提出了美国反垄断索赔，该索赔是由于在英国提供和撤销银行设施而引起的，索赔对象是与美国没有相关联系的英国银行。上诉法院支持签发临时禁诉令，限制清算人继续进行美国的诉讼。在银行没有服从美国反垄断法的情况下，根据英国法律不会有任何索赔。

判例中，英国法院则更为谨慎。巴克莱银行诉霍曼案中，霍夫曼法官和随后的上诉法院拒绝签发禁诉令来限制美国的破产程序，尽管该程序将产生与英国破产程序不同的判决结果。①

（3）为保护本国正在进行的诉讼或内国法院的管辖权而签发禁诉令。保护本国司法管辖权是禁诉令的典型情形，无论是在可选择法院案件，还是在单一法院案件，均可适用。在单一法院案件中，即便索赔诉讼只能在国外提起，但如果该诉讼侵害到了内国法院的程序或司法管辖权，例如，在本国正在进行破产程序的情况下，国外诉讼试图通过规避本国破产资产的平均分配而为一个债权人谋取不公平的利益，内国法院便可以签发禁诉令以限制外国债权。

在壳牌诉柯里斯案中②，枢密院签发禁诉令的理由是保护英国破产法的政策和法院的管辖权。壳牌石油诉珊瑚石油案的裁决也可被视为为保护英国法院管辖权而发出单一法院禁诉令的一个例子。在该案中，英国法院签发禁诉令（以合同为依据的禁诉令）限制被申请人在黎巴嫩的诉讼程序，理由是其违反专属法院条款。随后，本案相关方又提出了外国诉讼，且胜诉无望，意在缠讼，被内国法院认为其滥用诉讼权利以规避排他性法院条款和现有的禁诉令，进而签发了单一法院案件禁诉令（ASI in single forum case）。③ 托马斯（Thomas）大法官认为，在先的禁诉令已经使内国法院参与到诉讼中，而在先的诉讼与后续外国诉讼之间有“足够的关联”，这使内国法院再次发出禁诉令限制后续外国诉讼，且与国际礼让原则并不冲突。

四、美国的禁诉令规则

美国最高法院认为其联邦法院的衡平法权是源自1789年宪法和继受英国法中的衡平法权，以衡平法的传统原则作为其衡平救济的标准。

---

① Barclays Bank v. Homan [1993] BCLC 680.

② See Stichting Shell Pensionenfonds v. Krys [2015] AC 616 (PC) [42].

③ See Shell International Petroleum v. Coral Oil (No. 2) [1999] 2 Lloyds Rep 606, 608 - 610.

与此同时，美国联邦法院认为禁诉令的适用标准应与其他禁令有所不同，因为禁诉令涉及对国际礼让的分析与衡量。在美国，与禁诉令有关的法律规则基本是由下级联邦法院制定的，而美国联邦最高法院对其中的许多重要问题一直保持沉默。在联邦法院体系内，联邦上诉法院通常会支持联邦地方法院（初审法院）的禁诉令审查标准，以致后来大多数当事人不会对联邦地方法院的禁诉令提出上诉，尽管根据《美国法典》第1292（a）（1）条他们有权立即上诉。①

美国国内的禁诉令规则与国际民事诉讼中的禁诉令相关标准大致相同。相比较而言，国内禁诉令更具有独特性，而禁诉令的一般规则在国际民事诉讼中会得到法院更详细的说明。下文将从国内禁诉令和国际禁诉令两个方面对美国的禁诉令制度予以介绍。

（一）美国国内禁诉令规则②

美国宪法赋予州和联邦法院对各种事务的共同管辖权，同时美国最高法院不承认先提交的案件自动获得优先权，这使其国内的平行诉讼十分复杂。大体上美国国内的禁诉令分为联邦法院作出的禁诉令和州法院作出的禁诉令。联邦法院作出的禁诉令，既可以是禁止在某个州法院的诉讼，也可以是禁止在某个联邦法院的诉讼。同样，州法院作出的禁令，也包括禁止在联邦法院的诉讼和禁止在另一个州法院的诉讼。

在联邦法院作出的禁诉令中，禁止在另一个联邦法院诉讼的情形并不太多，因为按照《美国联邦民事诉讼规则》，当事人在提起初始诉讼

---

① See 28 U. S. C. 1292 – Interlocutory decisions（a）Except as provided in subsections（c）and（d）of this section，the courts of appeals shall have jurisdiction of appeals from：（1）Interlocutory orders of the district courts of the United States，the United States District Court for the District of the Canal Zone，the District Court of Guam，and the District Court of the Virgin Islands，or of the judges thereof，granting，continuing，modifying，refusing or dissolving injunctions，or refusing to dissolve or modify injunctions，except where a direct review may be had in the Supreme Court...

② See S. I. Strong，*Anti-Suit Injunctions in Judicial and Arbitral Procedures in the United States*，66 American Journal of Comparative Law 153（2018）.

时，可以根据相同的事实模式提出任何反诉。① 在涉及州法院的案件时，联邦法院签发禁诉令的权利受到宪法限制。根据 1793 年《反禁令法案》，联邦法院在责令州行为方面的能力极其有限，需要国会的明确授权才可以。② 例如，联邦法院可以禁止州法院处理涉及破产的案件。鉴于州权与联邦权的分权机制，联邦法院时常适用弃权原则③，放弃其对某一事项行使本来应有的管辖权，以便州法院的诉讼能够不受约束地进行。

根据美国最高法院在多诺万诉达拉斯案④中的判决，州法院不可能禁止诉讼当事人在联邦法院提起的对人诉讼。⑤ 但是州法院可以禁止当事人在另一个州法院进行诉讼。这种情况类似于涉及美国和外国法院的诉讼，因为美国各州被认为是美国宪法秩序中独立的“主权国家”。

美国国内禁诉令适用中最大的难题在于如何处理禁诉令与宪法中“充分信任条款”之间的关系。根据《美国宪法》第 4 条第 1 款“充分信任条款”，每个州作为国家的一部分，对其他州的法律和制度给予一定程度的尊重，即必须尊重其法规、公共记录和法院判决。⑥ 具体到禁

---

① See Fed. R. Civ. P. 13（a）Compulsory Counterclaim. In General. A pleading must state as a counterclaim any claim that—at the time of its service—the pleader has against an opposing party if the claim：（A） arises out of the transaction or occurrence that is the subject matter of the opposing party's claim；and（B） does not require adding another party over whom the court cannot acquire jurisdiction.

② 《反禁令法案》限制了联邦法院对州法院未决诉讼的干预，包括各种形式的禁令、令状和暂缓令。联邦可以向州法院的诉讼程序适用禁令的情形有三种：（1）根据国会法案明确授权；（2）“在必要时协助”联邦法院的管辖权；（3）保护或执行联邦法院的判决。这三个例外分别被称为明确授权例外、管辖权帮助例外和再诉讼例外。最高法院表示，这三个法定例外是排他性的，“不应因宽松的法定解释而扩大”。

③ 弃权原则是美国法院可以（或在某些情况下必须）适用于拒绝审理案件的若干原则中的一种，如果审理案件可能会侵犯另一法院的权力，那么即适用该原则。

④ See Donovan v. Dallas，377 U. S. 408，412－13（1964）.

⑤ 参见［美］理查德·D. 弗里尔：《美国民事诉讼法》，张利民等译，商务印书馆 2013 年版，第 47 页。对人诉讼管辖权是对被告本人行使的，因为其与诉讼地之间存在某种适当联系。在美国民事诉讼法中，法院的对人管辖权可以分为对人诉讼、对物诉讼和准对物诉讼三种。Donovan v. Dallas 案属于对人诉讼的情形。

⑥ See the U. S. Constitution Article Ⅳ，Section 1 of the United States Constitution，the Full Faith and Credit Clause，addresses the duties that states within the United States have to respect the public acts，records，and judicial proceedings of every other state.

诉令的问题上，在 A 法院发布禁诉令限制当事人在 B 法院的诉讼后，B 法院是否应当依据“充分信任条款”来执行 A 法院的禁诉令呢？各州在处理该问题上存有分歧。有的州更倾向于支持“充分信任条款”而承认其他州的禁诉令[①]，有的州则拒绝承认其他州的禁诉令或者其拒签禁诉令的理由并非“充分信任条款”，而是国际礼让原则[②]。

（二）美国域外禁诉令规则

美国在域外适用禁诉令与在国内的标准是一致的，但美国法院在分析禁诉令的请求方面存在很大差异，尤其是不同的联邦巡回法院，会有不同的分析路径。

当事人寻求禁诉令的情形主要有五种[③]：

（1）美国的诉讼当事人可以寻求阻止对方当事人在外国法院提出或继续相同的争端；

（2）相关的索赔可以在申请方的首选法院进行合并；

（3）如果一方担心即将到来的外国诉讼，可以在美国法院提起诉讼，同时要求禁诉令和“不承担责任的声明”；

（4）在美国法院的诉讼完成后，胜诉方可以防止同一争端在外国法院重新提起诉讼；

（5）法院可以阻止一方当事人在外国法院获得禁诉令。

美国联邦法院在上述情形中适用禁诉令的标准大致相同[④]：一是外国诉讼与本国诉讼中的当事人必须相同，两个诉讼包含的法律问题或诉

---

① See Arizona ex rel. Low v. Imperial Ins., Co., 682 P. 2d 431, 438 (Ariz. Ct. App. 1984)（承认了加利福尼亚州的禁诉令效力）；Bard v. Charles R. Myers Ins. Agency, Inc., 839 S. W. 2d 791, 794 (Tex. 1992)（承认了佛蒙特州的禁诉令效力）；Am. Star Ins., Co. v. Grice, 865 P. 2d 507, 511 – 12 (Wash. 1994)（承认了威斯康星州的禁诉令效力）.

② See U. S. Const. art. Ⅳ, § 1; Cook v. Delmarva Power & Light, Co., 505 A. 2d 447, 450 (Del. Super. Ct. 1985)（阐明禁诉令的执行应以礼让为依据）；Fuhrman v. U. S. Insurors, 269 N. W. 2d 842, 847 (Minn. 1978)（基于司法主权问题而拒绝执行禁令）.

③ See Taryn M. Fry, *Injunction Junction, What's Your Function? Resolving the Split over Antisuit Injunction Deference in Favor of International Comity*, 58 Catholic University Law Review 1071 (2019).

④ See S. I. Strong, *Anti-Suit Injunctions in Judicial and Arbitral Procedures in the United States*, 66 American Journal of Comparative Law 153 (2018).

讼请求也应相同，通常称为“门槛性要求”；二是需要处置外国法院争端才能解决在美国法院的争端。除此之外，对国际礼让原则的考察也是非常重要的内容，而且各巡回区法院对国际礼让的尊重程度是不同的。

第一、第二、第三、第六、第八巡回区法院和哥伦比亚特区巡回法院采用了所谓的“保守主义方法”，认为只有在“（1）外国法域的诉讼会阻止美国的管辖权或威胁到美国的重要政策，以及（2）国内利益超过国际礼让”的情况下才允许签发禁诉令。[①] 保守派的倡导者更尊重国际礼让原则，迫使法院承认只有在谨慎和高度克制的情况下才能签发国际禁诉令。

有一个案件[②]是适用保守主义方法签发禁诉令的典型案例。在该案中，原告公司破产后，在美国联邦地方法院提起诉讼，认为该公司的破产是由于欧美的其他航空公司不正当竞争所造成的。被告英国航空公司等在英国高等法院提起诉讼，要求英国法院确认其没有违反反垄断法的行为，并要求原告公司停止在美国的诉讼，英国法院据此签发了禁诉令。而与此同时，原告公司也向美国法院申请了禁诉令。之后，原告公司又对另外两家航空公司提起了同样的诉讼并获得了禁诉令。对此，另外两家航空公司上诉至哥伦比亚特区巡回法院。上诉法院认为，只有在保护颁发禁令法院的管辖权，防止当事人规避法院地的重要的公共政策的必要范围内才能使用禁诉令，仅向一国法院提起诉讼并不能剥夺另一国法院受理案件的合法权利，如果外国法院也同样签发一个禁诉令，那么任何一方当事人都将无法获得有效的救济。[③]

第五、第七和第九巡回区的联邦法院则采用的是“自由主义方法”。只要当事人和系争点相同，并且同时进行诉讼会阻碍案件判决的

① See Goss Int’l Corp. v. Man Roland Druckmaschinen Aktiengesellschaft, 491 F. 3d 355, 359 (8th Cir. 2007) [quoting S. I. Strong, *Anti-Suit Injunctions in Judicial and Arbitral Procedures in the United States*, 66 American Journal of Comparative Law 153 (2018)].

② See Laker Airways Ltd. v. Sabena, Belgian World Airlines, 731 F. 2d 909 (D. C. Cir. 1984).

③ See Goss, 491 F. 3d 360 (quoting Quaak, 361 F. 3d 18).

速度和效率，就可以签发国际禁诉令。[①] 相比之下，自由主义方法只适度强调国际礼让，并在必要时签发禁诉令，以防止重复和无理取闹的外国诉讼，并避免不一致的判决。[②] 根据这一要求，签发禁诉令时应当避免与平行诉讼相关的不便、费用、延误和潜在的不一致，以促进司法效率。

有一个相关的案件[③]，是适用“自由主义方法”签发禁诉令的典型案例。该案中原告指控被告非法垄断北美冰球产业，要求法院判决双方之间的合同无效。之后，被告又以本案中的原告为被告在加拿大法院起诉，要求其赔偿因不履行合同所造成的损失。两个诉讼都是围绕当事人之间签订的合同的有效性展开的。美国法院诉讼的原告 Seattle Totems Club Inc. 以《美国联邦民事诉讼规则》第 13（a）条规定的强制性反诉为依据，请求法院签发禁诉令禁止被告在加拿大的诉讼。联邦地方法院据此签发了禁诉令。之后，被告向第九巡回区法院提起了上诉，上诉法院在本案中引用了第五巡回区法院的观点[④]：（1）内国法院的政策会不会因为外国法院的诉讼而落空；（2）外国法院诉讼是否具有困扰性；（3）外国法院诉讼是否对内国法院的对物管辖权和准对物管辖权具有威胁；（4）外国法院诉讼是否具有歧视性，是否有违反衡平原则的其他情况。最后上诉法院认为：在本案中，平行诉讼会给当事人带来不便，导致诉讼延误和冲突判决，所以应该签发禁诉令禁止被告在加拿大的诉讼。

虽然保守派和自由派的方法都要求尊重国际礼让，但礼让的概念本身很难界定。美国对国际礼让的经典定义可以追溯到 19 世纪，认为礼让是一个国家在其领土上对另一个国家的立法、行政或司法行为的承

---

① 参见欧福永：《国际民事诉讼中的禁诉令》，北京大学出版社 2007 年版，第 79 页。

② See Goss, 491 F. 3d 360 (quoting Quaak, 361 F. 3d 18).

③ See Seattle Totems Hockey Club Inc. v. The National Hockey League, 652 F. 2d 852, 856 (9th Cir. 1981).

④ Seattle Totems Hockey Club Inc. v. The National Hockey League, 652 F. 2d 852, 856 (9th Cir. 1981). “In affirming the district court's issuance of the injunction, the Fifth Circuit noted that foreign litigation may be enjoined when it would (1) frustrate a policy of the forum issuing the injunction; (2) be vexatious or oppressive; (3) threaten the issuing courts in rem or quasi in rem jurisdiction; or (4) where the proceedings prejudice other equitable considerations.”

认，同时适当考虑到国际义务和便利，以及本国公民的权利。[①] 近年来，礼让也被认为是国内法院在解决涉及其他主权国家的法律和利益案件时的合作精神。[②] 显然，礼让是一个复杂而有弹性的概念，它既不是一个绝对的义务，也不是一个单纯的礼貌和善意问题。

美国联邦法院一直在寻求禁诉令语境下对国际礼让的界定[③]，包括：

（1）法院不需要计算禁诉令对国际礼让的具体干扰程度，而只需要判断此种干扰是否达到不可容忍。[④]

（2）与涉及国家间公法或政府作为诉讼当事人的纠纷相比，私人合同纠纷中签发禁诉令可以较少考虑国际礼让问题。

（3）以合同为依据的禁诉令是基于双方当事人事先约定在某一特定法院进行诉讼的合同承诺，此种禁诉令是用来维护这一承诺的，不涉及礼让问题。

（4）如果禁诉会给美国的对外关系带来麻烦，则应当基于国际礼让拒绝签发禁诉令。

（5）禁诉令的范围不应超过欠缺禁诉令导致的损害范围。

州法院依据属人管辖权也可以签发国际禁诉令，但仅限特殊情况。[⑤] 例如，得克萨斯州只在非常特殊的情况下签发国际禁诉令，其适用条件为“四要素”标准：（1）外国诉讼构成对本州法院管辖权的威胁；（2）避免对国家重要公共利益的侵害；（3）防止重复诉讼；（4）保护一

---

① See Hilton v. Guyot, 159 U. S. 113, 164 (1895). (quoting S. I. Strong, *Anti-Suit Injunctions in Judicial and Arbitral Procedures in the United States*, The American Journal of Comparative Law, Vol. 66, p. 161.)

② See Société Nationale Industrielle Aérospatiale v. U. S. Dist. Court for the S. Dist. of Iowa, 482 U. S. 522, 543 n. 27 (1987). (quoting S. I. Strong, *Anti-Suit Injunctions in Judicial and Arbitral Procedures in the United States*, The American Journal of Comparative Law, Vol. 66, p. 161.)

③ See S. I. Strong, *Anti-Suit Injunctions in Judicial and Arbitral Procedures in the United States*, 66 American Journal of Comparative Law 153 (2018).

④ See Microsoft Corp. v. Motorola, Inc., 696 F. 3d 872, 886 – 87 (9th Cir. 2012).

⑤ See Advanced Bionics Corp. v. Medtronic, Inc., 29 Cal. 4th 697, 712 (2002) (Moreno 大法官在本案中梳理了一些州法院签发国际禁诉令的标准).

方免受无理取闹或骚扰性的诉讼。①

伊利诺伊州签发国际禁诉令的条件是：（1）外国诉讼将导致欺诈或严重错误或胁迫；（2）防止明显的错误和不公正。② 若仅因申请人不便诉讼或重复诉讼，或者申请人希望适用更有利于自己的法律，不足以成为签发禁诉令的理由。因为建立在不方便法院理论基础上的诉讼驳回制度已经大大降低了多重诉讼的可能，而认可判决的既判力又降低了判决冲突的危险。

纽约州认为签发国际禁诉令应极为审慎，因为它是对他国法庭的尊严和权威的挑战，尽管是间接的。因此，只有被申请人在外国法院的诉讼存在欺诈或严重错误的危险时，才会对其签发禁诉令。③

第二节　禁诉令的国际适用

基于禁诉令的衡平性质以及国际礼让对于管辖权的协调，英美国家在国际民事诉讼中适用禁诉令的基本原则主要包括：防止极不方便或无理取闹的诉讼，维护先前独立的不起诉义务，防止外国司法程序的介入以维护发出禁令的法院本身的管辖权或当地的公共利益。在这些原则的指导下，国际禁诉令的适用条件也会随特定案件中追求的特定目标而变化。根据这些特定目标，国际禁诉令可以分为基于便利性的禁诉令、基于义务的禁诉令和基于政策的禁诉令，下文将对这些不同目标类型的禁

---

① See S. I. Strong, *Anti-Suit Injunctions in Judicial and Arbitral Procedures in the United States*, 66 American Journal of Comparative Law 153（2018）. "1）to address a threat to the court's jurisdiction; 2）to prevent the evasion of important public policy; 3）to prevent a multiplicity of suits; or 4）to protect a party from vexatious or harassing litigation."

② See S. I. Strong, *Anti-Suit Injunctions in Judicial and Arbitral Procedures in the United States*, 66 American Journal of Comparative Law 153（2018）. "In Illinois, a foreign action can be restrained if it will result in fraud or gross wrong or oppression; a clear equity must be presented requiring the interposition of the court to prevent manifest wrong and injustice."

③ See Advanced Bionics Corp. v. Medtronic, Inc., 29 Cal. 4th 697, 712（2002）.

诉令的适用予以介绍。[①]

一、基于诉讼便宜的禁诉令

签发禁诉令应当促进司法秩序和效率是被普遍认同的一项目标。在诉讼中获胜的一方应当能够禁止其对手在外国法院重新提起同一争端的诉讼。如果对外国法院的判决适用既判力原则，则其他法院不得干预，但如果外国法院的判决不被承认具有既判力，内国法院则很可能会发布禁诉令。如果是在平行诉讼中，法院基于诉讼便宜的考量而签发的禁诉令，被称为基于诉讼便宜的禁诉令。

（一）未决诉讼原则与不方便法院原则

未决诉讼原则，也称为最先受诉法院原则，适用于第一个诉讼程序已经启动但还没有产生裁决的情况，如果相同争端方之间的争端解决程序正处于未决状态，那么这个原则将会禁止相同争端方就相同问题再次启动新的诉讼程序。[②] 根据该规则，同一案件在其他法院已经被受理的情况下，如果当事人又到另一法院提起诉讼，则后受理案件的法院应当停止或中止该法院的诉讼，让先受理案件的法院优先审理。先受理法院规则源于各国诉讼法上的一项基本原理，即诉讼系属的阻挡功能。

不方便法院原则，是指法院受理涉外案件后，考虑到案件审理中的诸多不方便因素，认为由其他法域的法院审理更加方便，因而放弃对案件的管辖权。根据该原则，适用普通法的法院即使对民事案件拥有管辖权，也可以驳回诉讼，要求原告在其他合适的诉讼地另行起诉。不方便法院原则是审慎行使司法权的体现，也是对司法资源的一种保护。不方便法院原则在跨国诉讼中也体现了国际礼让，在一定程度上避免了国家间法律适用的冲突，同时也保护了被告应诉的公平，避免了被告在与法

---

① See George A. Bermann, *the Use of Anti-Suit Injunctions in International Litigation*, 28 Columbia Journal of Transnational Law 589 (1990).

② 参见朱明新:《“已决原则”和“未决原则”与国际投资平行诉讼预防》，载《东方法学》2013 年第 1 期。

院所在地缺乏实质联系时应诉而带来的巨大负担。①

在实践中，不方便法院原则和禁诉令主要为普通法系国家采用，未决诉讼原则主要为大陆法系国家采用。② 未决诉讼原则最初是为了在单一法律体系内实现司法秩序而制定的。鉴于每个主权国家在规范其法院之间的平行诉讼方面都有明显的利益，在这种情况下，对首先提出的诉讼给予优先权的规则特别有意义。此外，在国内案件中，适用未决诉讼原则不太可能违背诉讼便利性或法院公共政策，而在国际案件中亦是如此。

如前文提起，美国联邦最高法院并不承认自动优先权，因为在国际禁诉令的案件中，存在多元化的利益冲突和公共政策差异，仅考虑受诉时间上的优先性未必妥当。此外，最先受理法院原则备受诟病之处也在于它鼓励人们争先恐后地去法院诉讼，而当这种争先恐后跨越国际司法管辖线时会让当事人徒增不安。

适用未决诉讼原则解决国际法律纠纷，如果类似的诉讼理由已经在外国法院进行，则内国法院很难再行使管辖权，即便在内国法院诉讼更为便宜。在这些情况下，内国法院有时会询问维持平行诉讼是否会造成不便或浪费司法资源，或造成延误或更为复杂，进而决定是否采取国际禁诉令这一特殊措施。此时签发禁诉令依据的是不方便法院原则，而非未决诉讼原则。

有一个相关的案件③，是典型的通过适用“不方便法院原则”限制外国诉讼的案例。在该案中，原告公司在明尼苏达州的联邦法院向两家独立的保险公司分别寻求500万美元的赔偿。被告保险公司认为保单损失与其在英国的子公司雇员的不法行为有关，所以这家保险公司以在英国提起诉讼，请求法院判决公司不承担原告公司的损失。被告在英国法

---

① 参见张申：《普通法不方便法院原则及其应用》，载《人民法院报》2020年9月18日，第8版。

② 参见欧福永：《国际民事诉讼中的禁诉令》，北京大学出版社2007年版，第15页。

③ See Cargill, Inc. v. Hartford Accident & Indemnity Company, 531 F. Supp. 710 (D. Minn. 1982).

院的诉讼与原告在美国提起的诉讼是在同一天。法院受理了原告公司提出的禁诉令申请，禁止保险公司继续对原告公司在英国法院提起诉讼。法院给出的理由是认为对同一个案由进行外国诉讼将非常不方便，所以需要限制这些程序。

在基于诉讼便宜的这类禁诉令中，除了考虑诉讼便宜和效率外，司法秩序也是处理平行诉讼的关键价值，即判断外国诉讼是否构成缠讼和胁迫诉讼。因为禁诉令是衡平救济，判断申请人在外国被诉的衡平法上的权利正当性便来自困扰的或欺压性的外国诉讼。

（二）诉讼不便性

通过禁诉令能够实现的诉讼便宜主要包括两种情形。第一，平行诉讼本身带来的诉讼不便。不同的法庭要受理并审查同样的请求，本身就是在浪费诉讼资源。如果国际社会都能遵守国际未决案件规则，便可以很好地解决这个问题。但事实是，后受理案件的法院并不总是以此为由拒绝管辖，先受理案件的法院也只能通过禁诉令来保护自己的管辖权。第二，很多情形中，未必先受理法院审理案件就是最有司法效率的，先受理就必须获得管辖权的情形也被认为是对未决诉讼原则的过分适用。上述提及的典型的通过适用“不方便法院原则”限制外国诉讼的案件中，外国诉讼和内国诉讼是在同一天提起的，内国法院在签发禁诉令时强调该禁诉令是为了避免诉讼拖延、诉讼不便以保护私人利益，同时也是为了避免法院间的竞争和裁决不一致的风险从而保护公共利益。

与基于“不方便法院原则”而驳回申请人的诉讼请求相比，禁诉令是在积极利用“不方便法院原则”争夺管辖权。内国法院在打着秩序和便利的旗号签发国际禁诉令时，应该比以不方便法院原则为由拒绝行使管辖权时更加谨慎小心。法院在考虑以方便为由签发禁诉令时，对诉讼不便性的要求应该更高。

但司法实践中，似乎没有注意到此种差别。一方面，在法院看来，平时诉讼的存在意味着一定存在诉讼不便，不一致裁决的风险也在所难免。平行诉讼的其他不便之处，如重复应诉、浪费资源、在不太方便的法院的诉讼产生的负担，以及为竞相判决付出的费用等，在很大程度上被忽视。[①] 另一方面，大多数法院又似乎认为，严重的不方便本身就可以作为发布国际禁诉令的理由。[②] 实际上，法院并没有把基于方便性考虑而签发禁诉令的检验标准和以不方便法院原则为由驳回诉讼的标准作出区分。

（三）法律选择

法律选择，是涉及法律冲突的案件诉讼中的一个程序性阶段，在这个阶段，需要调和不同司法管辖区法律之间的差异。这一程序的结果可能是要求一个司法管辖区的法院在家事、侵权和合同纠纷的诉讼中适用不同司法管辖区的法律。所选择适用的法律有时被称为“适当的法律”。如果平行诉讼中两个相互竞争的法庭，选择适用的实体法的差异会导致不同的判决，一国法院可否据此作出禁诉令呢？通常情况下，对原告不利的法律变化本身，不会阻碍法院以“不方便法院原则”为由驳回案件。在上述提及的典型的通过适用“不方便法院原则”限制外国诉讼的案件中，法官认为尽管被申请人在英国法院的诉讼对其更有利，因为英国法院对该案的几个重要问题适用英国法律而不是美国法律，但美国法院还是签发了禁诉令，因为在内国法院进行诉讼的便利性比被申请人在英国法院的诉讼优势更为重要。[③]

如果内国法院不愿意采用外国法院通常会采用的诉讼理由或基本政策，那么外国程序是否应该受到限制呢？此种情形如果恰好可以基于内国法院的公共政策或当事人之间的事先不起诉义务，则禁诉令的签发更为容易些。但在“基于诉讼便宜禁令”的情况下，需要进行更仔细的分析。根据一个相关案件[④]，内国法院不应仅因为外国法院可能适用的法律对内国原告不利，就对本来会以“不方便法院原则”为

① See Gannon v. Payne, 706 S. W. 2d 304 (Tex. 1986); Coca-Cola Co. v. Harmar Bottling Co., 218 S. W. 3d 671 (Tex. 2006); TV Azteca v. Ruiz ex rel. Trevino, NUMBER 13 - 12 - 00430 - CV (Tex. App. Apr. 30, 2014).

② See Medtronic, Inc. v. Catalyst Research Corp., 664 F. 2d 660 (8th Cir.); Goss Intern. Corp. v. Tokyo Kikai Seisakusho, Ltd., 435 F. Supp. 2d 919 (N. D. Iowa 2006).

③ See 531 F. Supp. p. 714.

④ See Piper Aircraft Co. v. Reyno, 454 U. S. 235 (1981).

由驳回的案件行使管辖权。但是，Piper 案并不妨碍法院在以“不方便法院原则”驳回诉讼请求时，审查外国法院是否会承认和执行与内国法院一致的诉讼理由和基本政策。事实上，外国法院充分救济的最低限度、被告及时申请法院管辖和外国法院本身对案件的审理意愿，已被认为是内国法院基于“不方便法院原则”驳回请求的前提条件。此种情形下，签发“基于诉讼便宜禁令”时，如果外国未决案件的诉讼理由本身并不严重违反内国法院的公共政策，内国法院应密切关注其自身给予当事人的救济措施是否充分。即内国法院必须认为其救济措施相较于外国法院更为充分，才可以签发“基于诉讼便宜禁令”。

在国际舞台上，法院管辖的改变意味着适用法律的相应改变，禁诉令发生冲突的可能性更大。鉴于各国对外国诉讼的优势和不便进行评估时的标准不一，也缺乏统一机制去纠正不当评估，内国法院不应在国际诉讼中过分适用“不方便法院原则”签发国际禁诉令。

二、基于义务的禁诉令

如果当事人约定了不起诉的具体义务，则内国法院可以据此签发禁诉令，其干预外国司法程序的授权来自当事人的不起诉义务。约定不起诉的法律协议，在普通法中是有效的。① 当事人可以约定，有权请求损害赔偿的一方不起诉导致其损害的一方，既可以约定不得起诉，也可以约定一定期限内不得起诉。如果当事人之间存在不起诉约定，其中一方违反约定在外国起诉，则内国法院签发的禁诉令，就属于“基于义务的禁诉令”。

---

① 我国对于合同中约定“不得起诉或一定期限内不得起诉”条款的效力认定尚存不同观点，同时司法实践中基于法官自由裁量权，也存在一定的争议空间。一种观点是，诉权是公权力，当事人不得约定放弃，约定“不得起诉”的条款应属无效条款；另一种观点是，双方协商一致、条款约定明确、且符合公平原则的“一定期限内不得起诉”的条款，并未否定和剥夺当事人的诉讼权利，只是推迟了主张权利的时间，应属有效条款。司法实践中，如果是双方协商一致、条款约定明确且符合公平原则的“一定期限内不得起诉”的条款，并未否定和剥夺当事人的诉讼权利，只是推迟了主张权利的时间，此类“（一定期限内）放弃诉权”的约定条款，可能会被判定为有效条款。参见（2016）最高法民终 415 号。

基于义务的禁诉令中的“义务”，并不仅包含当事人之间的不起诉约定，还包含其他的不起诉义务。例如，在一个相关案件中[①]，法院签发了一种特别的“基于义务的禁诉令”。在该案中，在联邦地方法院，一个为诉讼辩护的法国公民取得了法院关于诉讼材料披露的命令，附带条件是其要对该材料进行保密，特别是不要在国内或国外的任何其他法律程序中使用该材料。但法国一方利用这些文件在法国提起了诉讼，美国法院向其发出禁诉令，禁止其在法国的诉讼。法院作出禁诉令并不是依据的对外国诉讼的整体便利性和公平性的司法评估，而是基于法国一方当事人承诺不以该保密资料提起诉讼的义务。所以，只要当事人被视为在法律上具有可执行的不起诉义务，内国法院便可以据此签发针对外国程序的国际禁诉令。

除此之外，按照衡平救济的原则，如果当事人违反了衡平法上的允诺禁反言[②]（promissory estoppel）、弃权[③]（waiver），甚至可能是迟误[④]，都可能使对该方当事人有属人管辖权的法院签发禁诉令限制其启动或继续外国法律程序。此时签发“基于义务的禁诉令”的依据是衡平法上的起诉权受限。

可见，“基于义务的禁诉令”可以进一步区分为“基于不起诉义务的禁诉令”与“基于衡平法的起诉权行使限制的禁诉令”。这两种禁诉令裁量的不同之处主要在于，“基于不起诉义务的禁诉令”将不得违反特定义务的诉讼限制在其本应履行义务的司法管辖区，而不承认任何其

---

① See 441 F. Supp. 1385（C. D. Cal. 1977）.

② 允诺禁反言是英美法系国家的一般契约理论，其基本内涵是“My word is my bond.”（言行一致，不得出尔反尔），不允许允诺人对已使受诺人产生信赖的诺言进行反悔。

③ 弃权是英美法系契约法的重要概念，是指合同一方当事人自愿放弃其基于合同所享有的某种权利的承诺或行为。这种权利多为合同解除权和抗辩权。

④ 迟误指当事人在主张或实现其权利方面的疏忽、懈怠或有不合理的拖延。迟误是衡平法上的一项制度，即如果原告疏于主张其权利或者有不合理的拖延，而其疏忽和拖延已经损害了对方当事人的利益，则衡平法院可以拒绝原告提出的救济请求。迟误制度的根据是“衡平法佐助警醒者，而不佐助怠惰者”（equity aids the vigilant and not the indolent）这一衡平法原则，与普通法上的时效制度类似。

他国家法院的管辖，其实并没有国际冲突法上依据。[①] 因而内国法院在签发禁诉令时应当更为审慎，判断外国法院是否为执行不起诉承诺的适当管辖地。相比之下，“基于衡平法的起诉权行使限制的禁诉令”中禁止反言、弃权、迟误等概念最适合由诉讼所在地的内国法院使用，既是因为禁诉令本身的衡平法属性，也是因为被申请人是否存在上述情形应由该内国法院来评估。

基于义务的禁诉令与不方便法院原则也有关系。最理想的状态是，外国法院在注意到当事人的不起诉义务后，可以基于“不方便法院原则”拒绝行使管辖权，如此也可避免内国法院基于义务禁诉令的干预。正如《美国对外关系法重述》[②] 所明确的那样，当法院向其管辖范围内的人发出关于在外国领土上实施（或不实施）的行为的禁令时，应当采用适当的方式，其中之一便是允许外国法院防止或纠正其自身的错误。因此，内国法院在受理禁诉令申请之前，应允许外国法院自行拒绝管辖权。

与基于诉讼便宜的禁诉令相比，基于义务的禁诉令原则上并不对外国法院行使管辖权的公平性或合理性或其作为法院的相对优势产生不利影响。鉴于其在当事人先前承诺中的独立基础，这类禁诉令通常不会构成对外国法院的侵扰和干涉，而且数量也少得多。

三、基于公共政策的禁诉令

如果外国诉讼构成对内国法院重要公共利益的妨害和不当影响，内国法院可以签发“基于公共政策的禁诉令”。该种情形中，如果内国法院认为外国诉讼程序的目的和可能的结果是对内国法院政策规定和裁决管辖权的干扰，则可以签发禁诉令。具体而言，“基于公共政策的禁诉令”可以分为两种情形。

---

① See Messner, *The Jurisdiction of a Court of Equity over Persons to Compel the Doing of Acts Outside the Territorial Limits of the State*, 14 Minnesota Law Review 494 (1929).

② See The American Law Institute, *Restatement (Fourth) Foreign Relations Law of the United States*, 2018, §431.

第一种是对抗性禁诉令。外国法院认为案件结果对自身有重大利益影响，签发禁诉令以限制他国诉讼。此时如果内国法院也同样认为案件的管辖对自身意义重大，便会签发对抗性的反禁诉令。例如，在美国莱克航空公司的诉讼中，格林（Greene）法官和威尔基（Wilkey）法官都认为航空公司在英国诉讼的目的是挫败当时正在进行的美国反垄断诉讼，并认为签发禁诉令是适当的回应。[①] 虽然这类禁诉令在本质上是为了“保护管辖权”，但无疑会引起强烈的司法对抗，甚至陷入“禁诉令—反禁诉令—反反禁诉令”的恶性司法竞争之中。

第二种是防御性禁诉令。外国法院对内国法院认为自己有优先管辖权的案件行使了管辖权。内国法院是否签发禁诉令，取决于该院对案件的管辖利益、本国利益相对于外国利益的优先性、如果外国法院胜出本国利益的受损程度。典型案例便是上文提及的莱克航空案[②]和米兰银行案[③]。在这两个相关案例中，英国并非认为美国的反垄断政策有问题，而是认为美国依据这些政策进行国际活动将会产生严重的治外法权，从而侵犯外国主权。因此，对英国来说，美国反垄断法的域外适用本身就违反了内国的公共利益。

另外，防干扰性禁诉令也属于防御性禁诉令。外国诉讼的意图是干扰内国诉讼程序，而不是“剥夺”内国法院的管辖权，如阻止证据的披露或证人证言的提供。

总之，美国法官保留了以基本政策为由禁止其管辖范围内的人进入另一国家的法院的可能性，虽然这种可能性很少。美国的法院已经在行使权力，以法院公共政策的名义拒绝承认或执行外国的判决，尽管“完全信任和信用条款”不允许以这种借口否定其他国家的判决。当然，与实际干涉外国司法程序相比，不承认判决对国际礼让原则的破坏要小得

---

① See Laker Airways v. Sabena, Belgian World Airlines, 731 F. 2d 909, 929 – 31 (D. C. Cir. 1984).

② See Laker Airways v. Sabena, Belgian World Airlines, 731 F. 2d 909, 929 – 31 (D. C. Cir. 1984).

③ See Midland Bank plc. v. Laker Airways Ltd., [1986] 1 All E. R. 526, 534 (C. A. 1985) (Dillon, L. J.).

多。但这只表明，采取后一措施要比采取前一措施更加谨慎，更加不情愿，也更加极端罕见。

第三节　禁诉令的中国实践

禁诉令在我国虽有所践行，但依然是一个新事物，实践的时间并不长。对于许多学者而言还比较陌生。禁诉令制度是英美法系国家的产物，已经有了很长的历史。由于国际交往日益频繁，经济互通利益加深，矛盾冲突也日渐频繁，由此也引发了应当如何应对禁诉令的问题。受大陆法系的司法理念、司法传统的影响，我国一直以来没有注意或注重平行诉讼的应对问题，可以说，我国在禁诉令方面属于被动应战。随着经济交往国际化的发展，要求我国必须做出回应，在实践、理论和制度上回应国际上平行诉讼所提出的各种问题。

一、海事纠纷领域的禁诉令

为了应对频发的海事纠纷中的平行诉讼，依托我国的行为保全理论，我国在海事法中明确了海事强制令制度。我国的海事司法审判早在20世纪90年代就通过民事诉讼中的先予执行和财产保全制度解决了当时备受关注的“卡西亚”轮强制开航纠纷及“托巴斯”轮强制卸货纠纷。这些创新性的司法实践为海事强制令法律制度的形成奠定了基础。1999年8月24日，时任最高人民法院副院长李国光在《关于提请审议〈中华人民共和国海事诉讼特别程序法（草案）〉的说明》中指出：“草案总结了海事审判经验，借鉴了一些国家海事立法的合理内容，为避免或减少损失，保护当事人的合法权益，设立了类似行为保全性质的海事强制令制度。”2000年7月1日起施行的《海事诉讼特别程序法》构建了我国海事强制令的法律制度。《海事诉讼特别程序法》第56条对海事强制令的适用作出了明确的规定：“作出海事强制令，应当具备下列条件：（一）请求人有具体的海事请求；（二）需要纠正被请求人违反法律规定或者合同约定的行为；（三）情况紧急，不立即作出海事强制令将造成损害或者使损害扩大。”

在海事纠纷案件中，除了在本案限制其当事人在域外实施妨碍本诉审理、裁判的行为之外，即“积极禁诉令”或“攻击型禁诉令”，海事强制令也用来作为反制域外禁诉令的一种有效措施，即所谓“防御型禁诉令”或“消极禁诉令”。如果一方当事人在外国法院提起诉讼损害内国法院的司法主权、社会公共利益，或者严重影响对方当事人在内国法院行使诉权，内国法院一般会针对这种诉讼行为颁发防御型禁诉令。①

2017 年武汉海事法院审理的“KEN SIRIUS”轮货损案件，就是首例海事法院对于域外法下禁诉令作出正面积极回应的司法实践。案涉货物保险人赔偿了托运人因货物短少的损失后，提起诉讼要求“KEN SIRIUS”轮所有人承担赔偿责任。船东在法定期限内未对管辖权提出异议，而是以该案纠纷应当进行仲裁为由直接向我国香港特别行政区高等法院申请禁诉令。我国香港特别行政区高等法院签发禁诉令，命令案涉保险人撤回起诉并禁止其就该提单保函或运输合同项下产生的任何纠纷在内地启动任何进一步或其他针对被请求人的诉讼程序。船东根据这一禁诉令，请求武汉海事法院终止该案保险人提起的诉讼。武汉海事法院认为，船东未提起管辖权异议意味着已默示接受法院管辖，申请禁诉令违反了禁止反言原则，因此依据我国《海事诉讼特别程序法》规定签发了海事强制令，责令被告撤回禁诉令。②

1. “西霞口”案③

2006 年，荣成市西霞口船业有限公司（以下简称西霞口公司）作为卖方同荷兰西福特船运公司（以下简称西福特公司）签订了船舶建造合同，并在补充协议中约定“船用主机必须使用瓦锡兰主机”。根据

---

① 参见张先砉、殷越：《知识产权国际竞争背景下禁诉令制度探索与构建》，载《法律适用》2021 年第 4 期。

② 参见张先砉、殷越：《知识产权国际竞争背景下禁诉令制度探索与构建》，载《法律适用》2021 年第 4 期。

③ 参见最高人民法院民事判决书，（2016）最高法民再 15 号。

此协议，西霞口公司同瓦锡兰芬兰有限公司（以下简称瓦锡兰芬兰）签订了订购船舶主机的买卖合同。其中西霞口公司与西特福公司的合同约定伦敦为仲裁地，西霞口公司与瓦锡兰芬兰之间的协议约定巴黎为仲裁地。由于西霞口公司没能在合同约定的时间内交船，西福特公司先后取消了两份合同，并在伦敦提起仲裁，仲裁庭裁定西福特公司解除合同有效，西霞口公司应当返还预付款。

在伦敦仲裁期间，西霞口公司在青岛海事法院提起诉讼，主张西福特公司和瓦锡兰芬兰合谋提供了二手主机，导致船试航时验收不合格，其行为构成了共同侵权，应当赔偿其损失。本案中，西霞口公司企图通过诉西福特公司及瓦锡兰上海公司共同侵权，试图以共同侵权突破仲裁管辖。对于管辖权异议，一审和二审法院均认为西霞口公司分别与西福特公司、瓦锡兰芬兰之间的仲裁条款均不足以涵盖涉案争议的问题，故仲裁条款不具有约束力，最高人民法院在再审裁定中确认中国法院的管辖权。但在国内诉讼程序中，最高人民法院最终认为两公司不存在共同故意，因此对西霞口公司的侵权索赔未予支持。

该案中同时出现伦敦仲裁程序和国内诉讼程序，为了避免该案在中国境内诉讼，西福特公司向英国法院申请了禁诉令，禁止西霞口公司在中国进行的诉讼。该禁令送达后，西霞口公司并未理会，中国境内诉讼也并未因此受到影响。

2. “FORTUNECLOVER” 轮案

2011 年 8 月 10 日，白长春花公司所属的“FORTUNECLOVER”轮装运大豆从巴西桑托斯运南通港，收货人红蜻蜓公司持船东出具的正本提单提货时，南通出入境检验检疫局出具《品质检验证书》载明大豆不符合买卖合同要求，红蜻蜓公司起诉向承运人白长春花公司索赔。

白长春花公司提出管辖权异议，认为涉案纠纷应提交伦敦仲裁。其认为依据《最高人民法院关于适用〈中华人民共和国仲裁法〉若干问题的解释》第 16 条、最高人民法院《第二次全国涉外商事海事审判工作会议纪要》第 58 条、《承认及执行外国仲裁裁决公约》第 5 条第 1 项等规定，仲裁条款的效力审查应适用仲裁地法律即英国法；涉案提单

（康金 1994 格式提单）注明需与租约一同使用，且提单条款写明租约中的仲裁条款及法律适用条款都被并入该提单，根据英国法的规定，伦敦仲裁条款有效。

为了避免在中国境内陷入诉讼程序，白长春花公司向英国高等法院申请禁诉令，英国高等法院库克（Cooke）法官于 2012 年 12 月 18 日签发禁诉令，并于 2013 年 3 月 8 日作出决定继续禁诉令，明确所有与涉案提单所证明的运输合同相关的争议应在伦敦通过仲裁解决。2015 年 4 月 22 日，伦敦仲裁庭作出仲裁裁决。

2015 年 12 月 14 日，湖北省高级人民法院维持了武汉海事法院驳回白长春花公司管辖权异议的裁定，虽然在裁定书中提及禁诉令，但未作任何评价，直接予以忽略。

3. “NORD LUNA”轮案

在“NORD LUNA”轮案之中，因卸货过程中发生货损，中国收货人厦门 A 公司在厦门海事法院对船东 B 公司提起诉讼。船东提起管辖异议，认为案件应该在伦敦仲裁。海事法院最终以该案双方并非所涉航次租约当事人，认定提单并入的租约仲裁条款不能有效并入，也不能对双方产生约束力。

船东同时启动伦敦仲裁，并申请英国法院签发禁诉令，禁止 A 公司在厦门海事法院继续对船东提起诉讼，关于英国法院禁诉令的效力，最高人民法院在（2010）民四他字第 67 号批复中认为，B 公司主张以伦敦高等法院的禁诉令作为英国仲裁庭确定双方存在仲裁协议的依据，没有事实和法律依据。虽然最高人民法院没有直接对英国法院禁诉令的效力表态，但基本实质性地否定了其效力。

4. “新泰海”轮案

2011 年 7 月 29 日，“新泰海”轮与“B. Oceania”轮在马六甲海峡南部海域发生碰撞，造成后者连同船上满载的矿砂沉没。“新泰海”轮向青岛海事法院申请设立了海事赔偿责任限制基金，而“B. Oceania”轮在青岛海事法院登记了债权，并于半年后趁“新泰海”轮到达澳大利亚之际，申请扣船并对其提起对物诉讼。

2012 年 5 月 10 日，澳大利亚联邦法院接受“新泰海”轮的担保函，并解除对“新泰海”轮的扣押。当日，青岛海事法院裁定准许“新泰海”轮的申请，发布“海事强制令”，命令“B. Oceania”轮船东：“立即解除在澳大利亚对申请人所属的船舶‘新泰海’轮的扣押，并在今后不得对申请人的人和财产行使扣押或其他妨碍措施。”

随后，青岛海事法院在裁定驳回对“海事强制令”的复议申请中进一步说明，即使“海事强制令”中的解除扣押的命令已经没有执行的必要，“B. Oceania”轮船东“不放弃‘新泰海’船东提供的担保”仍属强制令所述的“妨碍措施”，是违反海事强制令和中国程序法的行为，必须予以纠正。

为了保住手中的担保，“B. Oceania”轮向澳大利亚联邦法院申请，并最终获得禁诉令，该禁令要求“新泰海”轮船东不得继续在中国的海事赔偿责任限制程序，应立即向青岛海事法院撤回强制退回保函的强制令申请，并采取一切措施撤回或放弃执行回收保函。

青岛海事法院发布的“海事强制令”未得到执行，随即“新泰海”轮以中国法院先受诉且已设立责任限制基金为由向澳大利亚联邦法院申请中止诉讼，澳大利亚联邦法院认为该院无“明显不适合管辖”情形，驳回了申请。该案最终以和解结案。

5. “Long Charity”轮案

2009 年 7 月 31 日“Long Charity”轮装载铁矿石货物从南非装货港出发，驶往目的地中国鲅鱼圈港，开航不久，因发生故障而搁浅，后经荷兰救助人成功救助，部分货物卸下转运，部分货物随原船在拖轮护航下完成航次。该批货物中国买方持有正本指示提单，在大连海事法院对船东 GARLINGFORD LIMITED 提起货损索赔之诉。

船东在大连海事法院提出管辖权异议，认为提单并入了租约仲裁条款，中国法院无管辖权。不久，船东又指定了伦敦仲裁员并向英国法院申请取得禁诉令，命令中国收货人不得继续在中国国内的诉讼。但我国外交部拒绝协助向中国收货人送达该禁诉令。关于船东在大连海事法院提出的管辖权异议，经最高人民法院批复，法院裁定提单未有效并入租约仲裁条款，提单持有人与船东之间不存在提交仲裁的合意，中国法院具有管辖权。

6.“KEN SIRIUS”轮案

2017 年 6 月 2 日，某保险公司（海事强制令申请人）以某租船公司（强制令被申请人，注册地址为希腊比雷埃夫斯）就 VC00818 号提单（由“KEN SIRIUS”轮承运）所涉海上货物运输纠纷为由，向武汉海事法院申请诉前海事请求保全，要求扣押租船公司所属船舶（该船舶停泊于中国镇江港），武汉海事法院裁定准许扣船。

2017 年 6 月 8 日，保险公司以海上货物运输提单纠纷为由，向武汉海事法院起诉租船公司，请求法院判令租船公司赔偿损失并承担法律费用。武汉海事法院立案受理，并于 2017 年 6 月 9 日向该案被告租船公司送达起诉状副本、应诉通知书、开庭传票等文书。

租船公司以上述案件存在仲裁条款为由，向我国香港特别行政区法院申请禁诉令获得准许。2017 年 6 月 29 日，我国香港特别行政区法院签发禁诉令，责令保险公司撤回上述起诉，或禁止保险公司就与 VC00818 号提单包含或证明的运输合同项下产生的任何纠纷在中国内地启动任何进一步或针对租船公司的诉讼程序。

保险公司因此向武汉海事法院申请海事强制令，要求该院责令租船公司向我国香港特别行政区法院申请撤回禁诉令，并向法院提供了由另一保险公司提供的保证担保。

武汉海事法院经审理认为其已根据诉前保全（扣船）程序取得管辖权，租船公司收到法院文书后未在答辩期内提出有效的管辖权异议。因此其向我国香港特别行政区法院申请禁诉令的行为侵犯了保险公司的合法权益，因此裁定：（1）准许保险公司提出的海事强制令申请；（2）责令租船公司立即向我国香港特别行政区法院申请撤回禁诉令。

国内（内地）法院以往对于外国或香港特别行政区法院禁诉令大多持置之不理的态度，武汉海事法院主动回应尚属首例，日后可能会有越来越多的法院变消极为主动，以彰显司法管辖权。

二、知识产权纠纷领域的禁诉令

1. 康文森与华为标准必要专利许可纠纷案[①]

在上诉人康文森无线许可有限公司与被上诉人华为技术有限公司、华为终端有限公司、华为软件技术有限公司确认不侵害专利权及标准必要专利许可纠纷案（以下简称康文森与华为标准必要专利许可纠纷案）[②] 中，最高人民法院指出，对于禁止申请执行域外法院裁决的行为保全申请，人民法院应当综合考虑以下因素作出判断：被申请人申请执行域外法院判决对中国诉讼的审理和执行是否会产生实质影响；采取行为保全措施是否确属必要；不采取行为保全措施对申请人造成的损害是否超过采取行为保全措施对被申请人造成的损害；采取行为保全措施是否损害公共利益；采取行为保全措施是否符合国际礼让原则；其他应予考虑的因素。关于被申请人申请执行域外法院判决对中国诉讼的审理和执行是否会产生实质影响，可以考虑中外诉讼的当事人是否基本相同、审理对象是否存在重叠、被申请人的域外诉讼行为效果是否对中国诉讼造成干扰等。关于采取行为保全措施是否确属必要，应着重审查不采取行为保全措施是否会使申请人的合法权益受到难以弥补的损害或者造成案件裁决难以执行等损害。该损害既包括有形的物质损害，又包括商业机会、市场利益等无形损害；既包括经济利益损害，又包括诉讼利益损害；既包括在华利益损害，又包括域外利益损害。关于国际礼让原则，可以考虑案件受理时间先后、案件管辖适当与否、对域外法院审理和裁判的影响适度与否等。

该案中最高人民法院指出，禁止被申请人为一定行为的行为保全措施具有特殊性，如果被申请人拒不遵守行为保全裁定所确定的不作为义务，违法实施了改变原有状态的行为，则其故意违法行为构成对行为保全裁定的持续性违反和对原有状态的持续性改变，应视为其每日均实施

---

① 参见《最高人民法院知识产权案件年度报告（2020）摘要》，载中华人民共和国最高人民法院网 2021 年 4 月 26 日，http://www.court.gov.cn/zixun-xiangqing-298771.html。

② 参见最高人民法院民事判决书，（2019）最高法知民终 732、733、734 号之一。

了违法行为，可以视情处以每日罚款并按日累计。

该案为最高人民法院知识产权法庭作出的中国法院知识产权领域首个禁诉令，审慎探索了日罚金制度，即对不遵守行为保全裁定的当事人处以日罚款并按日累积的罚则，为中国禁诉令制度探索和实践积累了有益的经验。

2. OPPO 公司与夏普株式会社专利纠纷案

OPPO 广东移动通信有限公司、OPPO 广东移动通信有限公司深圳分公司（以下统称 OPPO 公司）应夏普株式会社要求进行标准必要专利许可谈判。谈判过程中，夏普株式会社在域外针对 OPPO 公司提起专利侵权诉讼。OPPO 公司认为，夏普株式会社单方面就谈判范围内的专利提起诉讼并要求禁令的行为违反了公平、合理、无歧视弗兰德规则（FRAND）①，遂向广东省深圳市中级人民法院提起诉讼，请求法院就夏普株式会社拥有的相关标准必要专利对 OPPO 公司进行许可的全球费率作出裁判。同时，鉴于夏普株式会社可能以“域外禁令”胁迫其进行谈判，OPPO 公司提出行为保全申请。

一审法院裁定，夏普株式会社在本案终审判决作出之前，不得向其他国家、地区就本案所涉专利对 OPPO 公司提出新的诉讼或司法禁令，如有违反处每日罚款人民币 100 万元。在一审法院发出禁诉令后 7 小时，德国慕尼黑第一地方法院向 OPPO 公司签发了反禁诉令，要求 OPPO 公司向中国法院申请撤回禁诉令。一审法院围绕禁诉令和反禁诉令，进行了法庭调查，固定了夏普株式会社违反行为保全裁定的事实和证据，并向其释明违反中国法院裁判的严重法律后果。夏普株式会社无条件撤回了本案中的复议申请和向德国法院申请的反禁诉令，同时表示将充分尊重和严格遵守中国法院的生效裁决。

但夏普株式会社对法院是否对本案享有管辖权以及纵使有管辖权，

① 弗兰德规则，是 fair，reasonable，and non-discriminatory 的缩写，即“公平，合理，无歧视”，被称为技术标准中专利许可的公平合理非歧视原则，是“国际标准组织”对标准的专利权利进行限制的条款，目的是在法律的基础上维护业界的合理竞争，防止会员利用其垄断地位，滥用许可，包括造成对标准的占有。

是否能设定相关专利的全球许可费率等问题提出了上诉。最高人民法院于 2021 年 8 月 19 日对此作出了裁定，维持了深圳市中级人民法院的原审裁定。最高人民法院表示①：

（1）中国法院是否具有管辖权，取决于该纠纷与中国是否存在适当联系。至于与中国是否存在适当联系的判断标准，可以考虑专利权授予地、专利实施地、专利许可合同签订地或专利许可磋商地、专利许可合同履行地、可供扣押或可供执行财产所在地等是否在中国领域内。只要前述地点之一在中国领域内，则应认为该案件与中国存在适当联系，中国法院对该案件即具有管辖权。

（2）在标准必要专利许可纠纷案件中，中国法院是否适宜对涉案标准必要专利在全球范围内的许可条件进行裁决，应在查明有关管辖争议的基本事实基础之上，结合标准必要专利许可纠纷的特殊性，予以综合考量。

法院认为②，本案的当事人均有就对涉案标准必要专利达成全球范围的许可条件的意愿，且对此进行过许可磋商。当事人协商谈判的意愿范围构成本案具备由法院确定涉案标准必要专利全球范围内许可条件的事实基础。另外，本案标准必要专利许可纠纷显然与中国具有更密切的联系。具体表现为：当事人许可磋商所涉及的标准必要专利大部分是中国专利；中国是涉案标准必要专利实施者的主要实施地、主要营业地或主要营收来源地；中国是当事人专利许可磋商地；中国也是专利许可请求方可供扣押或可供执行财产所在地。因此由中国法院对涉案标准必要专利在全球范围内的许可条件进行裁决，不仅更有利于查明使用人 OPPO 公司等实施涉案标准必要专利的情况，还更便利案件裁判的执行。

3. 小米通讯公司与美国交互数字 SEP 费率争议案③

从 2015 年开始，小米作为无线通信标准专利实施者，和交互数字

---

① 参见《OPPO“禁诉令”案》，载中国法院网 2021 年 4 月 23 日，https：//www.chinacourt. org/article/detail/2021/04/id/5993110. shtml。

② 参见最高人民法院民事裁定书，（2020）最高法知民辖终 517 号。

③ 参见湖北省武汉市中级人民法院民事裁定书，（2020）鄂 01 知民初 169 号之一。

就专利许可进行了多轮谈判。2017 年 5 月，交互数字向小米发出 FRAND 许可谈判的口头要约；2019 年 6 月 15 日，交互数字向小米发出涉及 3G、4G、5G 及 802. 11. HEVC 标准专利技术的书面要约，公开其标准专利技术许可费标准。小米对此积极回应，并请求交互数字提供其许可费率计算方式及可供参考的计费标准，但交互数字并未理会。就此，小米于 2019 年 7 月 30 日向交互数字发出前述许可谈判项目的反要约，但该反要约遭交互数字拒绝。2020 年 2 月，交互数字再次向小米发起标准专利许可谈判要约，并向小米发送要约报价，小米审查后认为该报价与 2019 年 6 月交互数字提出的许可费率并无实质性改变。为此，在较长的一段时间内，双方许可谈判并无实际进展，谈判陷于僵持状态。

2020 年 6 月 9 日，为解决标准专利谈判僵局，小米向武汉市中级人民法院起诉，提请并接受武汉市中级人民法院按照弗兰德规则，对双方之间的标准必要专利许可费谈判所涉全球费率或费率范围进行裁决。同年 7 月 28 日，小米转告交互数字其已申请武汉市中级人民法院裁决双方许可费率争议，并进入诉讼程序。次日，交互数字以小米及其关联公司为被告，以其在印度注册、持有的多项专利遭到小米的侵害为由，申请印度德里地方法院对小米及其关联公司生产、销售的多款无线通信终端产品（手机产品）申请临时禁令和永久禁令，以限制小米及其关联公司生产、销售上述侵权产品。

同年 8 月 4 日，小米向武汉市中级人民法院提出禁诉令保全申请，以制止交互数字通过针对小米及其关联公司发动的禁令措施对本案审理的干扰和妨碍。

同年 8 月 11 日，武汉市中级人民法院通过电子邮件向交互数字发送起诉状副本、证据资料及开庭传票等诉讼文件，这些邮件发送成功后，交互数字拒绝回复武汉市中级人民法院；同年 9 月 2 日，武汉市中级人民法院再次通过邮政快递，向交互数字发送起诉状副本、证据资料、参诉手续、开庭传票等司法诉讼文件，但交互数字仍不签收回执回复武汉市中级人民法院。

武汉市中级人民法院认为，以上信息表明，交互数字获知武汉市中级人民法院受案信息后，并不是尊重和配合武汉市中级人民法院展开本案诉讼，而是在印度地方法院，紧急启动临时禁令和永久禁令程序，排斥武汉市中级人民法院管辖本案，抵消本案诉讼，对本案审理程序构成干扰和妨碍，主观故意十分明显。并且，交互数字在印度德里地方法院针对小米发动的禁令程序，有可能导致作出与本案裁决相冲突的裁决，涉嫌滥用标准专利许可谈判中的权利救济程序。另外，交互数字针对小米在印度德里地方法院发动临时禁令和永久禁令，必然影响小米及其关联公司在印度海外市场的运行，极大地损害了小米的利益，且其损害将难以修复，损害扩充将成现实。

基于上述信息，2020 年 9 月 23 日，武汉市中级人民法院作出裁定，要求交互数字立即撤回或中止在印度针对小米申请的专利许可费率裁决及禁令，且不能在全球任何法院针对小米申请专利许可费率裁决及禁令。如违反裁定，每日罚款人民币 100 万元。随后，交互数字提起复议，2020 年 12 月 4 日，武汉市中级人民法院驳回其复议申请。

武汉市中级人民法院认为，交互数字为 NPE 实体（非执业实体），通过弗兰德许可谈判和诉讼营利，并不制造和生产标准必要专利技术产品，发布禁诉令除给交互数字在许可谈判破裂后进行权利救济造成迟延外，并不会对交互数字持有的、管理的标准必要专利本身造成任何实质性损害，且不会影响和损害社会公共利益。

4. 三星公司与爱立信公司专利纠纷案

三星和爱立信在 2014 年曾就 2G、3G 和 4G 的标准必要专利达成许可协议，而这些许可协议到 2020 年年底期限届满。在多次磋商后，双方谈判破裂。于是三星于 2020 年 12 月 7 日向武汉市中级人民法院起诉，请求法院依照 FRAND 确定三星通信产品在全球的许可条件，同时确定更为合理的许可费率。为此，三星提交了 5000 万元人民币的担保金。

2020 年 12 月 25 日，武汉市中级人民法院就申请人三星电子株式会社、申请人三星（中国）投资有限公司、申请人三星（中国）投资有限公司武汉分公司诉被申请人爱立信公司标准必要专利许可使用费纠纷案作出（2020）鄂01知民初743号民事裁定（以下简称原裁定）：被申请人爱立信公司及其关联公司在本案审理期间至案件裁判生效时，不得就本案涉及的4G、5G标准必要专利向中国或其他国家和地区的法院、海关、行政执法机关或通过其他程序寻求针对申请人三星电子株式会社、三星（中国）投资有限公司、三星（中国）投资有限公司武汉分公司及其关联公司，以及制造、使用、许诺销售、销售、进口三星通信产品的其他主体的临时禁令救济、永久禁令救济或行政措施；不得向中国或其他国家和地区的法院请求责令申请人三星电子株式会社、三星（中国）投资有限公司、三星（中国）投资有限公司武汉分公司撤回本行为保全申请或禁止申请人三星电子株式会社、三星（中国）投资有限公司、三星（中国）投资有限公司武汉分公司申请执行本裁定，并立即撤回或中止可能或已经提起的此类请求等。

爱立信公司不服，于2020年12月30日向武汉市中级人民法院提出复议申请。武汉市中级人民法院于2021年1月29日就复议申请进行了在线听证。最终，武汉市中级人民法院裁定：原裁定认定事实清楚，适用法律正确，本院予以维持。爱立信公司的复议请求缺乏事实和法律依据，本院不予支持。

三、中国有关禁诉令的实践总结

近年来，我国跨境商事活动日益增多，国际经贸争端的有效解决已成为推动全球治理法治化、优化营商环境的必然要求。随着我国无线通信产业在国际5G市场上占据优势，我国通信企业近年来与外国企业接连不断地发生标准必要专利（SEP）许可费纠纷。双方极有可能以在不同国家所享有的专利权作为请求权基础，分别在这些国家提起专利诉讼，从而引发SEP国际平行诉讼。在这类诉讼中，有的域外法院通过颁发禁诉令来争夺案件管辖权。对此，我国尚未形成系统的制度或措施加以应对，这使我国在这场国际博弈中处于被动地位。表面上，禁诉令仅针对案件当事人，而非外国法院。但事实上，域外禁诉令不仅使我国当事人丧失了在我国法院起诉和执行我国法院作出的判决的权利，影响其经济利益及其在国际市场上的声誉，而且更进一步妨碍了我国的民事诉讼程序，挑战了我国的司法主权。可以说，禁诉令在一定程度上已经成为西方国家在跨国民商事纠纷中争夺管辖权、扩张司法管辖的工具。①

北京时间 2022 年 2 月 18 日，欧盟驻世界贸易组织（WTO）代表团向我国代表团提出磋商请求，认为我国最高人民法院及相关地方法院近两年所作出的关于标准必要专利诉讼中禁诉令的裁决及其公布情况不符合我国在《与贸易有关的知识产权协定》及《中国入世议定书》项下的有关义务。欧盟认为我国法院所作出的禁诉令裁决限制或试图限制标准必要专利权人对其专利权的行使。根据《与贸易有关的知识产权协定》第 28 条第 1 款的规定，“专利授予其所有权人防止第三方未经其同意而进行制造、使用、许诺销售、销售或为这些目的而进口该产品或以该方法直接获得产品的行为”。这一条要求成员域内法对于专利侵权行为赋予专利权人禁止性权能作为侵权救济。据此，欧盟认为我国的禁诉令措施限制或试图限制专利权人行使这种救济权。

而事实上，禁诉令是对当事人诉权的限制而非专利权的限制。禁诉令的“对人效力”主要表现在对当事人诉权的限制，即程序性权利，而其专利权作为一种实体性权利则主要取决于专利法的规定。而我国的专利法对专利权权能的规定是符合《与贸易有关的知识产权协定》要求的。显然，欧盟的该项主张混淆了程序性权利与实体性权利。标准必要专利权人在提起诉讼的外国法院提出针对标准实施者在我国法院请求禁诉令的反禁诉令，受影响的外国法院无一不作出针对我国法院禁诉令的反禁诉令。

欧盟的磋商请求并非偶然，在科技发展带来的标准必要专利诉讼爆发的同时，各国法院在成为诉讼优选地上暗自竞争。在国际法律斗争

---

① 参见胡晶晶：《积极构建我国涉外法治禁诉令制度》，载《中国社会科学报》2021 年 8 月 11 日，第 4 版。

中，如何维护我国国家的重大利益，在全球治理体系变革中增强我国话语权，就需要统筹考虑国内法治和涉外法治的协调关系问题。因此，学界和实务界纷纷提出，应当尽快建立我国的禁诉令制度，以应对国际平行诉讼，不然就会在平行诉讼的处理上处于被动的地位。

关于构建我国的禁诉令制度，有两个重要的问题需要首先作出判断。一是我国的禁诉令制度是仅适用于国际平行诉讼，还是像英美法国家一样适用于国内平行诉讼？二是我国的禁诉令是否同时包含进攻性的禁诉令和防御性的禁诉令？

关于第一个问题，笔者认为，考虑到禁诉令会涉及当事人诉权的正当行使，因此，禁诉令应当只适用于国际上平行诉讼的情形，即只适用对当事人在域外的司法管辖区域内的诉讼行为。因为司法主权不同，从维护我国国家利益、社会利益、我国当事人的正当利益的角度出发，即使实质上将对抗他国司法权力，也应当允许在某些情形下作出禁诉令以对抗他国司法权行使给我国带来的不利。在同一司法管辖区域内适用禁诉令将严重影响当事人在同一司法管辖区域内行使诉权。与不同司法管辖区域的情形不同，实体法规范、程序法规范和司法体制都是同一的，当事人行使诉权都有其相同的法律规范和司法程序作为保障，当事人是否正当行使诉权通过法律规范和司法程序即可加以有效规范，不需要通过禁诉令对当事人的诉权加以限制。

在实行禁诉令的英美国家，国内同一司法管辖区域中通常不适用禁诉令。[①] 美国属于联邦制国家，各州属于独立司法管辖区域，实体法和程序法都有所不同，因此存在适用禁诉令的环境。而这样的环境，无疑与我国有很大不同：在实体法方面，由于英美法国家存在衡平法救济和普通法救济的差异，不签发禁令就无法实现衡平救济，但我们的停止侵害、强制履行，都是民事责任的承担方式，无须以禁令和实际履行这样的衡平救济来实现特殊救济；在程序法方面，无论英国还是美国这些联

---

① See S. I. Strong, *Anti-Suit Injunctions in Judicial and Arbitral Procedures in the United States*, 66 American Journal of Comparative Law 153 (2018).

邦类型的国家，本土就有很多司法管辖权间的平行诉讼问题需要解决，而国内民事诉讼领域司法管辖权统一，涉港澳台又有专门的诉讼协调制度，所以国内平行诉讼并不需要禁诉令。

关于第二个问题，有学者指出，在国内法层面应当构建以阻断外国禁诉令为核心的防御性制度。具体包括①：

（1）如果我国诉讼已经提起，而外国法院颁发了禁诉令，申请该禁诉令的当事人则就实施了妨害我国民事诉讼的行为，可以将此种行为纳入我国《民事诉讼法》第十章“对妨害民事诉讼的强制措施”予以处罚。若考虑到最先受诉法院原则，也可以只处罚我国诉讼在先而向外国法院申请禁诉令的情形。若考虑对我国诉讼给予较高水平的保护，则无论我国诉讼在先还是在后，只要当事人向外国法院申请针对我国诉讼的禁诉令，便可予以处罚。

（2）当事人不得遵守外国法院颁发的针对我国诉讼的禁诉令。建立追偿制度对被申请人给予保护，如果被申请人因不遵守禁诉令被外国法院处罚，可以在我国诉讼中一并要求申请人就处罚数额予以补偿。

（3）对于外国法院颁发的针对我国诉讼的禁诉令，我国法院可拒绝承认外国禁诉令效力、拒绝协助送达外国禁诉令、拒绝承认和执行根据外国禁诉令获得的判决和仲裁裁决。

（4）对于外国法院颁发的针对我国诉讼的禁诉令，我国法院可以根据实际情况和需要，采取必要的反制措施，即颁发禁诉令或反禁诉令。

笔者认同上述观点，从近年来出现的禁诉令争议可以看出，禁诉令不可避免地会触及别国司法主权，不仅会引起不必要的法院竞争以及当事人在其中徒增的耗费，甚至会妖魔化司法理念的差异导致国际对抗的升级。我国一直在坚持和平共处五项原则基础上发展与世界各国的友好合作关系，这其中也包含对他国司法主权的充分尊重和承认。我们可以

---

① 参见宁立志、龚涛：《禁诉令大战的理论意蕴与实践应对》，载《政法论丛》2021 年第 6 期。

继续通过最先受诉法院原则为核心的国际条约来解决国际司法管辖冲突，而不需要引入进攻性禁诉令的方式。与此同时，我们也需要有力应对国际禁诉令规则的措施，构建防御性禁诉令。

总之，我国有关禁诉令的实践、理论和制度建构还处于不断探索和尝试过程中，从实践来看，我国已经积累了一些经验，取得了较好的实践效果。但还需要学界从理论上予以关注，加深对这一问题的探讨，并进一步完成关于禁诉令的制度建构。尤其是要加强司法实务界与理论界的沟通和交流，根据我国的具体情况和面临的国际环境建构起具有中国特色的禁诉令制度。

第六章　临时禁令与行为保全

临时禁令与行为保全同属诉前或诉中停止侵害的临时救济措施，两者都通过要求当事人为或者不为一定行为的方式来实现对另一方当事人的临时救济，避免当事人在判决之前遭受难以弥补的损害。在学术研究中，我国学者从 1994 年开始在参考英美法的临时禁令和大陆法的假处分制度的基础上，提出在我国建立“行为保全”制度，通过在诉前或者诉中强制或禁止当事人为或者不为一定行为来给予另一方当事人以及时救济。[①] 在司法实践中，行为保全制度最早适用在知识产权诉讼中。根据《与贸易有关的知识产权协议》第 50 条有关规定，我国于 2000 年修订《专利法》，在第 61 条增设“诉前责令停止有关行为”的规定。2001 年颁布实施的《最高人民法院关于对诉前停止侵犯专利权行为适用法律问题的若干规定》（以下简称《诉前停止侵犯专利权行为规定》）对适用中的具体法律问题予以明确。《著作权法》第 50 条、《商标法》第 65 条和《最高人民法院关于诉前停止侵犯注册商标专用权行为和保全证据适用法律问题的解释》（以下简称《诉前停止侵犯商标权行为解释》），又对知识产权诉讼中的著作权、商标权的诉前停止侵害问题予以规定，并明确著作权案件可以参照《诉前停止侵犯商标权行为解释》[②]、集成线路布局案件可以参照《诉前停止侵犯专利权行为规

---

① 参见江伟、肖建国：《民事诉讼中的行为保全初探》，载《政法论坛》1994 年第 3 期；肖建国：《论诉前停止侵权行为的法律性质——以诉前停止侵犯知识产权行为为中心的研究》，载《法商研究》2002 年第 4 期；周翠：《行为保全问题研究——对〈民事诉讼法〉第 100—105 条的解释》，载《法律科学（西北政法大学学报）》2015 年第 4 期。

② 参见《最高人民法院关于审理著作权民事纠纷案件适用法律若干问题的解释》（2002 年）第 30 条第 2 款。

定》[①]。以上法律规定和司法解释共同构成了知识产权诉前行为保全的基本规则。

在理论界和实务界的积极倡导下，2012 年修改《民事诉讼法》时明确规定了行为保全制度。[②] 自此，行为保全不仅可以适用在知识产权诉讼中，也可以被用于“在家庭暴力、侵犯自然人肖像权、隐私权、名誉权等侵权案件中责令加害人立即停止侵权行为；在离婚案件中立即制止为争夺子女监护权而转移、藏匿子女的行为等；在相邻纠纷案件中强制一方当事人立即拆除危险建筑或者立即停止建设尚未完工的危险建筑等；在环境污染侵权纠纷中，立即停止实施污染环境的侵权行为；在针对特定物的诉讼中，要求一方当事人对该特定物实施临时管理；在租赁合同纠纷中，强制出租人退出建筑物；在股东争议、企业经营纠纷中，强制公司召开股东会”等。[③] 只要“利害关系人因情况紧急，不立即申请保全将会使其合法权益受到难以弥补的损害的”[④]，都可以通过诉前或诉中的行为保全，来保护其合法利益。然而这次立法对于行为保全的实质规定较为概括，大多是准用财产保全的规定。2015 年颁布实施的《最高人民法院关于适用〈中华人民共和国民事诉讼法〉的解释》（以下简称《民事诉讼法解释》）就行为保全的具体适用问题作出解释和说明。2022 年 1 月 1 日起施行的《民事诉讼法》和 2022 年 4 月 10 日起施行的《民事诉讼法解释》继续保留了行为保全的相关内容。

鉴于临时禁令与行为保全在制度功能上的相似性，以及立法渊源上

---

① 参见《最高人民法院关于开展涉及集成电路布图设计案件审判工作的通知》第 3 条。

② 2012 年《民事诉讼法》第 101 条规定：“利害关系人因情况紧急，不立即申请保全将会使其合法权益受到难以弥补的损害的，可以在提起诉讼或者申请仲裁前向被保全财产所在地、被申请人住所地或者对案件有管辖权的人民法院申请采取保全措施。申请人应当提供担保，不提供担保的，裁定驳回申请。人民法院接受申请后，必须在四十八小时内作出裁定；裁定采取保全措施的，应当立即开始执行。申请人在人民法院采取保全措施后三十日内不依法提起诉讼或者申请仲裁的，人民法院应当解除保全。”

③ 全国人大常委会法制工作委员会民法室编：《〈中华人民共和国民事诉讼法〉条文说明、立法理由及相关规定》，北京大学出版社 2012 年版，第 158 页。

④ 参见 2012 年《民事诉讼法》第 101 条，现为 2022 年《民事诉讼法》第 104 条。

的历史交汇，国内对于行为保全的研究多离不开对英美临时禁令的参考。① 但笔者认为，除了看到相似性，更要了解差异性，我国行为保全具有显著的大陆法系诉讼结构，与英美临时禁令在制度属性、救济范围上都存在差异，而此种差异，也使我国行为保全制度的完善和发展不能够照搬临时禁令的全部规则，而需要在细致甄别的基础上进行参考。具体而言，首先，禁令属于独立的司法救济，即便临时禁令期限较短，也具有一定的独立性，不依赖于是否做出终局禁令。而行为保全是附属于侵权诉讼程序主程序的子程序，不具有独立性。这一区别使两种制度对胜诉可能性的重视程度不同。其次，临时禁令属于禁令救济的一种，兼具实体与程序双重属性，其实体法属性体现为临时禁令的适用标准，其程序法属性体现为临时禁令的裁量方法和程序设置。而我国的行为保全为诉讼保全的一种，是为保全主诉讼程序而存在的程序事项，属于诉讼法范畴。学界讨论较多的行为保全的适用条件，属于实体法内容，需由实体法作出规范。这一区别，将提示我国在完善行为保全制度时，需要格外注意实体法与程序法的衔接。最后，在救济范围上，临时禁令的救济范围既包含了对宪法权利的保护，也包含了对民事权利的保护。而我国的行为保全是在民事诉讼的框架下对当事人的民事权利予以临时救济。这一区别也使临时禁令和行为保全的适用标准和程序设计有所不同。本章将通过甄别行为保全与临时禁令的异同，从适用条件与方法、程序设置和利益衡量三个维度对行为保全制度展开研究。

第一节 行为保全的适用条件和裁量方法

司法实践中，法院在考虑是否裁定行为保全时，主要对保全的必要

① 参见李曼：《行为保全制度的标准构建——以美国法中间禁令制度的衡量标准为参考》，载《烟台大学学报（哲学社会科学版）》2016 年第 5 期；王琳、关正义：《建立我国民事诉讼禁令制度的思考》，载《求是学刊》2015 年第 3 期；周翠：《行为保全问题研究——对〈民事诉讼法〉第 100—105 条的解释》，载《法律科学（西北政法大学学报）》2015 年第 4 期。

性以及担保情况予以审查，这些考虑因素共同构成了行为保全的适用条件①，包括：（1）胜诉可能性，即申请人在本案中是否有胜诉可能性；（2）难以弥补的损害，即因被申请人一方的行为或者其他原因是否可能造成将来的判决难以执行，或者使申请人的合法权益受到难以弥补的损害；（3）双方困境的权衡，即采取保全措施对被申请人造成的损害是否明显超过不采取保全措施给申请人带来的损害；（4）公共利益，即采取保全措施是否会损害社会公共利益。上述标准在适用过程中面临的主要问题，一是如何明确上述适用条件的内涵，二是采用何种方法来适用。下文将从核心条件、辅助条件和裁量方法三个方面，予以细致分析。

一、核心条件："难以弥补的损害"

我国《民事诉讼法》第104条规定："利害关系人因情况紧急，不立即申请保全将会使其合法权益受到难以弥补的损害的，可以在提起诉讼或者申请仲裁前向被保全财产所在地、被申请人住所地或者对案件有管辖权的人民法院申请采取保全措施。"根据该条文，可以看出"难以弥补的损害"是采取保全措施的核心条件。然而，《民事诉讼法》及相关行为保全的规定，并未对"难以弥补的损害"作出确切解释，在司法实践中，持审慎态度的法官，会严格审查证明"难以弥补的损害"的证据，判断与未来审判结果一致的可能性，从而决定是否作出行为保全裁定；而持积极态度的法官，则倾向于"推定损害难以弥补"标准，只要依当事人提供的证据能够证明侵权的可能性，便会以此推定存在"难以弥补的损害"。审慎态度和积极态度的区别在于对行为保全的认识不同，前者更强调行为保全作为公权力对私权利的干预方式，应适用更严格的适用标准；而后者更强调行为保全"维持现状"，防止损害进一步扩大的制度价值。不同态度的根源在于对"难以弥补的损害"有

① 参见《最高人民法院关于审查知识产权纠纷行为保全案件适用法律若干问题的规定》（以下简称《行为保全规定》）第7条、第11条。

不同的认识，下文将进一步探讨难以弥补的损害的特点和类型，以期能够达成对该适用条件的共识。

（一）“难以弥补的损害”的特点

如前文所述，我国民事诉讼法中并未对“难以弥补的损害”的含义作出明确的规定，虽然《行为保全规定》对“难以弥补的损害”的情形作出了列举，但含义不明确，会使兜底条款“对申请人造成其他难以弥补的损害”的认定比较模糊。[①] 之前《最高人民法院关于审查知识产权与竞争纠纷行为保全案件适用法律若干问题的解释（征求意见稿）》（以下简称《征求意见稿》）中将难以弥补的损害认定为“被申请保全行为给申请人造成的损害是通过金钱赔偿难以弥补或者难以通过金钱计算的”损害。[②] 显然，此种仅以“可计算性”认定难以弥补的损害也不全面。笔者认为，难以弥补的损害应当同时具备三个特征：

1．急迫性

法院在判断是否通过行为保全对当事人予以救济时，由于还未经过实体审理的正当程序，在很大程度上存在错误裁判的风险，只有在当事人面临即刻遭受难以弥补的损害的巨大风险时，才应提供此种临时救济。对于“急迫性”的判断，一方面是指如无救济当事人将面临即刻遭受难以弥补损害的危险，另一方面也指此种损害是当事人有可能在判决之前遭受的损害。如果当事人遭受难以弥补的损害并不急迫，或者损害并不会发生在判决之前，则法院可以在实体审理之后作出判决，而没有必要实施行为保全。如果申请人在意识到遭受此种损害威胁而长时间拖延不寻求救济，便无法论证此种损害是急迫的，法院可以据此拒绝采

---

① 《行为保全规定》第 10 条规定：“在知识产权与不正当竞争纠纷行为保全案件中，有下列情形之一的，应当认定属于民事诉讼法第一百零一条规定的‘难以弥补的损害’：（一）被申请人的行为将会侵害申请人享有的商誉或者发表权、隐私权等人身性质的权利且造成无法挽回的损害；（二）被申请人的行为将会导致侵权行为难以控制且显著增加申请人损害；（三）被申请人的侵害行为将会导致申请人的相关市场份额明显减少；（四）对申请人造成其他难以弥补的损害。”

② 《征求意见稿》第 8 条第 1 款规定：第 7 条规定的难以弥补的损害是指被申请保全行为给申请人造成的损害是通过金钱赔偿难以弥补或者难以通过金钱计算的。

取保全措施予以救济。

2. 不可赔偿性

“不可计算性”与“不可赔偿性”并不相同。“不可赔偿性”是指当事人无法通过经济赔偿的方式获得充分救济，除了“不可计算”的损失，还包括虽然可计算但当事人最终无法获得赔偿的情形。例如，因被申请人没有履行能力而使申请人最终无法获得赔付的情形、被申请人给申请人造成全部损害中经济赔偿不充分的那部分、被申请人的资产可能会严重贬值而使申请人最终无法获得赔偿等，这些都可以视为难以弥补的损害。

3. 确定性

难以弥补的损害可以是实际损害，也可以是即将发生的损害。但无论是哪种，此种损害都必须具有一定的确定性，既不能是当事人任意推测性的损害，也不能是申请人对遭受损害的无根据的恐惧或担忧，即该损害的发生必须存在现实的威胁。

只有申请人同时证明了以上三点，才可以认定为存在难以弥补的损害。仅以是否通过金钱计算，尚不足以涵盖所有的难以弥补的损害的情况。同时，如果不通过急迫性和确定性对难以弥补的损害范围予以限制，也容易引起申请人滥用行为保全而损害被申请人的合法权益。

（二）“难以弥补的损害”的类型

《行为保全规定》第 10 条对在知识产权与不正当竞争纠纷行为保全案件中的“难以弥补的损害”的情形作出列举，为一般民事纠纷的行为保全中的难以弥补的损害的认定，提供了参考。《征求意见稿》则是分为可以认定为“难以弥补的损害”的情形，和不可以认定为“难以弥补的损害”的情形。《征求意见稿》第 8 条第 2 款规定：有下列情形之一的，一般认为属于给申请人造成难以弥补的损害：（1）被申请保全行为的发生或者持续，将抢占申请人的市场份额或者迫使申请人采取不可逆转的低价从事经营，从而严重削弱申请人的竞争优势的；（2）被申请保全行为的发生或者持续，将会导致后续侵权行为的难以控制，将显著增加给申请人造成的损害的；（3）被申请保全行为的发生，将会侵犯申请人享有的人身性质的权利的；（4）被申请人无力赔偿的；（5）给申请人造成其他难以弥补的损害的。《征求意见稿》第8条第3款规定：有下列情形之一的，一般认为不属于给申请人造成难以弥补的损害：（1）申请人明知或者应知被申请保全行为的存在而不合理地迟延寻求司法救济；（2）知识产权权利人作为申请人无合理理由未使用或者实施相关知识产权且未计划使用或者实施的；（3）被申请保全行为给申请人造成的损害比较容易通过金钱计算的；（4）其他不会给申请人造成难以弥补的损害的。对于造成将来的判决难以执行或者造成申请人其他损害的认定，人民法院可以参照对于难以弥补的损害的认定。结合《行为保全规定》和《征求意见稿》的列举，笔者认为一般民事纠纷的行为保全中的难以弥补的损害的类型，可以从如下两个方面来界定。

1. 可以认定为"难以弥补的损害"的类型

"难以弥补的损害"包括以下类型：其一，难以弥补的财产损失。具体包括经济赔偿无法救济的情形，也包括虽然可以通过经济赔偿获得救济但最终无法获得赔付的情形，还包括所受损失无法被合理计算的情形等。其二，难以弥补的人身损害。除直接对人的生命和健康造成的损害外，还包括因极度贫穷和无家可归而导致的对生命健康的严重威胁、导致申请人丧失健康保险的损害以及遭受某些严重的健康和医疗损害。其三，导致申请人丧失竞争力的损害。具体包括导致申请人破产的损害、丧失出售核心产品和产品生产线权利的损害、丧失经营控制权的损害、丧失市场份额的损害、丧失信用或商誉的损害等。

2. 不应当认定为"难以弥补的损害"的类型

《行为保全规定》中没有列出不属于"难以弥补的损害"的类型，但如上文所述在《征求意见稿》中列举了四种不属于"难以弥补的损害"的情形。第一种情形属于因延迟寻求司法救济而丧失"急迫性"的要求，通常可以认为是不属于难以弥补损害的情形。需要注意的是，法院可以通过审查过程中确定各个环节的时间点，如被申请人到庭答辩的时间、申请人做出回应的时间、举行听证的时间等，以此来判断申请人是否为故意延迟。第二种情形属于因申请人自己的原因造成的损害，通常不应被认定为被申请人给其造成的难以弥补的损害。第三种情形仍是从可计算性进行界定，与应当认定为难以弥补损害的情形重复，没有必要规定。第四种情形是留给法官的裁量的空间，可以作为“难以弥补的损害”认定的总体的兜底条款。

所以笔者建议将不应当认定为“难以弥补的损害”的类型分为两种：一是申请人明知或者应知被申请保全行为的存在而不合理地迟延寻求司法救济；二是申请人因自己的原因造成的损害或者损害扩大的部分。

（三）在民事救济领域不可推定“损害难以弥补”

行为保全的目的是避免申请人在最终判决前遭受难以弥补的损害，而对于难以弥补损害的认定是衡量是否给予此种特殊救济的核心和关键，需要申请人提供证据充分证明。除非极为显而易见的情形，否则不应当随意推定存在“难以弥补的损害”。无论是从较大胜诉可能性的角度来推定损害难以弥补，还是从符合公共利益的角度来推定，都是不够严谨的。美国临时禁令中的“推定损害难以弥补”，多适用于涉及宪法性权利保护的案件，并不适用于我国。在知识产权、商业秘密、竞业限制这些案件的行为保全中，不应当推定“难以弥补的损害”，仍然应当要求申请人证明其有可能在判决前遭受难以弥补损害的重大风险。

综上，对于行为保全中难以弥补的损害的认定可以由如下四个部分组成：第一部分为基于难以弥补的损害的特点而作出的定义，即“被申请人给申请人造成的难以通过经济赔偿予以充分救济的、急迫的、确定的损害”；第二部分为可以认定为难以弥补损害的三种类型，即“难以弥补的财产损失、难以弥补的人身损害、导致申请人丧失竞争力的损害”；第三部分为不应认定为难以弥补损害的类型，即“申请人明知或者应知被申请保全行为的存在而不合理地迟延寻求司法救济、申请人因自己的原因造成的损害或者损害扩大的部分”；第四部分为兜底规定，即“对于造成将来的判决难以执行或者造成申请人其他损害的认定，人民法院可以参照对于难以弥补的损害的认定”。

二、辅助条件：“胜诉可能性”“权衡双方困境”“公共利益”

（一）“胜诉可能性”标准

关于胜诉的可能性，存在两种截然不同的观点：一种观点认为，只有当事人证明其有“较大的胜诉可能性”才可以采取行为保全措施。[①]另一种观点认为，法院对申请人行为保全的申请应当作形式性的审查，不应当考虑“胜诉的可能性”，否则会使法官未审先判。[②]法院在衡量是否采用行为保全时，对申请人胜诉可能性的预估是十分必要的。一方面，只有具备胜诉可能的申请人，才具备因其合法权利被侵害而寻求行为保全的正当性；另一方面，在采取保全与不采取保全双方都会遭受损害的情形下，法院必须在权衡双方困境时，考虑未来哪一方将会获得胜诉判决，以此作为裁定正当性的依据。另外，也不必过于担心在诉讼启动之前就预估“胜诉可能性”会影响判决的公正性，因为预判也不等于偏见，法官越是在行为保全阶段深入关联未来的判决，作出错误裁定的可能性就越小。同时，当事人在行为保全的听证阶段对今后胜诉结果的深入分析，也有助于双方对最后的结果有所预见，以便更易达成调解。所以在行为保全的审查标准中应当保留“胜诉可能性”的考量。

《行为保全规定》中没有规定胜诉可能性，而《征求意见稿》从申请人是否有合法有效的权益的角度来界定胜诉可能性。[③]笔者认为，除此之外还应当证明其合法权利被侵犯或者有被侵犯的重大风险。所以法院判定申请人胜诉可能性的依据是其是否拥有合法有效的权利，以及被申请人的侵权行为是否对其合法行为造成侵害或者构成危害。

在胜诉可能性的类型上，可以将其分为：胜诉的确定可能性、胜诉的合理可能性和严肃的法律争端。具体而言：

---

① 参见须建楚：《知识产权审判中禁令的适用》，载《科技与法律》2003 年第 4 期。

② 参见陈锦川：《从司法角度看专利法实施中存在的若干问题》，载《知识产权》2015 年第 4 期。

③ 《征求意见稿》第 7 条第 1 项规定：申请人在本案中是否有胜诉可能性，包括作为申请人的知识产权权利人或者利害关系人拥有的权益是否有效、稳定。

1．“胜诉的确定可能性”是指申请人有较为充分的证据证明其合法权利被侵犯或者面临被侵犯的重大风险，从而较为确定的可以胜诉。通常在案件事实简单、适用法律清楚的纠纷中，申请人更容易达到“胜诉的确定可能性”。例如，在人身伤害纠纷、知识产权纠纷、竞业限制纠纷以及侵害宪法性权利的案件中，申请人更容易根据医院诊断、权属证明、协议文书等提高其“胜诉的确定可能性”。

2．“胜诉的合理可能性”与“胜诉的确定可能性”相比，降低了申请人的证明难度，只需要充分说明其对于胜诉结果是可以合理预期的。降低可能性程度要求的合理范围取决于两个因素：一是基于案情的复杂程度、适用法律的困难程度、申请人紧急取证的难度等较高而降低相应的证明要求；二是基于申请人遭受难以弥补的损害的程度较高，或者权衡双方当事人困境后认定申请人的处境十分艰难，从而降低相应的证明要求。

3．“严肃的法律争端”是指申请人有合理的诉讼理由，只要证明存在严重的、困难的、存疑的争议问题即可满足对“胜诉可能性”的证明要求。在案情复杂或者适用法律困难而原告又面临遭受难以弥补损害的巨大危险时，可以“严肃的法律争端”来代替对“胜诉可能性”的充分证明，但仍需要结合行为保全的其他要素权衡双方的利益。

将“胜诉可能性”的程度予以区分认定，对于法院在具体审查中有积极的指导意义，即一般情形下采用“胜诉的合理可能性”，案情较为清晰简单时采用“胜诉的确定可能性”，案情较为复杂且申请人有遭受难以弥补损害的重大危险时可以采用“严肃的法律争端”来判断胜诉的可能性。另外，“胜诉可能性”标准也并不是行为保全的决定性因素，必须与双方有可能遭受的损害一起权衡。

（二）“权衡双方困境”标准

《行为保全规定》中对“权衡双方困境”标准的规定是：“不采取行为保全措施对申请人造成的损害是否超过采取行为保全措施对被申请人造成的损害。”除此之外，还可以明确以下几点：

第一，高位阶的权利予以更高的保护，如对人格权利的保护要大于对财产权利的保护。

第二，基于保护公共利益的考虑。例如，倾向于保护商标权所有人的权利，保护经济价值高的企业，保护处于困境的雇主或者破产边缘的企业。这些规则都有利于保护经营的可持续性、经济实体的社会价值、鼓励创新创造促进社会发展的公共利益。

第三，基于行为保全本身价值的考虑。行为保全本身具有阶段性和临时性，行为保全阶段不应使申请人赢得全部诉讼请求，否则将使庭审判决失去价值。

（三）“公共利益”标准

在法律中界定“公共利益”的内涵是比较困难的，而且公共利益本身也是容易随着社会的进步和发展而不断发生变化的。在行为保全的审查标准中，如果行为保全的效力仅影响当事人的利益而与第三方无关，“公共利益”要素则是一个中立的因素，而不是决定性的因素；如果行为保全的影响力超出了当事人双方的范围而产生潜在的社会后果，那么社会公共利益则应该成为决定是否采取行为保全的重要因素。《行为保全规定》对于公共利益标准的规定是“采取行为保全措施是否损害社会公共利益”，这属于对公共利益的消极保护，即只要行为保全不损害公共利益，便相当于满足了对“公共利益”标准的考察。

公共利益的范围其实是十分宽泛的，但在民事救济领域，主要是指维护私有财产或者维护商业竞争的秩序，还包括鼓励发明创造促进社会进步等。而民事救济领域中的公共利益，其实在大多数情况下还是通过对权利人的救济而实现的，如通过保护知识产权的权利人而实现鼓励创新和有序竞争等公共利益。在美国法中，对民事权利的临时禁令予以衡量时，一般在涉及集体诉讼以及当事人一方为政府部门时，才需要对公共利益予以单独考量。但我国政府作为当事人的诉讼是在行政诉讼中予以规定的，所以只有集体诉讼的情形需要独立考量公共利益标准。在我国法中，由于公共利益标准是消极条件，如果申请人基于特定群体利益而提起集体诉讼，法院要衡量采取行为保全措施保护该特定群体利益是否对公共利益有损；如果无损，则满足了公共利益标准。至于群体利益遭受的损害是应该用“难以弥补的损害”标准去衡量的。

总之，上述三个标准都不是单独决定是否对当事人予以临时救济的关键标准，需要与“难以弥补的损害”标准结合起来综合考量，在具体案件中判断各个标准的实际效用。

三、行为保全的裁量方法

实体法规范可以明确审查标准，但很难具体指导法官综合运用审查标准予以衡量。这属于法官依照法律、基于已查明的事实，在个人的法律意识支配下进行自由裁量的过程。即便是制定法国家，法律条文及司法解释中的兜底条款，也为法官的裁量预留了大量空间。结合前文对“损害最小化”模型、“诉讼保全”模型和“分配效率”模型的优劣对比，可以从如下几个方面完善行为保全的裁量方法。

（一）行为保全裁量方法的指导原则

1. 损害最小化原则

将采取或不采取行为保全对合法权利造成的难以弥补的损害最小化，可以作为行为保全裁量方法的首要指导原则。行为保全适用标准的核心问题是将错误保全对合法权利造成的难以弥补的损害最小化。错误保全既包含不应救济而救济的情形，也包含应救济而不为救济的情形。具体而言，指采取行为保全措施对被申请人的合法权利造成难以弥补的损害，以及未采取行为保全未能避免申请人遭受难以弥补的损害。法院在评估行为保全的风险时，就是要将这两种损害发生的风险降至最低。

2. 保全诉讼原则

我国行为保全作为一项诉讼保全措施，自然应当以保全诉讼为出发点，保障申请人在实体法上的请求权。将行为保全视为诉讼过程中从属于实体判决的阶段性裁判，在适用各项标准时，不仅要考虑诉讼当事人的权益，更要保护法院的司法权威，以保护诉讼标的为目的，在行为保全阶段有效地保护原告在实体法上的请求权。

3. 强制担保原则

通过前文分析，强制担保可以充分发挥保证金制度在临时救济当事人之间的最佳的分配效率。行为保全中，可以通过保证金来发挥保全措施促进分配效率的作用，消除当事人企图不承担责任时的低效率行为动机。所以如果被申请人的损害可以通过保证金予以充分救济，则在权衡双方困境时可以优先满足申请人的需求。

（二）行为保全裁量方法的主要内容

1. 确定是否存在难以弥补的损害

除了审查标准中列举的难以弥补损害的情形，还需要注意不能以实体判决视角下的“难以弥补的损害”去界定行为保全衡量时的“难以弥补的损害”；不能以“可计算性”来判断“难以弥补性”。在衡量被告所遭受的损害时，不必追问其属性是否为“难以弥补”，只需要通过预估其损害的大小、程度、范围来形成“与原告相比是否更为严重”的主观判断即可。当然，一旦被申请人的损害被认定为难以弥补，与原告的难以弥补相比，被告将更难通过保证金得到救济，此时应经过实体审理辨明是非曲直，而不应通过行为保全的方式仓促决定。

2. 预估难以弥补损害的大小

一是可以采取“投影定价”的方法，寻找替代品的价值来估量难以弥补的损害；二是通过“定性加定量”的方法，对双方遭受损害的权利位阶和相应的损害程度来判断。在定性的问题上，一般是人格权利优于财产权利，但也要注意人格权利的轻微损害并不一定比财产权利的重大损失严重，法官仍要判断当事人实际遭受的损害。在定量的问题上，可以将原告胜诉可能性乘以其可能遭受的损害，与被告胜诉可能性乘以其可能遭受的损害相比较。另外，在预估难以弥补损害时，法院不应当将一方因“乘人之危或显失公平”所获得的意外之财的损失与另一方基于合法权利被侵犯而受到的损失相比较。

3. 预估申请人胜诉的可能性影响

胜诉可能性决定着行为保全的正当性，所以法院在衡量时需要对申请人的胜诉可能性做出预估。尽管法官并不知道双方当事人在实体审理时会提出怎样的证据，但是可以根据当事人及其代理的陈述、基于无法提供证据的推理以及对双方论辩的看法等做出基本判断。

4. 保证金和追偿

法院在衡量是否采取行为保全时，一方面，可以附条件地同意保全，即要求申请人负担相应的对价来交换。例如，提供保证金，以保证被申请人因错误保全遭受的损失可以获得赔偿。另一方面，法院可以附条件的拒绝保全，即要求被申请人提供相应的保证使申请人在实体审理判决前免受难以弥补的损害，或者法院可以引导申请人通过其他救济途径避免损害。

（三）行为保全裁量方法的注意事项

1. 从充分救济的角度权衡双方损害

行为保全并非避免难以弥补损害的唯一途径，由于其裁判标准的模糊性以及程序的不完善性，应该以申请人实体法请求权为标准，以充分救济双方当事人为目标，在穷尽其他合法救济手段之后才能签发。一方面，以申请人是否会严重丧失或全部丧失实体法请求权衡量难以弥补的损害；另一方面，法院可以能动性的发掘多途径弥补申请人难以弥补的损害的可能，如加快庭审，或者建议申请人寻求包括行政救济、社会救助在内的各种手段。在认定难以弥补损害可能性之后，法院应该考虑如果采用其他救济方式，可否在不作出行为保全裁定的情形下去满足申请人的需要。总之，在适用难以弥补的损害标准和衡量双方的损害时，不应当仅局限在行为保全的视野之内，应以充分救济为最终目的，结合其他救济方式的有效功能，决定是否发布保全以及是否需要附条件发布保全。

2. 弱化对胜诉可能性和公共利益的审查

行为保全可以弱化对胜诉可能性和公共利益的审查，原因在于，英美临时禁令之所以强调胜诉可能性和公共利益的考量，在很大程度上是为了减少对宪法性权利、国家安全利益、政府的行政利益等极为重大利益错误签发的临时禁令而遭受不可逆转的损害的可能性。我国国情与其不同，司法制度及司法管辖权的含义也有区别，忽视这一区别而直接照搬美国法上的临时禁令的全部适用标准是不恰当的。在行为保全中弱化对胜诉可能性的审查的原因也在于司法实践中预估胜诉可能性的难度。如果申请人可以提供充分的保证金，实现在行为保全错误时对被申请人的救济，则可以弱化对胜诉可能性的审查，主要还是从申请人面临难以弥补的损害的危险性方面考虑是否保全。

总之，我国行为保全审查标准的衡量模型应当立足于法官裁判的视角，以有效保护原告在实体法上的请求权为出发点，充分发挥保证金制度在临时救济当事人之间的最佳的分配效率，将采取或不采取行为保全对合法权利造成的难以弥补的损害最小化。在民事权利的临时救济领域，应当以“难以弥补的损害”为核心权衡双方的损失，可以适当弱化对胜诉可能性和公共利益的审查。同时，法院应当以充分救济为最终目的，在排除其他救济方式的功能性之后，再考虑是否采取行为保全以及是否需要附条件同意保全或拒绝保全。

第二节　行为保全的程序设置

一、区分紧急状况设置不同的审查程序

根据《专利法》、《诉前停止侵犯专利权行为规定》和《诉前停止侵犯商标权行为解释》等知识产权相关法律、司法解释及2022年《民事诉讼法》的相关规定，法院应当自接受当事人行为保全的申请之时起，48小时内作出裁定。[①] 首先，48小时内作出裁定的风险系数和难度指数不容忽视，有些案件情况比较复杂，过于紧迫的时间要求容易增加错误裁判率；其次，有些案件需要当事人到庭接受法院的进一步询问以及举证、质证，48小时内作出裁定的可行性较差；最后，还有的案件可能需要证据保全以及涉及合议庭评议、制作裁定书、校对裁定书等一系列问题，也需要耗费相当的时间。

---

① 《民事诉讼法》第104条规定：“利害关系人因情况紧急，不立即申请保全将会使其合法权益受到难以弥补的损害的，可以在提起诉讼或者申请仲裁前向被保全财产所在地、被申请人住所地或者对案件有管辖权的人民法院申请采取保全措施。申请人应当提供担保，不提供担保的，裁定驳回申请。人民法院接受申请后，必须在四十八小时内作出裁定；裁定采取保全措施的，应当立即开始执行。申请人在人民法院采取保全措施后三十日内不依法提起诉讼或者申请仲裁的，人民法院应当解除保全。”

由此可见，民事诉讼法和最高人民法院的司法解释都要求法院在48小时内作出裁定的可行性不高，以致各级法院不得不根据实际情况做出调整，基本都会参照“复杂案件可以适当延长”的规定而延长作出裁定的时间，反而无法实现48小时内紧急救济的立法初衷。本书认为，解决这一问题的最好办法就是将我国的行为保全区分为紧急保全和一般保全两种情形，且根据不同的紧急情况和权利内容而适用不同的程序。紧急保全的签发旨在维持一般保全在听证之前的权利现状，是一般保全之前的紧急处置，甚至不需要通知和听证。由于相对欠缺程序保障，紧急保全的申请要件更为严格，且有效期间较短，但一旦发布能够给予当事人更及时的救济。一般保全则适用普通程序，确保双方当事人均有陈述的机会，当事人也可以要求复议。行为保全被分为两个阶段，针对不同的事态紧迫性而适用不同的救济。第一阶段的紧急保全可以更好满足权利保护的紧迫性的要求，第二阶段的一般保全则更注重正当程序来保护合法权益。具体而言：

1. 适用紧急保全的条件。起诉状中提出的特定事实清楚地表明，在对方当事人或其律师获得听证之前，申请人将遭受难以弥补的权利损害。

2. 通知程序。一般保全要求必须通知对方当事人，除非无法通知或法院认为不应当通知，而紧急保全可以不通知对方，只要申请人以书面方式向法院证明其为送达通知而做过的努力以及证明不应发出通知的理由成立即可。由于紧急保全不经通知而发布，一般保全应尽可能早的开始审查。

3. 询问程序。国内学者一直都呼吁建立、完善我国行为保全的听证制度。但是，听证不是必须程序，我国法规定的“询问”，可以起到查明事实的关键作用。对于通知被告后作出裁定的情形，通过询问程序，被告的答辩权和申辩权依然可以得到保障。对于未经通知被告直接作出的情形，应严格谨慎对待行为保全的发布适用。只要解决了时间上48小时过于紧张的问题，“询问”可以充分彻底，再加上充分的担保规定，被申请人权益可以被有效保障。所以可以要求一般保全必须要询问双方当事人，除非无法通知到被申请人，而紧急保全可以不经过询问直接发布。

4. 期间。行为保全措施的效力可以持续至法院作出生效判决，即将“紧急保全”的效力届满日期限定申请“一般保全”之前，在 14 日内因法院决定的期间届满而终止，除非法院基于正当的理由而延长，但最多也不能再超过 14 日，或除非被保全人同意继续延长期间。同时应该规定，任何未经通知发出的紧急保全，应注明发出的时日和失效的日期。

5. 与一般保全的关系。获得紧急保全的申请人必须继续申请一般保全，如果不申请，法院应当撤销紧急保全。未通知对方当事人而获得紧急保全的当事人，在 2 日内未通知或法院规定的更短的期间内未通知的，对方当事人可要求法院撤销或者变更紧急保全，法院应当受理该申请并迅速审理作出裁判。

6. 法院审查时间。目前法律要求法院在 48 小时内作出行为保全的裁定，这个期间在具体实践中具有一定的操作困难性。法律规定应给予法院根据实际情况权衡的程序弹性，稍微放宽时间要求，只要有可操作性强的程序配合及清晰的适用标准，法院会根据紧急的程度而决定签发的效率。美国法中如果律师可以在工作日预见申请临时禁令的时间是休息日，则可以给法官助理预约休息日办理的具体时间，如果申请事项未能预料而十分急迫，可以在休息日联系法官助理要求法官马上受理，如果是有关人身安全的临时禁令，可以直接向警署报案，由专门的工作人员负责向法官提交申请。我国在确定法官审查的时间时，也要考虑到细节的完善，只有减少当事人、代理人、法官的操作障碍，紧急裁定才有可能实现。具体的时间有赖于进一步的论证，笔者认为，在细节操作尚不完善的情形下，紧急保全可以在 72 小时内，而一般保全可以为 30 日内。

总之，通过区分紧急保全和一般保全而适用不同的程序，一方面保障了申请人在紧急状态下可以获得及时有效的救济，另一方面又要求必须要再申请一般保全程序的复核审查，前者改善了程序的灵活性，后者保证了程序的公正性。

二、完善行为保全担保制度

担保制度的完善对于发挥临时禁令救济的功能、实现效率价值及减少错误签发的损害具有重要意义。我国法上行为保全的担保规定较为笼统，一方面，将诉中行为保全是否应当提供担保，以及诉前和诉中行为保全的担保数额都交由法官自由裁量；[①] 另一方面，又对担保数额的确定标准、免除担保的情形以及是否允许以反担保的形式解除行为保全等缺乏具体规定。

（一）明确担保的目的和功能

临时禁令中的担保制度的目的在于避免被申请人因错误签发的临时禁令而遭受损害，同时发挥在当事人之前分配损失的临时效率价值，从而在一定程度上减少了法官在签发临时禁令时的担忧。我国法上将行为保全分为诉前和诉中两个阶段而提出不同的担保要求，其意义值得商榷。做出此种区分的主要原因是认为法官在诉前掌握的案件事实情况不如诉讼进行中更全面，因而发布行为保全错误的可能性也随之增加，因而诉前必须要提供担保，而诉中则可以酌情考虑。但是，是否需要提供担保并不应该依赖于法官对行为保全正确的信心，而是取决于对被申请人遭受损失的风险的预估以及对申请人担保能力的考虑。如果申请人即将遭受难以弥补的损害，法院却因为申请人没有提供担保的能力而拒绝给予诉前行为保全的救济，对当事人而言是不公平的。所以区分诉前与诉中而有不同的担保要求是没有必要的。而鉴于对临时禁令担保的功能和目的的认可，我国法上的行为保全应当以必须提供担保为一般情况，

---

① 我国将民事保全分为诉前保全和诉中保全，法院对于申请人是否必须提供保全担保的规定不同。对于诉前保全，《民事诉讼法》第 104 条第 1 款规定，申请人应当提供担保，不提供担保的，裁定驳回申请。可见，提供保全担保是诉前保全的必要条件。对于诉中保全，《民事诉讼法》第 103 条第 2 款规定：“人民法院采取保全措施，可以责令申请人提供担保，申请人不提供担保的，裁定驳回申请。”此处用的是“可以”而不是“应当”，故是否需要提供担保是法院行使自由裁量权的过程。人民法院根据案件的具体情况，申请人的赔偿能力等因素综合考虑，来决定申请人是否需要提供担保。

同时给予法官根据特殊情况免除担保的自由裁量权。

（二）明确免除担保的情形

免除担保的情形大致分为三类：第一类是被申请人为政府部门时，因为不会因临时禁令而遭受经济损失，所以通常可以免除当事人的担保。这在我国法上属于行政救济的事项，不应作为民事行为保全适用的参考。第二类是为申请人提供“便宜”的情形，即当申请人无能力支付担保时、申请人极有可能胜诉时、被申请人损害轻微，以及申请人完全有财力赔偿被申请人任何损失，从而免去其担保。第三类是关于公共利益的保护，尤其是在公益诉讼中。

结合我国行为保全的司法现状，免除担保的情形可以规定为：（1）申请人的经济条件有限、无力提供担保，且当事人之间法律关系明确、事实较为清楚，申请人胜诉可能性大；（2）涉及公共利益，为公益申请保全的；（3）申请人存在急迫的保全需要，如果不立即予以行为保全将会造成巨大损失的。

三、完善行为保全申请错误的赔偿救济

根据《民事诉讼法》第108条的规定，保全申请有错误的，申请人应当赔偿被申请人因保全所遭受的损失。该条对保全申请错误赔偿作出原则性规定，即申请人应对其保全申请错误造成的损失承担赔偿责任。在保全申请错误的问题上需要明确以下几点。

（一）明确申请错误的责任主体

虽然保全措施是法院经过审查裁定实施的，但保全措施因与最终判决结果不一致而归于错误，是由申请人无法等待实体审理而造成的。在行为保全的审查阶段，法院对申请人提供的事实和证据只要求达到释明的程度，从而无法保证保全裁定的正确性。既然申请人申请保全是为了维护自身的权益，按照利益和风险相一致的原则，申请人应该就其申请错误而给被申请人造成的损害承担赔偿责任。即使法院对申请存在审查不严的情况，也应是按法院内部错案追究制度追究承办人员的责任，而

不应对被申请人的损害承担赔偿责任。这也是我国将保全错误定义为“保全申请错误”而非“保全审查错误”的原因所在。因此，对于申请错误给被申请人或者第三人造成的损害，都应严格依据《民事诉讼法》第108条的规定，由申请人予以赔偿。对于非因申请人造成的损害，应该分情况处理：被申请人对其损失的发生或扩大存在可归责的原因，如未尽保管义务等，应减轻申请人的赔偿责任；被申请人的部分损失由第三人的行为造成，则第三人也应承担部分赔偿责任等。

（二）明确申请错误的认定

1. 关于申请错误的责任性质

对于“申请有错误”的理解，法律和司法解释都没有明确的规定，实践中存在两种不同观点。一种观点认为，申请有错误可以理解为，申请人在申请保全的过程中存在过错，包括故意和过失。例如，申请人在可以保全其他相应的价值财产的情况下，却选择申请保全价值明显超过诉讼目的额的财产。另一种观点认为，申请有错误不仅包括申请人存在过错的情形，也包括其他情形，只要申请人的保全申请不当给被申请人造成损失，申请人都应承担赔偿责任。如申请人败诉，或虽未败诉但最终判决确定的赔偿额远小于其诉讼请求，以致保全范围过大给被申请人或案外人造成不必要的损失。

笔者认为，被申请人因行为保全而遭受的损害是制度本身的风险所造成的，即如果没有行为保全制度赋予当事人寻求判决之前获得救济的机会，则不会造成被申请人的此种损害。根据风险责任的理论，申请人对于被申请人因其保全申请而造成的损害，应当承担严格责任，而不是过错责任。同时，行为保全错误意味着申请人不具备相应的合法权利，那么申请人基于此种不合理、不合法的依据而对被申请人造成的损害，无论是过错还是过失，都应当承担赔偿责任。

2. 关于保全申请错误的具体情形

《行为保全规定》对保全申请错误的规定主要有以下几种具体情形：

第一种情形是因申请人在采取行为保全措施后30日内不依法提起

诉讼或者申请仲裁。本条规定的理由在于，行为保全作为诉讼的阶段性措施，附属于主诉程序，如果申请人不再通过诉讼或者仲裁程序要求法院判断是非曲直并给予其最终救济，则意味着其放弃司法救济，保全措施也随之归于错误。

第二种情形是行为保全措施因请求保护的知识产权被宣告无效等原因自始不当。自始不当包括申请人缺乏申请行为保全的权利依据、不具备保全必要性等，即申请人由于缺乏接受临时救济的正当性而使行为保全裁定归于错误。

第三种情形是申请责令被申请人停止侵害知识产权或者不正当竞争，但生效裁判认定不构成侵权或者不正当竞争。败诉即意味着包含行为保全在内的全部请求都未获法院支持，自然可以将其中的行为保全裁定认定为错误。简明的规定，更利于法院判定行为保全错误的情形。

第四种情形属于兜底条款，即由法官判定的其他属于申请有错误的情形。

笔者认为，《行为保全规定》对保全申请“全部错误”的情形规定的较为全面，但忽略了对保全“部分错误”的认定，可以增加如下两种部分错误的情形：

第一，行为保全的内容过于宽泛，即部分内容未得到生效判决的肯定，则该部分内容应认定为错误。

第二，由于复议期间不停止裁定的执行，所以复议之后部分撤销的裁定内容也应认定为错误。

（三）确定损失的赔偿范围

在确定赔偿范围时，一般来说应限于直接损失，但如果赔偿请求人有证据证明合理的间接损失，也应根据实际情况依法予以支持。具体应包括：（1）被申请人所受财产损失；（2）被申请人的非财产性损失，如名誉、信用等社会评价度的降低等。

另外，被告的损失应当以担保金为上限，如果超出这一范围而要求原告承担额外赔偿责任，则可以参考美国法上的“恶意控告”标准，仅在原告申请保全的行为存在重大过错时，才可以在没有保证金或者保证金不足时就被告的损失承担赔偿责任。

总之，完善我国行为保全的适用，可以通过司法解释的形式完善其审查标准，并完善兼具诉讼保全和损害最小化功能的衡量模型，既为司法裁判提供参考标准，又为法官的自由裁量提供学理依据。在程序方面，可将行为保全按照申请事项的紧急程度不同而适用不同的审查程序，同时完善担保制度和申请错误的赔偿救济制度。

第三节　行为保全的利益衡量

行为保全作为一种民事临时救济方式，为避免申请人在判决前遭受难以弥补的损害，法院责令被申请人作出一定行为或者禁止被申请人作出一定行为。[①] 此种临时救济的功能，使该制度需要面对三种不可回避的矛盾：第一，正确的行为保全避免申请人遭受难以弥补的损害，与错误的行为保全给最终胜诉的被申请人带来的损害之间的矛盾；第二，行为保全与否对当事人双方的损益与社会公共利益的损益之间的矛盾；第三，未经实体审理而对当事人的实体权利予以司法干预所损失的程序正义，与避免当事人遭受难以弥补的损害以确保最终生效判决的救济价值之间的矛盾。基于这些内在矛盾，法院在审查保全条件和保全事由时，不可避免地需要权衡当事人双方的个人利益、社会公共利益以及行为保全的制度利益。而利益衡量论[②]，正是试图在由成文法保证的法的安定性，以及由法官的裁判所保证的妥当性之间作出某种衡平的方法[③]，可

---

① 参见江伟、肖建国：《民事诉讼中的行为保全初探》，载《政法论坛》1994 年第 3 期；肖建国：《诉前停止侵权行为的法律性质——以诉前停止侵犯知识产权行为为中心的研究》，载《法商研究》2002 年第 4 期。

② 参见梁上上：《利益的层次结构与利益衡量的展开——兼评加藤一郎的利益衡量论》，载《法学研究》2002 年第 1 期；梁上上：《利益衡量的界碑》，载《政法论坛》2006 年第 5 期。

③ 参见常怡、黄娟：《司法裁判供给中的利益衡量：一种诉的利益观》，载《中国法学》2003 年第 4 期。

以有效地为法官提供价值判断的方法论，帮助法官立足于行为保全的内在矛盾，分别从行为保全当事人双方的具体利益、对公共利益的影响，以及是否可以实现行为保全的制度利益三个层面进行利益衡量，裁定是否予以行为保全。

司法实践中，法院在考虑是否裁定行为保全时，主要对保全的必要性予以审查，这些考虑因素共同构成了行为保全的适用条件①，包括：（1）胜诉可能性，即申请人在本案中是否有胜诉可能性；（2）难以弥补的损害，即因被申请人一方的行为或者其他原因是否可能造成将来的判决难以执行，或者使申请人的合法权益受到难以弥补的损害；（3）双方困境的权衡，即采取保全措施对被申请人造成的损害是否明显超过不采取保全措施给申请人带来的损害；（4）公共利益，即采取保全措施是否会损害社会公共利益。然而，适用条件的明确仅能为解决行为保全的内在矛盾提供工具，如何运用这些工具解决矛盾，则需要对行为保全的适用条件予以动态化的排列组合，避免制度矛盾的负面效应，以发挥制度功能的最优价值。下文将从行为保全的制度利益、公共利益和个人利益三个角度，运用利益衡量的方法，对行为保全的适用条件进行分析。

一、行为保全中制度利益的衡量：实现临时救济和事先救济的制度功能

行为保全制度的内在矛盾，反映出当事人之间以及不特定第三人的不同利益关系之间的冲突。只有首先明确行为保全的制度价值，才能够以此为依据，在冲突的利益之间确定应当受到保护或应当优先保护的利益。传统观点认为，保全制度的价值在于保全诉讼，即法院通过在诉前或者诉中采取临时性强制措施的方式，保障申请人胜诉后判决的执行，防止其胜诉却不能实现诉讼请求。然而此种制度价值更多的指向财产保全和证据保全，对新增加的行为保全还需做细致分析。行为保全与财产

---

① 参见《行为保全规定》第7条、第11条。

保全的目的不同，财产保全旨在保障判决的执行，与既有的侵权损害没有关系。[①] 而行为保全与判决的执行没有关系，其目的在于制止侵权损害的发生或扩大，避免申请人在诉讼开始前或者诉讼进行中可能遭受或者继续遭受损害，为其提供及时有效的救济。正是由于行为保全是在紧急状况下，未经实体审理而仅依初步证据而作出的裁定，而使其具有了事先救济、临时救济的属性，区别于实体判决的事后救济、最终救济的属性，因而在衡量适用条件时需要特别注意此种属性差异。

（一）基于行为保全事先救济属性的衡量

第一，胜诉才给予的救济是事后救济，可以有效填平已经发生的损害，而以预防损害为目的的事先救济，适用于难以弥补的损害，不必一定要确认胜诉的可能。

只要存在必须救济的紧急状态，即申请人即将遭受难以弥补的损害，同时被申请人可能因保全错误遭受的损害是可获救济的，则应充分发挥事先救济预防损害的功能，予以行为保全。

第二，事先救济使行为保全的程序性要求十分紧凑，以利于紧急状态下及时救济。司法实践中，行为保全听证的紧凑节奏，使双方所做的证明很难成为将来判决的充分依据。而若要探究申请人胜诉的可能性，需要当事人和法庭投入更多时间和精力，显然与紧急状态下的事先救济的价值目标是冲突的，衡量胜诉可能性不应成为行为保全听证的目标。

第三，在行为保全阶段要求法官预判经过实体审理才能最终辨明是非曲直，既无可行性也无必要性。例如，在租赁纠纷中，承租人装修承租房屋时破坏了房屋的基本架构，出租人为了避免房屋遭受难以修复的损害，先锁上房屋，又向法院申请行为保全，要求承租人停止装修，同时要求承租人承担违约责任。本案中，行为保全的内容仅是要求承租人停止侵害，最终判决时才会涉及承租人是否违约、如何承担违约责任、房屋上锁期间承租人的损失、履约保证金的返还等事后救济的内容，法

---

① 参见张卫平主编：《最高人民法院民事诉讼法司法解释要点解读》，中国法制出版社2015年版，第117页。

官并不需要在行为保全阶段作出预判，仅根据房屋面临永久性破坏风险的初步证据，便可作出行为保全裁定。

总之，行为保全作为事先救济，其制度功能在于给予债权人预防性的紧急权利保护。[①] 一旦确定申请人即将遭受的损害性质属于难以弥补的损害，即应当立即停止加害方的侵害行为，避免损害的发生和扩大。[②] 鉴于此，紧急性是救济的前提，而判断紧急与否的关键在于确定损害是否具有难以弥补的属性，即仅在申请人面临难以弥补损害的风险的情形下，才可被认定为存在急迫待救济的必要。另外，通过分析可以发现，紧急性的存在也使预估胜诉可能性的必要性随之减弱。

（二）基于行为保全临时救济属性的衡量

在对申请人予以临时救济时，主要考虑的问题有三点：一是临时救济是否确有必要，这一问题的核心仍然在于难以弥补损害的认定和发生损害的风险；二是临时救济一旦错误是否可逆，即被强制执行行为保全裁定的一方可否在获得胜诉判决时得到充分的救济；三是临时救济的效果是否等同于最终救济，如果等同，则要考虑程序价值损失带来的危险而不应给予临时救济。

1. 临时救济的必要性衡量

衡量临时救济的必要性，可以从临时救济与最终救济的功能区分出发予以认定。最终救济是为了通过实体审理，保护当事人的实体法上的请求权，那么临时救济是要确保当事人不因审理程序的过程之累而丧失实体法上的请求权。鉴于此，行为保全衡量中“难以弥补损害的风险”可以转化为申请人丧失实体法上请求权的风险，亦即如果没有临时救济，最终救济将失去救济价值。

另外，法院也可以采用能动性的裁判方式，考虑可否在不予行为保全的情形下去满足申请人获得临时救济的需求。如果被申请人可以提供

---

① 参见周翠：《行为保全问题研究——对〈民事诉讼法〉第100—105条的解释》，载《法律科学（西北政法大学学报）》2015年第4期。

② 参见郭小东：《论诉讼保全中的利益权衡问题》，载《西南政法大学学报》2009年第6期。

保证金或者采取其他方式保障申请人的实体法请求权在诉讼阶段不受侵害，法官则无裁定行为保全的必要。

2. 临时救济的可逆性衡量

所谓临时救济的可逆性，是指被申请人因保全错误而导致的损害是否可以获得充分弥补。在衡量可逆性时，首先要判断被申请人因保全错误而遭受损害的性质是否为难以弥补的损害。如果损害性质为难以弥补，则意味着错误裁判的后果是不可逆的，考虑到行为保全内在的矛盾，尤其是未经实体审理而对当事人的实体权利予以司法干预所损失的程序正义，则不宜裁定行为保全。例如，在不正当竞争行为保全申请中，如果被申请人有可能因为行为保全裁定而破产，则不宜裁定保全，而应经过实体审理作出判决。如果被申请人因保全错误而遭受损害的性质是可以弥补的，则可以在申请人提供充分担保的情形下裁定保全。在美国法中，如果被申请人遭受的损害是可以通过经济赔偿的方式予以充分救济的，同时，申请人提供的数额足以赔偿被申请人因错误禁令而有可能遭受的任何损害，则法院在权衡时会倾向于申请人。①

需要注意的是，申请人胜诉的可能性可以影响临时救济的可逆性衡量结论。如果申请人胜诉可能性较高，则意味着保全裁定错误的可能性极低，即便错误裁定的后果是不可逆的，或者申请人提供的担保不足以涵盖错误裁定给被申请人带来的损害，临时救济的可逆性就成为“引而不发”的问题，不需要过多考虑。

3. 临时救济的中间性衡量

临时救济的中间性与终局性相对称。从中间性衡量的角度出发，行为保全不应给予申请人要求的终局救济。如果保全裁定便可以给予申请人其所要求的终局救济，强制被申请人在未经充分申辩的情形下便承担全部的责任，显然对被申请人而言不公平，一旦被申请人最后胜诉，其因行为保全所遭受的损失更有可能是无法充分弥补的。②

---

① See Ohio Oil Company v. Conway, 279 U. S. 815 (S. Ct. 1929).

② See Dorfmann v. Boozer, 414 F. 2d 1168 (D. C. Cir. 1969); Knapp v. Walden, 367 F. Supp. 385 (S. D. N. Y. 1973).

需要注意的是，双方困境的悬殊状况对临时救济的中间性衡量亦有影响。如果行为保全给被申请人造成的负担与申请人遭受难以弥补损害的危险相比，申请人处于更艰难的处境，且被申请人亦不会因为行为保全遭受太多负担，也应给予行为保全救济，即便这会让申请人提前品尝到胜利的“果实”。[①]

综上，从行为保全的制度利益衡量分析，与事后救济的“填补损害”功能相比，行为保全作为事先救济应以“预防损害”为首要功能，以认定申请人难以弥补损害的风险为核心，尽量减少对胜诉可能性的预估。与最终救济以“保护受害人”为中心相比，由于欠缺程序正义，行为保全作为临时救济应充分考虑被申请人是否会因保全裁定而遭受难以弥补的损害，充分“保护被申请人”，仅在申请人有确定的胜诉可能性时，才可以忽略被申请人有可能遭受的损害。

二、行为保全中公共利益的衡量：实现社会财富损失的最小化

（一）行为保全与公共利益的关系

在探讨行为保全与公共利益的关系时，其实包含两个层面的问题，一是裁定行为保全时所要考虑的公共利益[②]，二是行为保全制度所涉及的公共利益[③]。前者是消极利益衡量，是个案衡量，即个案中行为保全裁定是否与公共利益冲突；后者是积极利益衡量，是制度衡量，即行为保全制度可以实现什么样的公共利益。

1．行为保全个案中的公共利益

将公共利益作为行为保全的适用条件，延续了我国在知识产权行为保全（诉前禁令）的适用标准，而这种做法亦是在《与贸易有关的知识产权协议》国内法的过程中，参考了英美法上临时禁令中有关公共利

---

① See Bronx Household of Faith v. Board of Educ. of City of New York, 226 F. Supp. 2d 401 (S. D. N. Y. 2002), aff'd, 331 F. 3d 342 (2d Cir. 2003).

② 参见杨会新：《去公共利益化与案件类型化——公共利益救济的另一条路径》，载《现代法学》2014 年第 4 期。

③ 参见梁上上：《利益衡量论》（第 2 版），法律出版社 2016 年版，第 121 ~ 122 页。

益标准的衡量，即除考虑当事人的合法利益外，认为法院亦有职责保护因临时禁令而受到影响的包括公共利益在内的所有人的合法权益。然而笔者认为，参考临时禁令的适用标准而将公共利益视为行为保全的适用条件并不妥当，理由如下：

一是英美法中的临时禁令属于衡平救济的范畴，即法律无法提供充分救济时才适用的救济。而我国是成文法国家，行为保全的裁定依据只能是制定法，即当事人是否有法律规定中予以认可的实体权利，而制定法是由立法机关代表人民的利益而制定的，本身就是符合公共利益的，因而在适用行为保全时并不需要考虑法律保护之外的公共利益，只需参照相关实体法的规定即可。例如，英美法国家适用临时禁令保护知识产权的权利人时，认为不提供此种保护则不利于促进社会文化经济的进步和市场的良性竞争，不符合公共利益。而在我国适用行为保全来保护知识产权权利人时，仅需依据法律规定认可权利人的合法权利，因为保护知识产权的立法和司法解释，本身就隐含着促进社会经济文化进步和良性竞争的公共利益。

二是英美法中的临时禁令所救济的权利范围，并不限于民事权利，还包括诸如选举权、罢工权、言论自由权等宪法性权利以及禁止政府不合理行为或强制政府做出一定行为的行政救济权，而这些权利本身与公共利益密切相关，所以在适用临时禁令救济公民的宪法性权利和限制政府权力时，时常需要考虑到公共利益标准。然而我国的行为保全是规定在民事诉讼的范畴中，救济的权利范围仅限于民事权利，不适用于宪法性权利和行政权利等，也不会涉及与之相关的公共利益。

三是当个人利益与公共利益发生冲突时，基于利益位阶的比较也必然是以公共利益优先，无论是利益的取舍还是利益的兼顾，行为保全阶段其实是在考虑未来判决中所涉及的公共利益与当事人个人利益的冲突，与其说是考虑行为保全裁定与公共利益的冲突，不如说是考虑未来判决与公共利益的冲突，其实这也是对当事人实体法请求权能否实现以及实现方式的考虑，亦即对其胜诉前景的考虑。在此种情形下，公共利益标准的衡量其实已经涵盖在对当事人胜诉可能性的预估中。

四是在司法实践中，公共利益既可以作为消极要件，也可以作为积极要件，而两者的冲突使公共利益要件仅成为辅助裁定说理的内容，而未在实际权衡中发挥作用。例如，在互联网反不正当竞争纠纷中，申请人主张“若不及时制止上述行为，可能对申请人的竞争优势、市场份额造成难以弥补的损害；采取保全措施不会损害社会公共利益，且申请人已提供有效担保”，被申请人主张“互联网作为新兴产业，鼓励中小微企业合法经营，在案件未实体审理的情况下对其作出禁令，不符合社会公共利益”。前者认为公共利益是“不损害则可发布保全”的消极要件，后者认为公共利益是“不利于则不应发布保全”的积极要件。而事实上法院作出裁定，考虑的仅是“难以弥补的损害”和“担保”，如果裁定予以保全，公共利益则会作为消极要件进入裁定理由，如果裁定不予保全，公共利益则会作为积极要件进入裁定理由。

除此之外，法院在执行裁定时亦会考虑到与公共利益的冲突，如果冲突则不予执行。与裁定环节相比，执行环节涉及的公共利益更为具体和明确，既可以有效避免因公共利益概念的抽象性和不确定性而带来的衡量困难，同时亦不致使司法裁定有损公共利益。基于此，公共利益并不需要作为行为保全的单独适用条件，涉及相关公共利益时，可以作为裁定与否的说明理由。

2. 行为保全制度隐含的公共利益

行为保全制度所隐含的公共利益，即从行为保全运行的实际效果考虑，究竟能够实现怎样的公共利益。行为保全运行所产生的效果是，申请人在某种程度上已经实际享受到法律上的利益，而被申请人在某些情况下已经被强制性地履行了一定的义务。① 当事人双方权益未经完备公力救济程序，便已达成具有强制约束力的分配，从法经济学的角度来分析，是何种效益分配机制在发挥作用，又对社会经济产生了何种影响？美国学者理查德·布鲁克斯和沃伦·施瓦茨在对临时禁令的运作机制的

① 参见冀宗儒、徐辉：《论民事诉讼保全制度功能的最大化》，载《当代法学》2013 年第 1 期。

法经济学分析后认为，临时禁令只有在促成社会财富损失的最小化时，才能成为最具效率的制度。① 从利益衡量的视角观察，这是采用“效益分析法”来探讨如何促使社会财富损失的最小化，而不仅仅是当事人双方利益损害的最小化，并以实现此种效率和公平作为行为保全的公共利益。②

采用效益分析法来分析，当权利状态不确定时，申请人为了最大化其利益，会试图通过证明其拥有合法权利可能性而获得行为保全救济，以此种方式让对方为自己可能遭受的损害“埋单”。因此，当实现分配效率的个人动机被不确定的权利状态“扭曲”时，行为保全作为纠正“扭曲”状态的一种方式，对被申请人产生威慑和鼓励的双重效果。威慑效果是指被申请人如若拒绝执行行为保全将受到惩罚，鼓励效果是指如果最后被告胜诉，则可以要求赔偿执行行为保全裁定而遭受的损失。威慑和鼓励相结合的方式是否产生效应，取决于原告对于申请行为保全的风险成本及收益可能的评估，被告也会根据原告的判断采取最有效的行为模式。因而，法院可以摆脱对判决结果的预测和双方遭受不可弥补损害的衡量，顺应申请人的行为动机，实现诉讼资源的最优配置。

从当事人成本分析的角度来看，由于责任的归属并不确定，当事人做出是否申请或者接受行为保全的重要判断时，更倾向于权衡该判断对于自己的价值。如果裁定或者拒绝行为保全会导致低效率的行为，则会产生社会损失，即一种无法从一方当事人转移至另一方当事人的损失。而个人利益衡量模式不会注意到社会损失，如果原告通过胜诉判决获得了足够的赔偿，或者如果被告在获得胜诉判决后也能够获得错误保全造成的损害赔偿，则无额外损失的存在。个人衡量模式认为只要有充分的事后救济则可以否定行为保全的必要。然而从公共利益衡量视角来分析分配效率，事后救济并不是充分的救济，不能仅仅局限于在双方当事人之间分配损失，还应当考虑因无效率的行为导致的社会损失。原因有

---

① See Richard R. W. Brooks & Warren F. Schwartz, *Legal Uncertainty*, *Economic Efficiency*, *and the Preliminary Injunction Doctrine*, 58 Stanford Law Review 381 (2005).

② 参见王利明:《法学方法论》，中国人民大学出版社 2012 年版，第 640 页。

两点：

一是即便有充分的事后救济，行为保全仍然有存在的必要性，不仅是回应不确定的权利归属，也可以解决实体法中信息不对称的问题。在大多数情形下，合法权利遭受损害的当事人一方能够获得损害赔偿，但为了免遭侵害而付出成本的一方，却很难获得相应的赔偿。这种不对称造成了对于侵害的体制化的问题：被告乐享侵权带来的利益，而与此同时，其因侵权而承担的损害赔偿是“打折扣”的。所以正是因为原告很难因其积极的避免行为而获得赔偿，才更需要临时禁令救济。

二是只关注行为保全与否给双方当事人造成的损害能否获得赔偿，有失偏颇。如果原告自认为一定可以胜诉，则没有讨论比较两种损害的必要。如果通过判决给予充分的赔偿救济能够保证被告在诉讼期间的分配效率，则没有行为保全救济的必要，对于最终判决的预测则可以引导被告做出最有效率的行为。换言之，即便没有行为保全，基于对最终判决的预测，原告也会按照如同存在行为保全强制其行为的方式去做或者不做一定行为。

简言之，如果行为保全重在社会财富损失的最小化，而不仅仅是当事人双方之间的利益损害的最小化，则可以有效实现行为保全制度的公共利益。[①]

（二）公共利益视角下行为保全适用条件分析

如上文分析，行为保全制度隐含的公共利益，是实现社会财富损失的最小化。所以法官在裁定行为保全时所要考虑的公共利益，不仅指个案裁判与公共利益的冲突，更需要根据行为保全制度隐含的公共利益，对行为保全的各个适用条件予以分析和衡量。

1. 公共利益视角下损害的范围更为宽泛。法院在原有的适用条件中对当事人个人利益衡量时，并不会考虑原告履行义务的全部花费，而仅是将无法通过实体判决予以赔偿的部分损失认定为难以弥补的损害。

---

① See Richard R. W. Brooks & Warren F. Schwartz, *Legal Uncertainty*, *Economic Efficiency*, *and the Preliminary Injunction Doctrine*, 58 Stanford Law Review 381（2005）.

同样，也不会考虑被告履行义务的全部花费，而只是考虑如果其胜诉仍无法获得赔偿的部分损失。但是，如果从效益分析的角度出发，双方全部的花费（成本）都应予以对比衡量。强制执行无效率的行为的裁决会导致错误分配资源的社会成本增加，不符合公共利益，这是无法通过实体判决在当事人之间的财富转移来消化的损失。

2. 公共利益视角下更为重视发挥担保的效益调节作用。行为保全救济想要实现分配效率而达成社会财富损失的最小化，需要通过将行为保全与当事人行为动机相契合，实现诉讼过程中最有效率的行为。例如，如果原告试图通过行为保全要求强制履行买卖合同并且愿意支付保证金，则法院应该裁定行为保全，信赖原告能够通过比较保证金的损失和行为保全的获益而谨慎申请。理性的行为人能够分析违反法律义务的成本，只会在违法成本小于获益的情形下，才会试图违法，当申请人愿意承担被申请人的成本时，或者法院认为由申请人承担错误保全的赔偿是更为有效率的方式时，则法院应当裁定行为保全。换言之，充分发挥保证金制度在保全措施中成本效益调节的作用，消除当事人企图不承担责任时的低效率行为动机。所以，如果被申请人的损害可以通过保证金予以充分救济，则在权衡双方困境时可以优先满足申请人的需求。

3. 公共利益视角下亦不需要预估胜诉可能性。基于效益分析，适用行为保全时，法官并不需要替当事人双方预估胜诉可能性，而只需要通过行为保全的制度安排（如发挥保证金的作用）来信任当事人双方对于各自胜诉前景的判断。以交付履行纠纷为例，如果原告胜诉，其将获得因被告未履行义务而带来的损害赔偿。被告的履行行为是否更有效率，与应当由谁承担不履行的成本并无关系。根据“效率违约”理论，被告仅在履约更有效率时才不会违约，如果交付货物的成本高于其违约赔偿的成本，被告会选择效率违约。由哪一方当事人承担被告不交付货物的损失，并不是在行为保全阶段需要考虑的问题，如果实体审理认为被告违约，被告则会承担赔偿责任，如果认为被告没有违约，原告需要承担行为保全给被告造成的损失。

总之，通过分析行为保全运行时实际产生的分配效率效果，促进社会财富的最小化是隐含在行为保全之中的公共利益。从公共利益衡量的视角来审视行为保全的适用条件需要注意三点：一是行为保全所能实现的公共利益，是指促进社会财富损失的最小化，即实现分配效率，而通常所说的公共利益标准，已隐含在诉讼标的中的实体法律关系所代表的公共利益中，并不需要单独作为一个标准衡量；二是扩大对于损害的考察范围，不仅要考虑当事人双方实体权利遭受的损害，还要考虑当事人实际履行义务的全部成本；三是在当事人愿意支付充分保证金的情形下，可以充分信任当事人自主权衡损益的行为动机，适当减弱对胜诉可能性、难以弥补的损害等标准而裁定予以行为保全。

三、行为保全中个人利益的衡量：实现当事人双方的损害最小化

从当事人个人利益衡量的角度考虑，行为保全审查时首先要考虑的问题就是最大限度地降低保全错误对合法权利造成的损害，具体的衡量过程可以分为以下三个步骤。

（一）定性分析：明确损害的性质

法院在评估风险时，并不需要考虑保全错误可能导致的全部损害，而只需考虑其中可能对合法权利造成的损害，而此种损害对于申请人和被申请人而言具有不同的特征属性。

对于申请人而言，要求行为保全的申请是基于其实体法上的防御性请求权[①]，此种损害是指法院应保全而未保全给其造成的损害，并且此种损害具有难以弥补性，即行为保全的核心标准——难以弥补的损害。难以弥补的损害主要包括[②]：（1）难以弥补的财产损害。这种损害包括金钱赔偿无法救济的情形，也包括虽然可以通过经济赔偿获得救济但最终无法获得赔付的情形，还包括所受损失无法被合理计算的情形等。例

① 参见曹险峰：《防御性请求权论纲》，载《四川大学学报（哲学社会科学版）》2018年第5期。

② 参见毕潇潇、房绍坤：《美国法上临时禁令的适用及借鉴》，载《苏州大学学报（哲学社会科学版）》2017年第2期。

如，合同纠纷中的违约损害赔偿通常不应给予行为保全救济，虽然违约亦可以造成难以弥补的损害，但其通常可以获得金钱赔偿。被告的资产不足以支付赔偿、涉案资产严重贬值、被告享受某种豁免特权等被视为申请人最终无法获得赔偿的情形。（2）难以弥补的人身损害。除了直接对人的生命和健康造成的损害外，也包括因极度贫穷和无家可归而导致的对生命健康的严重威胁、导致申请人丧失健康保险的损害以及遭受某些严重的健康和医疗损害等。（3）导致申请人丧失竞争力的损害。这种损害包括导致申请人破产的损害、丧失出售核心产品和产品生产线权利的损害、丧失经营控制权的损害、丧失市场份额的损害、丧失信用或商誉的损害等。

保全给被申请人造成的损害，有可能是难以弥补的，也有可能是可以弥补的。两种不同性质的损害，将直接影响法官权衡的结果。基于行为保全制度的内在矛盾，在衡量天平中被申请人的这一端，始终有一个颇有价值的砝码，即程序正义的价值。法官作出行为保全裁定的正当性，必须来自申请人遭受难以弥补损害的可能，以此弥补部分正当程序的缺失。然而，如果裁定会对被申请人造成难以弥补的损害，则此种裁定的正当性亦会打折扣，天平一端自然会向被申请人倾斜，案件应当回归至完备的庭审程序。所以，如果被申请人因保全错误而可能遭受的损害是可以弥补的，而申请人如不能获得行为保全可能遭受的损害是难以弥补的，那么两者相比较，后者重于前者；而如果被申请人因保全错误而可能遭受的损害也是难以弥补的，那么加上其未获实体审理而损失的正当程序价值，自然要重于申请人可能遭受的难以弥补的损害。

简言之，申请人难以弥补的损害与被申请人可以弥补的损害相比较，前者要重于后者；申请人难以弥补的损害与被申请人难以弥补的损害相比较，后者要重于前者。可如果申请人的难以弥补的损害更重，而被申请人的难以弥补的损害较轻，何者为先？解决这个问题，需要在定性分析基础之上进行定量分析。

（二）定量分析：预估损害的范围

预估难以弥补的损害乍看之下本身是自相矛盾的：既然是难以弥补

的损害，又如何预估？如果损害可以预估并数量化，那么便可以通过赔偿予以救济，该损害又如何称为难以弥补的损害？事实的确如此，对于“难以弥补的损害”的计算是十分困难的，即便是粗略的计算也很难实现。所以，预估“难以弥补的损害”并不是要计算损害，而是确定损害的程度。在预估损害范围的问题上，主要有两种方法：

一是“投影定价法”，即寻找替代品的价值来估量难以弥补的损害。例如，污水排放所致流域鱼类死亡，可按照流域内渔民年平均收入的总和来计算环境污染的损害。投影定价的方法有时非常实用，但完全依照“定价技术”，容易使价值判断取代法律判断，但此种缺陷是可以通过法院在实体审理中予以避免的，在时间仓促、证据不足而又必须作出裁判的行为保全救济阶段，选择投影定价的方法可以算作权宜之计。法律无法将保护的利益全部货币化，但至少可以此判断所要保护利益的重要性。

二是“权利位阶比较法”，即结合双方遭受损害的权利的位阶及相应的损害程度来判断。[①] 一方面，从权利位阶的比较来看，通常认为生命利益大于健康利益、健康利益大于财产利益。另一方面，如果处在同一权利位阶，生命利益是不分高低的，而财产利益之间是按照价值大小区分，即结合相应权利受到损害的程度来比较双方的损害。需要注意的是，在行为保全阶段，申请人必须要证明其人格权利被侵害而遭受实际的损害，而此种损害又是今后无法被弥补的，才有寻求临时救济的必要性和正当性。如果此种损害停留在象征意义的层面或者暂时不会导致实质损害的发生，又或者实质损害较小，则应当等待法院实体审理后，对其合法权利予以正名并救济。

通过定量的比较，如果申请人遭受的难以弥补损害较轻，而被申请人遭受的难以弥补损害较重时，由于被申请人在行为保全中损失了程序价值，仍然是后者重于前者。而在被申请人遭受难以弥补的损害与申请

---

① See John Leubsdorf, *The Standard for Preliminary Injunction*, 91 Harvard Law Review 525 (1977 – 1978), p. 553 – 554.

人相比差别不大时，需要引入变量的讨论，即双方胜诉的可能性。

（三）变量分析：预估胜诉的前景

如前文所述，由于行为保全制度的内在矛盾，被申请人一方总是因损失正当程序价值的可能性而占据着天平的优势，而打破此种优势的重要砝码便是此种可能性较低，对申请人则意味着胜诉的可能性较高。所以，在确定双方当事人都可能遭受难以弥补的损害，并且轻重差距不大时，胜诉可能性则决定行为保全救济的正当性。此时，法官唯有对胜诉前景做出预估，才有可能将保全错误的可能性降至最低。

尽管法官并不知道双方当事人在实体审理时会提出怎样的证据，但是可以根据申请人的申请书、律师陈述、基于无法提供的证据的推理、法官对双方论辩的看法等，对基本事实做出判断。此种判断过程虽然不理想但却很现实，即便是在实体审理过程中，法官时常面对的也是各种可能性而非确定性。[①] 法官在实体审理中面对适用法律的不同意见时，也会通过设想上诉法院的看法来决定采用何种意见。这一过程，与行为保全阶段的法官去设想最终审判的结果是相似的。需要探讨的是，这一相似的过程是否与"避免预判"原则相背离。从表面上来看，"避免预判"原则与行为保全的合理性似乎是矛盾的，因为法官越是在行为保全阶段深入的关联未来的判决，作出错误裁定的可能性就越小。但其实，在行为保全阶段预估未来判决并不会出现"避免预判"原则担忧的情形。因为一方面，预判不等于偏见，无论是否裁定行为保全，同一个法官对某一类型的案件都会有持续一致的看法，法官在一个案件中固执己见的情况仅存在于同一个法官用同一种方式审理同一类案件；另一方面，在行为保全听证阶段的深入分析，有助于不利一方更好的应对之后的庭审，也有助于双方对最后的结果有所预见，以便更易达成调解。

在个人利益的衡量时加入胜诉可能性的变量分析，可以将原告胜诉可能性乘以其可能遭受的损害，与被告胜诉可能性乘以其可能遭受的损害相比较。此种衡量的方法，可以有效地将"胜诉的可能性"、"难以

---

① See Lempert, *Modeling Relevance*, 75 Michigan Law Review 1021 (1977), p. 1025.

弥补的损害”和“双方困境权衡”三个适用条件统一到“损害最小化”的框架之内，尤其适用于双方互有损害且胜诉前景不明朗的情形。需要说明的是，此种衡量方法，并不是以精确的数学计算来取代法官的裁量，而是将一个有价值的经济分析方法予以“升华”从而形成理论建构，帮助法官运用适用条件进行权衡。该衡量方法的适用并不依赖于对难以弥补的损害和胜诉可能性的计算，当法官对其中某一个变量进行预估时，会马上转化为主观性的概念——对孰重孰轻的判断。

综上，在对行为保全双方当事人利益予以衡量时，首先，应当判断双方因保全错误而遭受损害的性质，予以行为保全的前提是申请人遭受的损害是难以弥补的。其次，如果被申请人因保全错误而遭受的损害是可以弥补的，则在申请人提供充分担保的情形下，可以裁定行为保全。再次，如果被申请人遭受的损害也是难以弥补的，那么应以被申请人的利益为先，尽快进入实体审理程序。最后，如果双方都有遭受难以弥补损害的可能，则应同时比较损害的程度与胜诉的可能性，即将原告胜诉可能性乘以其可能遭受的损害，与被告胜诉可能性乘以其可能遭受的损害相比较。

本章小结

行为保全和临时禁令在判决前救济当事人免受难以弥补的损害的独特功能是十分有价值的，但此种救济最大的问题在于未经实体审理的正当程序而对当事人的权利义务关系进行司法干预的不正当性。正因如此，我国的行为保全的适用条件和裁量方法、程序设置和利益衡量，都应试图尽力减小此种不正当性的负面影响。对于法院而言，如果有更好的方式可以避免申请人遭受难以弥补的损害，则不应当轻易地作出行为保全裁定。对于当事人而言，耗费在行为保全程序上的律师费用、保证金以及时间成本也都是不小的负担，对于资源有限的当事人而言，或许要承担很大的压力。所以，法院应当鼓励当事人通过庭审的方式解决争端，尽可能地避免申请行为保全。未来我国可以尝试在保全程序与主诉程序间建立有效的连接，即允许双方当事人依保全形势所迫而要求法院加快进入庭审程序，同时也赋予法院依职权而决定搁置保全请求并加速进入实体审理的权力。行为保全制度除了裁量方法和签发程序需要完善之外，制度性的问题仍十分繁杂，如启动程序中的管辖问题，执行中公权力机关的配合问题，错误保全时国家的赔偿问题等。对解决这些更具本国特色的问题，美国法无法提供有益借鉴，全面完善行为保全制度仍然需要多维度全方位的深入研究。

在对行为保全中的个人利益、公共利益和制度利益予以铺展讨论的同时，也清晰地呈现各种利益衡量内部及利益之间的动态展开过程，对“难以弥补的损害”“胜诉可能性”“双方困境的比较”“公共利益”等适用条件进行取舍和排列组合，从而向法官提供一种在裁量时的思维进路，以确保在实现行为保全制度功能的同时，最大限度地避免其负面效应。具体而言：

首先，申请人是否遭受难以弥补的损害的风险是行为保全适用条件中的核心。从制度利益衡量角度分析，预防损害的发生与扩大，是行为保全作为事先救济的重要功能，申请人需求救济的急迫性取决于其遭受损害的性质和风险；从公共利益衡量角度分析，防患于未然比事后的损害填补要更有利于社会财富损失的最小化；从个人利益衡量角度分析，能够填补被申请人程序正义损失的唯一正当性解释，便是申请人有可能在实体审理之前遭受难以弥补的损害，因而也成为行为保全裁定的正当性所在。所以，在行为保全的适用条件中，首先应当考虑的核心因素就是申请人是否有遭受难以弥补的风险。这其中既要明确损害的性质为难以弥补，又要确认申请人正在遭受或者即将遭受此种损害。

以《行为保全规定》为例，法官在考量行为保全的适用条件时，应当首先考虑申请人的处境是否属于第 6 条有关“情况紧急”的情形，如果不在其列，则可以直接否定申请，如在其列，则根据第 7 条第 2 项“不采取行为保全措施是否会使申请人的合法权益受到难以弥补的损害或者造成案件裁决难以执行等损害”，对申请人予以行为保全。

其次，被申请人是否会因保全错误而遭受难以弥补的损害是行为保全适用条件中的关键。从制度利益衡量分析，行为保全作为临时救济与判决等最终救济相比，欠缺的是程序的公平和正义，因而与旨在为胜诉方提供实体审理后的最终救济相比较，行为保全更应当注重对胜诉前景未明时欠缺程序正义一方（被申请人）的保护。从公共利益衡量角度分析，由于当事人比法官更清楚侵权行为违法成本和行为保全的获益成本，如果被申请人因保全错误而遭受的损害是可以弥补的，而申请人又愿意提供充分的担保，则可以裁定行为保全；从个人利益衡量角度分析，如果被申请人遭受的损害也是难以弥补的，在权衡申请人与被申请人的困境时，被申请人由于欠缺程序公正而应当处于优势地位，此时法院应当避免行为保全裁定而根据申请人的需要尽快进入实体审理程序。

最后，胜诉可能性仅在当事人双方都有遭受难以弥补的损害的可能，并且通过定量比较发现差别不大时，才应当作为变量予以考虑，即将原告胜诉可能性乘以其可能遭受的损害，与被告胜诉可能性乘以其可能遭受的损害相比较。从制度利益衡量的角度分析，行为保全作为临时救济并不会对最终判决产生约束力，作为事先救济的初衷又旨在帮助迫于情势紧迫而难以充分举证的申请人，因而在行为保全阶段就要求法官预判胜诉前景，既无可行性也无必要性。从公共利益衡量的角度分析，法官在大多数情况下可以信任当事人为了实现分配效率而对胜诉前景的判断，而不必自己做出预估；从个人利益衡量的角度分析，法官要在对当事人双方遭受的损害予以定性和定量比较之后，才会涉及胜诉可能性的问题，而不必首先考虑胜诉可能性。这里需要特别说明的是，在司法实践中，法官从保全诉讼的角度考虑，通常最先衡量的是双方的胜诉可能性，因为这将直接决定保全错误的可能性。而由于在裁定期限较短、双方提供证据不充分，甚至在未及时听证的情况下，准确判断胜诉可能性难度较大，易导致司法实践中出现裁判不统一的情况：有的法官对胜诉前景的预判稍有不确定性就不予保全，以免承担保全错误的风险；有的法官是只要有胜诉可能性就保全，认为早裁定和晚判决没有区别；还有的法官基本不考虑胜诉可能性，有担保就保全；等等。这些情形既会限制行为保全临时救济预防损害的制度功能的发挥，也容易成为当事人利用行为保全实现竞争目的的工具。由此可见，清晰的裁量思路对于行为保全正确适用的重要意义，不仅要明确适用条件，也需要明确适用条件的适用顺序和具体场景。

同时，笔者认为将公共利益作为行为保全的适用要件是没有必要的，其不会单独决定是否予以行为保全。但是，行为保全制度运行所关涉的公共利益，却直接与担保要件密不可分。从制度利益衡量的角度分析，行为保全中担保的目的应当为弥补被申请人可能遭受的损失，其担保数额的范围应当以可能遭受的损失为限，而非保全请求的数额。并且行为保全的措施原则上不因被申请人提供担保而解除，因为行为保全的目的在于制止侵权行为的发生或者继续，如果以担保来替代对行为的制止，一方面，无法判断二者价值是否相等；另一方面，被申请人很有可能在提供担保解除保全之后继续实施危害行为，给申请人造成难以弥补的损失。从公共利益衡量的视角来分析，只有当保证金足以涵盖被申请人可能因保全错误遭受的损失时，才会避免申请人提出未来判决中不能获得支持的行为保全申请，同时也才会在双方将此种保证金的成本计算在违法成本和基于合法请求权的获益中，以避免采用低效率的法律争端，从而减少社会财富的损失。从个人利益衡量的角度来分析，在申请人有遭受难以弥补损害的可能，而被申请人并不会因保全错误而遭受难以弥补的损害或者其有可能遭受的损害是可以弥补的，那么法官最能平衡救济的及时性与被申请人程序正义损失的利器，就是担保。所以，行为保全中担保的性质应当为强制担保，既可以担保程序正义的损失，又可以优化资源的配置。而同时，亦有必要对免除担保的情形予以规定，即有证据证明有保全必要但申请人无力提供担保时，可以免除担保。①

总之，就利益衡量的动态角度而言，以行为保全当事人的利益为起点，在社会公共利益的基础上，对制度利益进行综合衡量，确定适用条件的适用顺序为：首先，确定申请人遭受难以弥补损害的风险，包含损

---

① 参见李曼：《民事行为保全担保制度的完善路径》，载《当代法学》2018 年第 3 期。

害的性质的确定和急迫性。其次，权衡双方的困境，如果被申请人因保全错误而遭受的损害可以弥补，则以损害范围为限要求申请人提供担保，此时可以裁定予以行为保全。如果被申请人因保全错误而遭受的损害也是难以弥补的，则首选不予保全，如果申请人急迫，可加快审理进程。再次，如果申请人遭受难以弥补损害的风险与被申请人遭受难以弥补损害的风险难分伯仲，则可以引入对胜诉可能性的预估，如果两者比较，申请人占优，则亦可予以行为保全救济。最后，无论是在上述哪种情形下予以行为保全，都应当要求申请人提供担保，除非有免除担保的特殊情形，否则应强制担保。

后　记

与禁令研究的结缘，源自对英美律政剧的喜爱。记得有一个桥段，说的是律师突然得知有家报纸要刊登对自己当事人非常不利的文章，便急匆匆地向法院申请禁令，于是杂志社不得不马上删去这篇文章，当事人也因此逃脱了麻烦。我当时便觉得眼前一亮，司法救济也可以如此迅速、及时地制止和预防损害的发生吗？于是“禁令”这个词，第一次走进了我的视野。

机缘巧合的是，在攻读博士期间，我的博士生导师吉林大学特聘长江学者房绍坤教授，在思考英美禁令与停止侵害的民事责任的异同时，发现国内研究似乎不多。房老师便建议我这个留学回来的“小海龟”，专题研究禁令这一英美法系中的特殊制度，并作为我博士学位论文的选题方向。老师的建议一下戳中了我的兴趣点，自此开启了长达五年的围绕禁令问题的研究。

兴趣能够和工作相结合，着实是人生的一大幸运。这里不得不感慨，房绍坤老师作为我国首届国家级教学名师，不仅拥有广阔的学术研究视野，也深谙因材施教的育人艺术。如果不是老师一直鼓励我发挥英语特长、发掘我的英美法研究潜力，也不会有我接下来较为顺畅的研究经历。

起初研究时，有些摸不清门道。曾经在美国威斯康星大学麦迪逊分校法学院攻读硕士时学习的知识，并不足以让我轻松地驾驭这个研究课题。记得当时房老师送给我一本杨良宜先生签名相赠的专著《禁令》，让我作为研究的背景资料来学习。这本书是当时唯一以“禁令”为题目的中文专著，虽然偏重于实务介绍而非理论研究，但却是了解禁令制度的不二入门书籍。

随着研究的深入，研究资料的不足和研究视野的局限，再加上个人精力被两个年幼的宝宝分散不少，使研究一度陷入“瓶颈”。房绍坤老师对我的学习、工作和生活状态一直是非常了解的，当即建议我最好到美国做专题访问学习，这样既可以获得丰富的一手研究资料，又能够与美国学者进行充分交流，也可以暂时性地从“两个孩子的母亲”的角色中跳脱出来，全身心地投入到专题研究中，以尽快完成博士学位论文的写作。

现在看来，老师的建议无疑是明智且果断的，是我能够用三年时间顺利获得博士学位的关键决策。下定访学的决心后，老师通过现任上海交通大学凯原法学院院长彭诚信教授，把我推荐给美国爱荷华大学法学院的托马斯·加莱尼斯（Thomas P. Gallanis）教授，让我跟随其进行访问研究，同时还为我提供了最实际的访学资助。就这样，在老师的帮助和家人的支持下，我又一次踏上了美利坚的旅程。

美国爱荷华大学法学院在 2021 年 USNews 美国大学最佳法学院排名中位列第 27 位，拥有世界一流的法律图书馆和数据库资源。这些丰富的研究资料对当时的我而言，像是久旱逢甘霖，同时又像是走进了迷宫。在帮我迅速拓展研究视野的同时，也让我有些不知如何切入。得幸此时可以求教于加莱尼斯教授，他是衡平法方面的专家，时任法学院主管科研的副院长。

初见加莱尼斯教授，感觉就像是从影视剧中走出来的精英律师，50 岁左右，着一身精致西装，清爽整洁，身材匀称，步态轻快，笑容亲切，金色的头发，发量不多却一丝不苟。我准备了一份手工制作的传统年画画册作为见面礼，教授非常喜欢这份颇具中国文化特色的礼物，回请我一顿当地颇有名气的意大利美食。

第一次沟通就非常顺畅愉快，加莱尼斯教授对我的研究建议是，不要孤立地去研究禁令，要关注它的衡平法特质，更要放在救济法的背景中去研究。也是从这时起，我关注到了英美救济法兼具实体与程序的双重属性在禁令制度上的影射，与大陆法系界分实体法与程序法的差异，以及此种差异在制度移植借鉴上可能会引起的水土不服。

研究路径明确、资料丰富，为接下来研究的顺畅进行奠定了基础。

而额外的研究收获则来自爱荷华法学院的午餐学术沙龙。每周学院会提前发布演讲者的信息和演讲主题，提供午餐简餐，邀请本院教师和访问学者等研究人员前去参加，分享学术研究心得。与会学者们广阔的研究视野让人印象十分深刻：刑法教授可以畅聊行政法问题，侵权法教授可以就公司法问题发表高见，合同法教授和民诉法教授可以就财富继承问题热切交流……似乎学者们都不希望自己受限于某个研究领域。

这让我想起欧洲侵权法与保险法研究所主任厄恩斯特·卡纳（Ernst Karner）教授说过的，“博士生需要在某一个法律问题上成为专家，而教授则应当精通各个法律领域，因为它们彼此很难割裂”。在他们看来，精力有限是客观问题，融会贯通是主观追求。

良好的学术氛围，总是让人忍不住扬鞭奋蹄，我也很喜欢提前了解演讲主题并参与到讨论中去。因为之前在美国留学过，语言交流上没有太多障碍，所以给人留下了“擅长交流的中国学者”的印象。

在这些访问学者中，我发现拥有英美法留学背景的学者，有着独特的研究优势。不仅体现在英语沟通、资源检索、阅读写作的能力上，更重要的是，曾经体系化学习了英美法课程的经历，为现下的研究搭建起了背景式依托。这十分有助于在英美法这棵大树上，快速清晰地定位出研究对象的具体位置，并理解其与其他制度间的关系，从而避免孤立式地看待研究对象，或者简单等同于类似的国内法制度进行研究。

以禁令为例，它是衡平法救济，那么便会首先涉及英美法系中的两个子系统——衡平法与普通法之间的关系，涉及衡平法与普通法的融合，以及现在衡平法官与普通法官审理程序的差异。它属于救济法，会涉及英美救济法并没有实体和程序相区分的逻辑，也会涉及救济法虽然是个上位概念，但却没有任何一所法学院开设这门课程，因为它的课程体系难以建构。它既包含临时救济，也包含终局救济，可是这样的临时和终局，并不是以大陆法系中的诉的概念为界分的，更多的是指禁令的效力期限。

研究的过程从来不会是甜的，遇到卡顿的情形每天都在发生，与苦咖啡一起刺激着大脑和心情。但留学时研究生院院长开学致辞里那句

"追问别人之前，先追问自己"言犹在耳，所以这次访学时遇到研究问题，也不好时常去求教加莱尼斯教授，虽然教授十分和善也很乐意指导我的研究。尤其跟教授商定会面时间时，看到他在满满当当的日程安排表上为我左右腾挪的艰难，更觉得不好意思过多打扰。

有一次，我按照约定时间，事先梳理了若干精心筛选的问题去请教，但教授说他无法马上给我答案，需要查找资料加以研究后才可以，不如推荐给我一些可能找得到答案的资料，让我自己去研究，有问题再交流。我带着教授手写的一长串资料清单，万分感谢地辞别。但回到寝室之后，却心情低落。那种感觉像是，本来需要的是大米下锅，却受赠一捧种子，收获可期但又未知。

我的室友，日本北海道医科大学的艾丽卡（Erika）副教授，说了一番让我倍感安慰和备受鼓舞的话。她说："作为博士研究生，不能再指望任何人告诉我们答案，因为我们的使命，是用我们的手指，去推动人类认知圈的边界扩大一点点，那是前人没有做过的事情，哪怕只推动了一点点，都是我们的贡献。"

这段话，我一直铭记，不仅助力我克服畏难情绪完成在美国的研究任务，也帮助我完成了由"学生"向"研究者"的角色转换。后来，在加莱尼斯教授和房老师的共同指导下，借助爱荷华大学法学院丰富的图书馆资源，仅用了不到半年的时间，就顺利完成了资料收集整理和写作问题梳理工作。

急切返回国内后，每日到办公室继续写作。当时我的办公室与房老师的在同一个楼层。老师在研究间隙，会踱步过来盯一下我的研究进度，帮我指出问题，给出调整建议。就这样，又经过了 2 个月在国内的写作，终于完成了初稿。这是生平第一次完成十几万字的写作，交给导师时，心里万分忐忑。

房老师在第一天审阅时，就盯着这篇论文看了整整 4 个小时的电脑屏幕，其间完全没有离开办公室，逐字逐句地修改。我在感激老师长时间审阅的辛苦时，老师竟然说："你的文字写得顺畅，我读得也顺畅，改起来并不累。"老师的鼓励让我在日后的研究中更加注意表达的通畅。

但后来发现，无论我怎样反复确认，呈给老师审阅文章时，还是会被老师指出不少问题，真是万分敬佩老师的火眼金睛和细致严谨！

根据导师的修改建议、外审专家的评价反馈和预答辩专家组的建议，论文经过反复修改才最终定稿，并顺利通过了毕业答辩。其间辛苦，是每一位获得博士学位的朋友都经历过的。对我而言，研究本身的辛苦，远不及对家人付出的感激、对两个年幼宝宝亲子分离的自责和唯恐让导师失望的担忧。

还好，苦尽甘来，终有收获！

这些年来，研究英美法制度感觉最难的部分在于，静态捕捉动态画面的同时，如何避免以偏概全。英美法是判例法，而判例法的动态变化，又是那么难以琢磨。正如我国台湾东吴大学法学院姚思远教授在2017年烟台大学举办的“海峡两岸英美法教育研讨会”上的形象描述：“英美法像是一片沙漠，有很多座沙丘，但是风一吹过，沙丘的形态就发生了变化。沙漠还是那片沙漠，但沙丘已然不是那座沙丘。”

所以，大陆法思维的学者用静态的视角去评价动态的英美法时，需要格外小心。尽管我们习惯了归纳概念的内涵和外延，习惯了构建体系的逻辑和完整，习惯了将法律规则清晰阐释成法律适用的大前提……但遗憾的是，这些习惯，会在浩如烟海的判例和法官智者见智的判决中，在美国联邦与州两套平行的司法体系和52个并存的司法管辖区域里，在这个金字塔顶端坐着法官而不是法学家的法律职业共同体中，被一次次打破。

这样的思维差异，也使与国外学者交流学术问题时，会格外有趣。他们更致力于对某个问题的判断和最佳解决方案的寻求，而我们往往要再追问，这个方案是否可以纳入体系，是否与其他规则发生冲突，哪些是原则，哪些是例外。彼此说服是无意义的，各取所需才更有价值。研究域外制度的天然优势，不正是外部视角吗？想到这一层，也便少了许多研究纠结。做一名研究英美法的中国学者，而不是成为一名英美法学者。

禁令制度本身的复杂性，不仅体现在其名称繁多、分类多元，还在于其并不是普通法上的制度，而属于衡平救济。在英美法中，衡平救济仅出现在法律（普通法）无法提供充分救济的情形中，是极为特殊的救济和依存于法官的良心的救济，其规则性会比普通法更难把握。禁令制度中最能够与我国法相对接的部分就是临时禁令，其制度功能和适用规则，都与行为保全制度有极大相似性。国内学者关于临时禁令与行为保全的研究，已有不少，多数是从判例法中将临时禁令的适用规则予以归纳，供完善我国行为保全制度的适用作参考，这些研究成果让我获益良多。研究该主题，我想要实现的学术研究增量，主要体现在以下几个方面：

第一，英美临时禁令并不是仅在民事领域活跃的制度，在提炼其规则时需要注意聚焦其适用的领域。在宪法和行政法领域适用的规则，应当在对接民事行为保全制度时，予以排除。

第二，法官在禁令裁决中的说理及判例中形成的法律规则，与美国法学界的理论探讨之间存在张力，不可忽视。那么就需要对禁令的“适用条件”“适用方法”“理论模型”分开研究，然后整合分析。

第三，英美救济法并不区分实体与程序，两者互依共存，服务于实现救济的唯一目的。我们在民事诉讼法的框架下去探讨“行为保全”时，既需要注意其民事实体权利的实现方式以及民事权利之间的冲突对程序设计的影响，也需要关注程序法理对实体规则的要求。

第四，近年来美国在国际民事诉讼中频繁使用“禁诉令”，其中也包含临时禁诉令。研究熟悉禁诉令规则，探讨是否需要以及是否可能移植借鉴，对维系良好的国际竞争秩序有着重要的价值。

禁令制度本来是具有非常独特的英美法属性的，是基于普通法与衡平法二分的法律体系而产生的。若不是因为英美国家在国际海事纠纷、跨国知识产权纠纷和不正当竞争纠纷、国际民事诉讼中通过禁令来实现特殊救济，该制度或许不会成为非英美法系国家关注的对象。但正是因为无论来自什么法律家族的国家，都会参与国际商贸往来，这一特殊制度也借由英美国家的国际影响力以及该制度本身的独特优势，“串门”到了许多国家，其中就包括我国。从海事强制令、知识产权禁令，再到本土化为民事诉讼中的行为保全，都有所借鉴。

直到2021年《民法典》中新增了人格权侵害禁令制度，人们的目光又再次投向“禁令”一词。我们不是已经有行为保全了吗，为什么还要规定禁令？人格权禁令是临时禁令还是永久禁令？是诉前禁令还是诉中禁令？人格权禁令要设置单独的程序吗？人格权禁令有既判力吗？学者们热切讨论这些问题时，我却觉得问题的起点似乎又回到了在美国研究临时禁令时的疑问：英美法的制度能否以及如何与大陆法融合？

我目前的看法是，禁令制度可以融入，但是需要一些“宏观视角”——从及时性、预防性救济的功能视角予以整合。如果我们将“预防损害发生的及时救济”视为一片疆土，英美法的禁令制度，自认为是这片疆土的主人，大陆法的假处分制度或者我国的行为保全制度，也自认为是这片疆土的主人，但事实上，双方都仅能守护这片疆土的一部分而非全部。因为人们的预防损害而非事后救济的需求在不断增加，互联网、元宇宙等科技手段下侵害发生的可能性和侵害扩大的即时性也在增加，人们对于人格权益的保护意识更为强烈，感受伤害的程度也更为敏感，这些都使人们需要更为即时的司法救济。

在这些新的领域里，恰恰是两种规制模式实现联手的可能空间。在这里，或许可以打破实体法与程序法的隔阂，摒弃两大法系间的樊篱，在原有救济结构之上，搭建一座“高架桥”，为人们提供更多快速救济的可能。

本书是以我的博士论文《美国临时禁令适用之研究——兼论我国行为保全审查标准及程序的完善》为基础完成的，首先要感谢的是我的博士生导师——房绍坤教授。房老师从推荐选题、提供研究资料和方法指导、资助我赴美国访学，到逐字逐句为我修改博士论文，指导我顺利完成博士阶段的学习并获得吉林大学民商法学博士学位，之后，老师不断鼓励我继续围绕禁诉令、人格权禁令等前沿问题，加深对禁令制度的研究，并引导我以禁令为切入点，不断拓展民事实体与程序交叉研究的领域，形成自己的研究特色。对我而言，老师既像是一座远处的灯塔，让我看到努力的方向，又是一位身边的提灯者，让我看清楚脚下的每一步路。师恩在心，永远铭记！

本书的出版要特别感谢烟台大学法学院宋振武院长的大力支持！宋院长从督促我完成书稿，到策划丛书与出版社接洽，再到提供出版经费，为我和法学院许多青年学者完成人生第一部学术专著，提供了最有力的支持！更要感谢烟台大学黄海学者特聘教授张卫平老师为“烟台大学黄海法学文库”丛书做序，并细致指导出版事宜，提升了本套丛书的学术价值和美学气质！同时也要感谢我的研究生孟祥超、王晗、葛婷婷、邵一凡、徐理想同学，为本书的资料补充和校对做了大量细致辛苦的工作！

最后，感谢我的家人，共同分担了我的许多家庭职责，让我得以阶段性地专心投入写作。本书的主体部分完成于我在美国爱荷华大学法学院访学期间，那个时候不满2岁的儿子吉祥和4岁半的女儿如意，每天都在国内思念着他们的妈妈。愿把本书献给我的两个小天使，对那段缺席他们成长的岁月深感抱歉！

2022年4月于烟园妙得斋